GUIA**ESPIRAL**

EGITO

PUBLIFOLHA

Sumário

ISBN 978-85-7914-262-8

PUBLIFOLHA

Divisão de Publicações do Grupo Folha
Al. Barão de Limeira, 401, 6º andar, CEP 01202-900, São Paulo, SP
Tel.: (11) 3224-2186/2187/2197
www.publifolha.com.br

COORDENAÇÃO DO PROJETO: PUBLIFOLHA
Editora-assistente: Mell Brites
Coordenação de produção gráfica: Soraia Pauli Scarpa
Produção gráfica: Mariana Metidieri

PRODUÇÃO EDITORIAL: Editora Página Viva
Tradução: Luis Reyes Gil
Edição: Mariana Zanini
Revisão: Maria Sylvia Correa e Rachel Moura
Direção de arte: Priscylla Cabral
Assistência de arte: Bianca Galante

AA TRAVEL GUIDES
Texto: Anthony Sattin e Sylvie Franquet
Atualização: Sylvie Franquet

Impresso na Leo Paper Products, China.

Dados Internacionais de Catalogação na Publicação (CIP)
(Câmara Brasileira do Livro, SP, Brasil)

Egito / AA Publishing ;
[traduzido por Luiz Reyes Gil]. -- São Paulo :
Publifolha, 2011. -- (Guia espiral)

Título original: Spiral Guide Egypt.
ISBN 978-85-7914-262-8

1. Egito - Descrição e viagens - Guias I. AA Publishing. II. Série.

10-13063 CDD-916.62

Índices para catálogo sistemático:
1. Egito : Guias de viagem 916.62
2. Guias de viagem : Egito 916.62

A grafia deste livro segue as regras do Novo Acordo Ortográfico da Língua Portuguesa.

Foi feito o possível para garantir que as informações deste livro fossem as mais atualizadas disponíveis até o momento da impressão. No entanto, alguns dados como telefones, preços, horários de funcionamento e informações de viagem estão sujeitos a mudanças. Os editores não podem se responsabilizar por qualquer consequência do uso deste guia, nem garantir a validade das informações contidas nos sites indicados.

Os leitores interessados em fazer sugestões ou comunicar eventuais correções podem escrever para a Publifolha, Al. Barão de Limeira, 401, 6º andar, CEP 01202-900, São Paulo, SP, enviar um fax para: (11) 3224-2163 ou um e-mail para: atendimento@publifolha.com.br

Fique por Dentro

Sair de férias pode ser muito mais do que apenas ficar deitado numa praia ou comprar até cansar – para aproveitar sua viagem ao máximo você precisa saber como funciona o lugar. Esta seção oferece uma visão geral de alguns dos elementos sociais, culturais e naturais que caracterizam este país tão encantador.

O DESERTO E O CULTIVÁVEL

No Egito há um delicado equilíbrio entre o fértil e o árido. Estreitas faixas de terra cultivável se estendem junto ao Nilo e se abrem em leque no delta. Depois vêm os grandes desertos, que compõem 90% da área do país.

Por causa desse forte contraste e das escassas chuvas, poucos países são tão dominados por sua geografia quanto o Egito. A bem-vinda fertilidade do vale do Nilo e a impressionante vastidão dos desertos influenciaram de forma intensa a história e a cultura do país. E um dos mitos mais populares do Egito Antigo – o permanente conflito entre o deserto e o produtivo – ainda se reflete neste lugar.

Ordem e Caos

O antigo deus Osíris (➤ 12-15) trouxe ordem e civilização ao vale do Nilo, introduzindo leis e ensinando aos egípcios modos de cultivar alimentos e produzir vinho. Nesta faixa de terra generosa, mas restrita, os egípcios prosperaram por milhares de anos. Era considerado um lugar tão maravilhoso que os antigos habitantes esperavam encontrar uma réplica dele na vida após a morte. Essa ideia de um vale perfeito encontra ecos em muitas religiões – no Jardim do Éden, por exemplo, e no sombreado paraíso islâmico regado por água corrente, com abundância de comida e bebida.

Seth, o irmão mau de Osíris, por sua vez, era associado ao deserto, que sempre foi uma ameaça às terras férteis. Não por acaso o mito reproduz a história antiga do Egito, quando o aquecimento global destruiu as florestas das quais os povos do Nilo dependiam e o deserto se aproximou do rio. Comunidades de caça e coleta passaram a depender então das cheias anuais do Nilo para irrigar suas colheitas.

O povo egípcio luta há séculos para dominar o deserto, que se espalha pelo Egito

O Deserto como um Recurso

O deserto, no entanto, não tinha uma imagem exclusivamente negativa: os antigos egípcios viam-no como um lugar para onde podiam fugir; ali Moisés e seu povo foram testados e purificados, e foi lá que surgiram as primeiras ordens monásticas cristãs, no século 4º. Era também fonte de riqueza, pois, apesar do clima e da paisagem adversos, parte do ouro dos faraós era extraída das montanhas do mar Vermelho, e turquesa e lápis-lazúli eram encontrados no Sinai. O deserto também consistia numa proteção contra as tribos berberes do deserto da Líbia e os ambiciosos beduínos árabes, a oeste.

Areia Movediça

Tebas, a típica cidade antiga, foi louvada como a "Cidade dos Cem Portões" pelo poeta grego Homero. Alexandria era tida como modelo de cidade clássica e Cairo foi exaltada como "a Mãe do Mundo" nas *Mil e Uma Noites*. Mas, apesar de ser um ícone, a sociedade egípcia sempre foi predominantemente rural – e assim permanece até hoje.

Ao longo da história, os egípcios foram, em sua maioria, agricultores que cuidavam da terra e trocavam seus produtos. No início do século 19, Cairo ainda estava confinada dentro de seus muros medievais e Alexandria era menor do que a cidade greco-romana que lhe dera origem. Mas, desde então – e particularmente a partir da década de 1970, quando a represa de Assuã interrompeu a inundação anual do Nilo –, as pessoas passaram a estender as aldeias e cidades até as terras cultiváveis. Houve um imenso êxodo do campo para as áreas urbanas, em especial para o Cairo, e também mudanças drásticas no deserto.

> "Criaram-se novas cidades-satélites no deserto para aliviar a superpopulação no Cairo"

A Solução do Deserto

Conforme a limitada terra ao longo do vale do Nilo foi ficando superpovoada, passou-se a procurar soluções no deserto. O canal de Suez, aberto entre o Mediterrâneo e o mar Vermelho em 1869, é hoje a segunda maior fonte de renda de moeda estrangeira no país. No deserto, significativas reservas de gás, petróleo, fosfatos e água incentivam a economia do Egito. Criaram-se novas cidades-satélite na região para aliviar a superpopulação do Cairo. No deserto da Líbia, continuam as obras de um projeto para desviar a água do Nilo para o novo canal Toshka até uma depressão desértica, a fim de criar um vale alternativo, semelhante ao Nilo. Essas obras anunciam o início de uma nova era na tumultuada – mas inseparável – relação entre o deserto e os terrenos férteis.

Agricultura intensiva nas estreitas faixas de solo fértil ao longo do Nilo

percorra as defesas com uma tocha até **Bab al-Nasr** e depois volte, admirando a vista do Cemitério do Norte e do Cairo.

Ao lado fica a Mesquita de **al-Hakim** (➤ 24), com um pátio de mármore e imensos minaretes, que estão entre os mais antigos da cidade. Pelo aroma você deduzirá que esta parte da rua abriga o mercado de cebola e alho.

Mais para a direita, a **Mesquita e *Sabil-kuttab* de Suleiman Agha al-Silahdar** combina estilo turco e do Cairo, e tem um esguio minarete. Em frente fica **Darb al-Asfur**, uma estreita rua lateral com várias casas de mercadores restauradas que constitui uma mostra dos planos do governo para toda a cidade velha. A mansão mais bonita é Beit as-Suhaymi, formada por duas casas dos séculos 17 e 18. Seus quartos são decorados com mármore incrustado e trabalhos em madeira *mashrabia*, e há um pátio sombreado fabuloso, cheio de pássaros. Voltando pela Sharia al-Muizz, à esquerda vê-se a elegante Mesquita de **al-Aqmar** ("iluminada pela lua"), um raro monumento fatímida sobrevivente. Na próxima esquina à esquerda fica o proeminente ***Sabil-kuttab* de Abd al-Rahman Katkhuda**, que tem uma fonte no térreo e uma escola corânica no andar de cima, com um belo teto esculpido. Aqui, a Sharia al-Muizz se abre na **Bein al-Qasreen** ("entre dois palácios"), assim chamada porque abrigava antigamente os palácios fatímidas, no centro da cidade original. Esta área está sendo recuperada. Sobrevivem apenas dois dos cinco andares originais do palácio **Qasr Amir Bashtak**, do século 14 (do lado esquerdo da rua), mas trata-se de um dos mais impressionantes edifícios seculares medievais do Cairo.

Em frente fica a fachada de 185m de um marco da arquitetura mameluca. Este complexo inclui a cruciforme **Madraçal-*khanqah* do Sultão Barquq** (1384), a **Madraçal-mausoléu de al-Nasir** (1304), com um portal gótico de mármore, e a **Madraçal-mausoléu e *maristan* do Sultão Qalawun**, pai de Nasir. O *maristan* funcionou como centro médico até o século 19.

Em frente ao complexo Qalawun, a **Madraçal-mausoléu do Sultão Ayyub** foi erguida em 1242 como primeira escola corânica do Cairo. Cheia de lojas de artesãos de cobre, a rua culmina no Gold Bazaar, e uma pequena rua à esquerda leva ao **Khan al-Khalili** (➤ 71). Passando a agitada rua al-Muski vemos a imponente **Madraçal do Sultão Barsbay** (1425), e no extremo sul uma ruela leva até o **mercado de perfumes e especiarias**. Em frente ao Sharia al-Azhar fica o **complexo Ghuriya**, do sultão mameluco al-Ghuri, com o mausoléu à esquerda e a madraçal à direita.

Depois da última loja de *tarboush* (chapéu fez) do Cairo, a rua acaba no **Bab Zuwayla**, o belo portão sul restaurado da cidade, antigo local de execuções. Ao lado dele fica a **Mesquita do Sultão al-Muayyad** (1415), com uma esplêndida fachada e minaretes gêmeos no alto do portão.

Desfrute da tranquilidade do agradável pátio do Beit as-Suhaymi

FAÇA UMA PAUSA

Se quiser um suntuoso café com drinques, lanches e narguilé, vá até o **Naguib Mahfouz Café** (➤ 76) ou ao autêntico café-terraço **Al Fishawi** (➤ 75), ambos no Khan al-Khalili.

---

197 E4

Maioria dos monumentos, diariam 9h-17h; mesquitas podem fechar na hora das orações; locais menos visitados, como as defesas e Qasr Bashtak parecem estar fechados, mas em geral há um zelador perto Moderado; mesquitas são grátis mas o zelador pede gorjeta, por isso leve trocado

POR DENTRO DE SHARIA AL-MUIZZ LI-DIN ALLAH

Dicas Explore esta rua **logo de manhã ou no fim da tarde**, quando o calor é menor.

- **Use roupa discreta**, cubra braços e pernas, pois este é um setor tradicionalista da cidade. As mulheres devem trazer um lenço para cobrir a cabeça quando necessário e todos devem tirar os sapatos antes de entrar numa mesquita.
- Suba até um dos **minaretes** para apreciar a vista do centro histórico e depois descanse num dos pátios da mesquita, que em geral são oásis de calma.
- Vá num **domingo**: a maioria das lojas fecha e aprecia-se melhor a arquitetura.

Joias Ocultas Passeie pela área depois da Mesquita de al-Azhar, para descobrir várias lojas excelentes e mansões majestosas.

4 Saqqara e Mênfis

Saqqara era um dos maiores campos tumulares do Egito e foi usado por mais de 3 mil anos. A maior parte ainda não foi escavada, mas entre as maravilhas que podem ser vistas está a impressionante Pirâmide Escalonada de Djoser. O túmulo foi construído pelo arquiteto Imhotep para o rei Djoser no século 27 a.C. Mas em vez do tradicional túmulo real de tijolo de barro, a *mastaba*, Imhotep usou pedra e empilhou várias *mastabas* uma em cima da outra, criando assim a primeira pirâmide e o primeiro grande edifício de pedra.

Originalmente o complexo da pirâmide tinha um muro de calcário em volta, com portas falsas para confundir os intrusos

Com seu brilhante muro de calcário, a Pirâmide de Djoser erguia-se a 62m de altura, sendo a base de 118m por 140m. Uma passagem de 28m desce até a câmara funerária. Parte do muro original de calcário foi reconstruída perto da entrada, no canto sudeste. Entra-se no complexo por um corredor de pilares, e à direita fica o Tribunal Heb Sed, onde a vitalidade do rei era simbolicamente renovada numa festa realizada a cada sete anos. Acredita-se que as Casas do Sul e do Norte representem antigos santuários do Alto e Baixo Egito, e o

Serdab tem uma cópia da estátua de Djoser (a original está no Museu Egípcio do Cairo ➤ 50-53). Em frente ao Grande Tribunal fica a passagem do Túmulo Sul, que provavelmente guardava os órgãos internos do rei.

Outros Túmulos

Ao sul fica a menos impressionante **Pirâmide de Unas**, erguida 350 anos após a de Djoser, com suas paredes internas cobertas com os Textos das Pirâmides, o exemplo mais antigo conhecido de escrita decorativa tumular. A sudeste da Pirâmide de Unas ficam as recentemente abertas **Tumbas B** (ingresso à parte, moderado) e as Tumbas Persas.

A nordeste do complexo de Djoser vemos as magníficas *mastabas* da 6ª dinastia dos vizires Mereruka, Ankh-Ma-Hor e Kagemni, com os melhores relevos do Antigo Império. A dupla *mastaba* de Akhti-Hotep e Ptah-Hotep mostra os diversos estágios da decoração de túmulos e também tem relevos impressionantes. As paredes da *mastaba* do cabeleireiro real Ti são cobertas com maravilhosas cenas do cotidiano do Egito Antigo. Mas o lugar mais estranho em Saqqara é o **Serapeum**, onde touros sagrados mumificados estão enterrados como faraós em galerias escavadas na rocha.

Mênfis

A curta distância de Saqqara ficam as ruínas de Mênfis, a primeira cidade imperial do mundo, fundada em cerca de 3100 a.C. pelo rei Menes (➤ 22). Os faraós e a nobreza do Antigo Império eram enterrados nas necrópoles da região.

Como primeira capital de um Egito unificado, Mênfis foi simbolicamente construída no lugar em que o delta encontra

Parte do portal original que leva ao complexo de Saqqara

O acesso à Pirâmide Escalonada é feito por um corredor com pilares

o vale sul. Mesmo após o século 5º a.C., já com Tebas como capital do Egito, Mênfis continuou sendo uma cidade esplêndida, centro comercial próspero e local de culto ao deus Ptah. É difícil imaginá-la assim hoje, pois os palácios de tijolo de barro se dissolveram e as pedras dos templos, como o grande Templo de Ptah, foram aproveitadas em outros edifícios.

A pacata aldeia de Mit Rahina tem algumas poucas estátuas de importância secundária. Seu pequeno museu exibe um belo colosso de calcário de Ramsés 2º quando jovem, e há uma linda esfinge de alabastro no jardim.

FAÇA UMA PAUSA

O pequeno café em Saqqara tem bebidas geladas e chá, mas os egípcios gostam de fazer piquenique à sombra das ruínas do mosteiro de Jeremias, do século 6º, perto do estacionamento. Se não estiver calor demais, faça um **piquenique no Norte de Saqqara**, com a obra-prima de Imhotep ao fundo.

Saqqara

199 E3 · 21km ao sul das Pirâmides de Gizé; a 32km do Cairo · Mai-set diariam 8h-17h, out-abr 8h-16h · Ônibus do Centro até a Pyramids Road (Sharia al-Haram); do Marioutiya Canal (1km antes das Pirâmides) pegue um micro-ônibus para Saqqara · Pirâmide Escalonada, moderado; cobra-se ingresso à parte para outros túmulos

Mênfis

199 E3 · Mit Rahina, a 3km de Saqqara · Mai-set diariam 8-17h, out-abr 8h-16h · Cafeteria do outro lado da estrada ($) · Não há transporte público · Barato

POR DENTRO DE SAQQARA E MÊNFIS

Dicas O jeito mais incrível de chegar à Pirâmide Escalonada é a cavalo pelo deserto. Você pode alugar um cavalo nos estábulos em Saqqara (► 78).
■ Faz calor em Saqqara, por isso lembre-se sempre de tomar bastante líquido.

Evite Os Túmulos Persas e os Túmulos B têm alguns ótimos relevos, que podem ser deixados de lado se você tiver pouco tempo.

5 Pirâmides de Gizé e a Esfinge

As Pirâmides de Gizé (*al-Ahram*, em árabe), únicas sobreviventes das sete maravilhas do mundo antigo, exalam todo o mistério e magia da Antiguidade. Junto com a Esfinge, atraíram mais especulações do que qualquer outro monumento. Fascinantes, continuam levantando questões que talvez nunca possam ser respondidas.

Muitas pessoas sonham em algum dia ver estas pirâmides, mas, curiosamente, a primeira impressão delas pode ser decepcionante. Talvez por serem tão familiares, as Pirâmides parecem menores do que se poderia esperar, e é comum que o clima místico do lugar se dilua em face do incessante assédio de ambulantes e condutores de camelos na entrada. Mas se você andar com calma em volta delas, de preferência logo de manhã, ainda poderá sentir sua avassaladora imponência e evocar os 45 séculos de história que elas representam.

As Pirâmides e a Esfinge, sempre misteriosas e fascinantes

Há um templo mortuário na entrada da Grande Pirâmide de Quéops

A **Grande Pirâmide de Quéops** (segundo rei da 4ª dinastia, 2589-2566 a.C.) é a mais antiga e a maior das três pirâmides principais. Construída com 2,3 milhões de blocos que pesam em média 2,5t cada (alguns até 15t), com seu envoltório original atingia uma altura de 146,6m, mas hoje é 10m mais baixa do que essa medida.

Desde que foi reaberta pela primeira vez no século 9º, três câmaras já foram encontradas dentro da pirâmide, todas elas vazias, exceto pelo sarcófago de Quéops. Mas alguns arqueólogos acreditam que exista uma quarta câmara que contém o tesouro do rei. Da entrada, um claustrofóbico corredor desce até uma câmara inacabada. Como alternativa, há um corredor ascendente que leva, à esquerda, até a Câmara da Rainha ou, à direita, até a espetacular Grande Galeria, de 47m, e, depois dela, até a Câmara do Rei, com o sarcófago. A leste da pirâmide ficam as ruínas da calçada e do templo funerário do rei, e as três Pirâmides da Rainha, menores.

O Guardião do Rei

O filho de Quéops, **Quéfren** (quarto rei da 4ª dinastia, 2558-2532 a.C.), construiu a segunda pirâmide. Com 136,4m, parece

mais alta que a do pai, em virtude da maior altura do terreno. Esta pirâmide tem duas câmaras, uma delas com o sarcófago do rei. A leste ficam os vestígios do Templo Funerário de Quéfren e a calçada que leva até o Templo do Vale, guardado pela lendária **Esfinge**, esculpida na encosta.

Conhecida em árabe como *Abu 'l Hol* ("o Pai do Terror"), esta imensa estátua permanece um mistério: o rosto é claramente o de Quéfren, mas há indicações de que o corpo leonino seria até 2.600 anos mais antigo. A Esfinge está em mau estado – conta uma antiga história que seu nariz caiu depois de ter sido usado como alvo por soldados mamelucos e de Napoleão, e sua barba está no British Museum, em Londres. O calcário

As Pirâmides de Gizé e a Esfinge são os monumentos mais facilmente reconhecidos no mundo todo

macio não resistiu ao tempo, mas restaurações recentes acrescentaram-lhe milhares de blocos de calcário cortados à mão, para apoiar as pernas e as ancas.

O filho de Quéfren, **Miquerinos** (2532-2504 a.C.), ergueu a terceira pirâmide. Ela tem apenas 70m de altura, mas é rodeada pelas pirâmides menores da família real.

FAÇA UMA PAUSA

Há restaurantes de fast-food em Nazlat al-Samaan, mas para um almoço mais suntuoso com vista das Pirâmides vá até o restaurante à beira da piscina do hotel **Mena House Oberoi** (➤ 73), ou relaxe no jardim do **Andrea** (➤ 74).

Os condutores de camelos e cavalos nas Pirâmides podem ser um incômodo

199 E4 · Gizé, 18km a sudoeste do Cairo · 02-383 8823 (centro de turismo); www.guardians.net/hawass · Diariam 7h30-16h, Grande Pirâmide 7h30-16h · Cafeteria ($) · Ônibus CTA 355 e 357 que saem ao lado do Museu Egípcio para o hotel Oberoi, junto às Pirâmides. Micro-ônibus para al-Ahram saem do terminal de Abd al-Moneim Riyad · Platô das Pirâmides e Esfinge, moderado; adicional para a Pirâmide de Quéops (caro) e duas outras pirâmides (barato); Museu da Barca Solar, moderado

POR DENTRO DAS PIRÂMIDES DE GIZÉ E A ESFINGE

Dicas Visite as Pirâmides no **início da manhã ou no fim da tarde**, quando há menos gente. Siga pela estrada, passe pelas Pirâmides e vá até o platô, de onde se pode ver as três. Bancas de suvenires e ambulantes podem perturbar um pouco.

- Os **ingressos** para a Grande Pirâmide de Quéops são limitados a 300 por dia: 150 são vendidos às 7h30, e 150, às 13h. Eles costumam esgotar logo, particularmente no inverno às quartas e quintas.
- Evite pegar um **cavalo ou camelo** no platô das Pirâmides, pois você vai pagar muito caro. Em vez disso, vá até os estábulos atrás da Esfinge (➤ 78) e veja o sol se pôr no cenário das Pirâmides.
- Várias vezes por dia é realizado um **show de luzes e som** num teatro ao lado da Esfinge. Para informações, tel. 02-2386 3469 ou pela internet, em www.soundandlight.com.eg

Joia Oculta O **Museu da Barca Solar** (jun-set diariam 9h-17h, out-mai 9h-16h; moderado), depois da Grande Pirâmide, abriga um barco de 43m que servia para conduzir o rei pelo mundo subterrâneo. Foi encontrado desmontado em 1.200 peças, que os restauradores levaram dez anos para remontar. Outro barco bem preservado foi achado perto daqui, mas ainda não foi escavado.

Atrações

6 Centro (Wust al-Balad)

Midan Tahrir (praça da Libertação) é o centro da Cairo moderna. Entre os marcos a serem apreciados estão o Museu Egípcio (➤ 50-53); o Nile Hilton (erguido sobre as ruínas do quartel inglês após a revolução de 1952); o Mugamma, um "templo" da burocracia, de inspiração soviética; a Mesquita Umar Makram e a American University.

O quediva Ismail desenvolveu a área do centro na década de 1860, como parte da modernização trazida pela abertura do canal de Suez. A revitalização teve forte influência dos projetos de Hausmann para os bulevares de Paris. As ruas principais, Talaat Harb e Sharia Kasr al-Nil, têm edifícios de escritórios, lojas e bancos. O famoso mas degradado Groppi Café fica na Midan Talaat Harb, e o pitoresco mercado de alimentos de Tawfiqiya está na ponta norte da Sharia Talaat Harb, uma rua cheia de lojas de calçados. Com suas casas noturnas e bares baratos, a Sharia 26 July (26 Yulyu) leva até os Ezbekiya Gardens, que já tiveram seu período áureo.

196 C4

7 Museu Mahmoud Khalil

Este museu esplêndido abriga o melhor acervo do Egito de arte ocidental. Obras de impressionistas e pós-impressionistas, como Rodin, Monet, Gauguin, Renoir, Van Gogh e Delacroix, pertenciam ao ministro pré-guerra Mahmoud Khalil e sua esposa francesa, que os legaram ao Estado com a condição de que ficassem expostos em sua elegante residência.

196 B3 Sharia Kafour, 1, perto do Cairo Sheraton, Gizé 02-2338 9720; www.mkm.gov.eg Ter-dom 10h-18h (feriados 10h-15h) Doqqi Barato (exige-se passaporte)

8 Museu Gayer-Anderson (Beit al-Kritliya)

A Beit al-Kritliya oferece uma amostra fascinante da vida dos ricos do Cairo na Idade Média. O major inglês Gayer-Anderson, médico da família real de 1935 a 1942, uniu duas casas, reformou-as e decorou--as com objetos de arte e pinturas orientais recolhidas em suas viagens. A ornamentada sala de recepção do térreo foi usada no filme de James

Sala de recepção dos homens na Beit al-Kritliya

Bond *O Espião que me Amava* (1977). O museu ficou ainda melhor após a restauração. A entrada é pela Mesquita Ibn Tulun.

197 D2 Midan Ahmed Ibn Tulun 02-2364 7822 Diariam 9h-17h Ônibus 174 e miniônibus 54 de Midan Tahrir Moderado

9 Mesquita Ibn Tulun

Obra-prima da arquitetura islâmica clássica e a maior e mais antiga mesquita intacta do Cairo, Ibn Tulun impressiona por suas dimensões e simplicidade elegante, apesar da controvertida restauração. Ela foi erguida no ano 879 pelo sultão abássida Ahmed Ibn Tulun e teve clara influência das mesquitas do Iraque, seu país nativo. O minarete em espiral baseou-se provavelmente na mesquita de Samarra (Iraque), mas uma lenda diz que Ibn Tulun foi na verdade inspirada num pedaço de papel enrolado. O amplo pátio pavimentado oferece um ambiente tranquilo e é cercado por elegantes arcadas. Um friso de sicômoros de 2km de comprimento abaixo do teto tem inscrições com cerca de 1/5 do conteúdo do Alcorão.

197 D3 Sharia Saliba, Midan Ahmed Ibn Tulun Verão, diariam 8h-18h Ônibus 174 e miniônibus 54 de Midan Tahrir Grátis, gorjeta para o zelador

No alto: a Mesquita Muhammad Ali é um dos grandes marcos do Cairo
Abaixo: rico trabalho em gesso na Mesquita Ibn Tulun

10 Cidadela (Al-Qalaa)

Maior fortaleza do Oriente Médio e que ainda se destaca no horizonte do Cairo, Al-Qalaa fica num espigão da serra de Al-Muqattam. Foi residência real por mais de 700 anos. A cidadela foi erguida em 1176 por Salah ad-Din (Saladino, ➤ 25) como parte de seu programa de fortificações contra os Cruzados. Os imponentes muros ainda resistem, mas os edifícios originais foram derrubados primeiro pelo sultão Al-Nasir, cuja mesquita listrada com minarete de faiança é a única lembrança daquele período. No século 19, Muhammad Ali (➤ 26) derrubou outros edifícios para construir sua mesquita e os palácios. A Mesquita Muhammad Ali, erguida entre 1824 e 1848 seguindo o modelo da Mesquita de Sultanahmet, em Istambul, impressiona mais à distância do que de perto. O interior é decepcionante, mas a vista desde o seu terraço é esplêndida. O relógio no pátio foi um presente do rei Luís Filipe, da França (1773-1850), em retribuição a um obelisco que hoje enfeita Paris.

O palácio Gawhara abriga um pequeno museu com os pertences da família de Muhammad Ali. Dos outros museus, apenas o Museu da Carruagem e o Museu da Polícia são interessantes.

197 E3 Midan al-Qalaa (entrada pela Sharia Salah Salem) 02-2512 1735 Verão, diariam 8h-18h; inverno, 8h-17h; museus 8h30-16h30 Cafeteria ($) Ônibus 174 de Midan Ramses e miniônibus 54 de Midan Tahrir Moderado

11 Mesquita-madraçal Sultão Hassan

É um dos monumentos islâmicos mais refinados do Egito. Foi erguida entre 1356 e 1363 numa escala sem precedentes, pois inclui lojas, escolas e apartamentos. Primeira mesquita com planta em forma de cruz, tem quatro *iwans* (espaços abobadados em volta de um pátio), e em cada canto há uma madraçal (escola corânica) dedicada aos quatro ritos legais principais do islamismo sunita.

A entrada para este esplêndido edifício é por um corredor escuro, que leva a um pátio notável pela grande sensação de paz que transmite com sua monumental simplicidade. A luz é mais bonita de manhã. Imensos portais de cada lado do *mihrab* (nicho que indica a direção de Meca) levam até um mausoléu sombrio. Não se sabe ao certo se há alguém enterrado aqui – algumas fontes dizem que os filhos do sultão descansam no local, enquanto outras garantem que o túmulo está vazio.

197 E3 Midan Salah ad-Din Verão, diariam 8h-18h; inverno, 8h-17h Ônibus 174 e miniônibus 54 de Midan Tahrir Grátis

OS CINCO MELHORES MIRANTES

- **Alto da Torre do Cairo, na Ilha Gezira**: terraço, cafeteria e restaurante giratório
- **Terraço da cidadela** ao pôr do sol
- O **Revolving Restaurant** no 41º andar do Grand Hyatt Cairo e o Lounge Bar têm vistas de 360° do Cairo e do Nilo
- Alto do minarete da **Mesquita al-Muayyad** (► 57), Bab Zuwayla
- **Parque Al-Azhar** (► 71): magníficas vistas da Cairo fatímida e dos arredores

12 Museu de Arte Islâmica

Uma visita a esta rica coleção é essencial para compreender melhor os monumentos islâmicos no Cairo, pois a maioria dos objetos foi resgatada de mesquitas locais, madraçais e palácios. O acervo contém algumas obras-primas refinadas, como uma elegante fonte mameluca e luminárias de mesquita,

Vista espetacular da Mesquita-madraçal Sultão Hassan

CINCO LOCAIS PARA CRIANÇAS

- **Zoológico do Cairo**, Midan al-Gamaa, Gizé (diariam 9h-16h; tel. 02-3570 8895; barato)
- **Dream Park**, Oasis Road, 6th of October City, 20km ao sul do Cairo (tel. 02-3855 3191; www.dreamparkegypt.com; sáb-qui 16h-24h, sex 12h-21h; caro). Tem mais de 30 atrações para crianças.
- **Dr. Ragab's Pharaonic Village**, 3 Sharia al-Bahr al-Aazam, Corniche el-Nil, Gizé, Cairo (tel. 02-3572 2533; www.pharaonicvillage.com; verão, diariam 9h-21h; inverno, 9h-18h). Uma viagem de barco de duas horas, kitsch mas divertida, com cenas do Egito Antigo, a cargo de atores em trajes típicos.
- **Passeio a cavalo ou de camelo** pelas Pirâmides (► 78).
- **Fagnoon Art School**, Saqqara Road, Sabil Om Hashim (tel. 02-3815 1014; diariam 10h-19h). As crianças podem soltar sua criatividade no maravilhoso centro de arte Mohammed Allam.

trabalhos em madeira *mashrabeya* e outros, raros, do período tulúnida, belos manuscritos com iluminuras e vidros egípcios refinados. Infelizmente, o museu está fechado há vários anos para restauração, e não se sabe quando irá reabrir.

197 E4 **Sharia Bur Said, Bab al-Khalq**
Fechado para restauração

13 Mesquita Al-Azhar

Al-Azhar ("a mais florida" ou "a radiante"), foi construída no ano 971 como primeira mesquita da Cairo fatímida. Muitos a consideram a primeira universidade do mundo, e ela é também a suprema autoridade religiosa do Egito, presidida pelo influente xeique de Al-Azhar. A entrada para esta esplêndida mesquita é o ornamentado portal do século 15, a Porta dos Barbeiros, onde raspavam a cabeça dos estudantes. O *sahn* (pátio), parte do desenho fatímida original, tem três minaretes e é flanqueado à direita por uma madraçal mameluca, com quartos para os alunos. Atualmente a universidade, que oferece instrução religiosa a estudantes de todo o mundo muçulmano, fica em edifícios modernos, atrás da mesquita.

Artesanato colorido à venda no bazar Khan al-Khalili

197 F4 Sharia al-Azhar Diariam 9h-17h. Fecha durante as orações, em especial às sextas à tarde Gratuito, mas é costume dar gorjetas

14 Khan al-Khalili

O Khan, um labirinto de ruelas e bazares geralmente organizados por tipo de comércio, é o coração comercial do centro antigo do Cairo desde a Idade Média. A rua principal, al-Badestan, é hoje cheia de lojas de suvenires, mas para compras mais interessantes dê uma volta pelas ruas menores, para descobrir onde os moradores compram. Um bom lugar para almoço ou lanche é o Naguib Mahfouz Café-Restaurant (► 76), na al-Badestan. O mercado de ouro em volta da Sharia al-Muizz li-Din Allah (► 56-58) é grande e agitado, pois a quantidade de ouro que o noivo dá à sua noiva ainda é parte importante do contrato de casamento.

O mercado de especiarias e perfumes numa ruela ao lado da Mesquita Barsbay, em Sharia al-Muizz li-Din Allah (é só se orientar pelo olfato), tem uma atmosfera medieval. Perto da Mesquita de al-Husayn fica o Al-Fishawi (► 75), um café que diz atender sem pausa desde que abriu, em 1773 – talvez um exagero, mas ainda assim vale a pena visitá-lo.

197 E4 Entre Midan al-Husayn e Sharia al-Muski Seg-sáb 9h-18h Cafés e restaurantes Al-Fishawi e Naguib Mahfouz ($-$$) Gratuito

PARQUE AL-AZHAR

O Fundo de Cultura Aga Khan criou o **Parque Al-Azhar** (Sharia Salah Salem, tel. 02-2510 7378, www.alazharpark.com, diariam 9h-24h, barato), uma área verde muito importante **atrás da Mesquita al-Azhar**, construída a partir de uma antiga área de entulho. O resultado é impressionante – mais de 1,5km dos muros da cidade aiúbida do século 12 foram descobertos e restaurados, o bairro de Darb al-Ahmar está sendo revitalizado e foram criados 30ha de **jardins** de acordo com a tradição islâmica, com mais de 50 diferentes jogos d'água. A importância deste espaço verde numa das áreas mais populosas do mundo torna-se evidente pelo número de famílias que vêm aqui para um **passeio ou piquenique.** O complexo inclui teatro, parque infantil, pomares, um lago, uma galeria e um maravilhoso restaurante-salão de chá, o Citadel View (► 75), com vista de 360° da cidade.

Onde... Ficar

Preços
As diárias são para quarto de casal.
$** menos de 400LE **$$** 400-900LE **$$$ mais de 900LE

Principal cidade do Egito, o Cairo tem muitas opções de hospedagem, de hotéis baratos junto ao mercado de Ataba a palácios luxuosos com vistas do Nilo e das Pirâmides. Sejam quais forem as suas prioridades, no verão tente arrumar um quarto com ar-condicionado, pois o clima costuma ser quente e úmido demais, mesmo à noite. Reserve com muita antecedência no inverno, a alta temporada.

Cairo Marriott $$$

O governante do século 19 quediva Ismail construiu este luxuoso palácio junto ao Nilo para receber a imperatriz francesa Eugênia, e outros hóspedes estrangeiros que vieram para a inauguração do canal de Suez em 1869. O palácio e o jardim são agora a parte central do hotel, e os quartos ficam em dois edifícios modernos. Muitos dos quartos recentemente reformados têm vista do Nilo e da cidade, mas sem a suntuosidade do palácio. O jardim com piscina é um oásis de calma na agitada Cairo, e você pode saborear coquetéis no lindo dormitório da imperatriz Eugênia. O hotel tem ainda um cassino para quem gosta de fortes emoções.

196 C4 ✉ 16 Sharia Saray al-Gezira, Zamalek ☎ 02-2728 3000; www.marriott.com

Carlton Hotel $

Nostálgico, este hotel à moda antiga no centro, perto do cinema Rivoli, tem quartos em várias condições de conservação e tamanhos, mas todos com muita personalidade. Os quartos são simples e limpos, com banheiro, e o hotel tem uma grande lanchonete na cobertura, que serve cerveja gelada e oferece linda vista, além de um restaurante e um café.

196 C4 ✉ 21 Sharia 26 July, Centro ☎ 02-2575 5022; www.carltonhotelcairo.com

Longchamps $$

Hotel tradicional, de nível médio, localizado na tranquila área residencial de Zamalek, perto de muitos restaurantes e bares. Os quartos espaçosos são muito limpos, com banheiro e às vezes uma sacada. Serve um bom café da manhã e bebidas alcoólicas à noite. Reserve com alguma antecedência, pois lota depressa com gente que costuma visitar o Cairo.

196 B5 ✉ 21 Sharia Ismail Mohamed, Zamalek ☎ 02-2735 2311; www.hotellongchamps.com

Luna $

Uma excelente opção econômica, com quartos espaçosos e muito limpos, roupa de cama trocada todo dia e ar-condicionado. Alguns quartos têm banheiro privado, outros compartilham um banheiro impecavelmente limpo, e os hóspedes podem usar a cozinha e o salão como área comum.

197 D4 ✉ 5º andar, 27 Sharia Talaat Harb, Centro ☎ 02-2396 1020; www.hotellunacairo.com

Mayfair $

Hotel econômico tranquilo, bem localizado, numa rua frondosa no centro da ilha de Zamalek. Os quartos ficam num edifício Art Déco reformado, têm piso de madeira, pé-direito alto, sacadas e banheiros impecáveis, embora os quartos de

solteiro sejam um pouco apertados. O grande terraço é bom para ler ou tomar o chá da tarde. Fica perto de restaurantes e lojas.
196 B5 ✉ 2º andar do Sharia Aziz Osman, Zamalek ☎ 02-2735 7315

Mena House Oberoi $$$

Aqui, você pode ser um dos poucos a contemplar uma vista das Pirâmides direto do seu quarto. Com bela decoração oriental--mourisca, os quartos na ala do século 19 deste antigo alojamento de caça do quediva ficam junto à Grande Pirâmide. Os quartos do moderno edifício anexo ao jardim são espaçosos e, embora não tão próximos das maravilhas antigas quanto os quartos do palácio, também permitem vislumbrá-las. Até da piscina é possível vê-las. Você pode tomar café da manhã no terraço, e o restaurante do jardim é perfeito para almoço ou chá da tarde. O Moghul Room é o melhor restaurante indiano da cidade.
196, fora da A1 ✉ Sharia al-Ahram, perto das Pirâmides de Gizé ☎ 02-3377 3222; www.menahouseoberoi.com

Nile Plaza Four Seasons $$$

Um dos dois hotéis Four Seasons na cidade, este é o mais luxuoso dos cinco-estrelas do Cairo. Os quartos têm estilo, são espaçosos, com grandes banheiros de mármore e ampla vista do Nilo ou do centro histórico e da cidadela. O nível do serviço aqui é inigualável e o hotel tem duas piscinas, um spa e cinco restaurantes excelentes.
196 B3 ✉ 1089 Corniche al-Nil, Garden City ☎ 02-2791 7000; www.fourseasons.com

Osiris $

Excelente hotel econômico dirigido por uma família, num canto tranquilo do centro do Cairo. Quartos agradáveis com clima caseiro. Serve delicioso café da manhã no terraço, com magnífica vista do Cairo.
197 D3 ✉ 49 Sharia Nubar, 12º andar, Centro ☎ 02-2794 5728; http://hotelosiris.over-blog.com

Pension Roma $

A diligência de madame Cressaty vem mantendo este hotel da década de 1940 como uma das melhores opções econômicas do centro. Por trás da fachada mourisca, os quartos limpos têm piso de madeira reluzente, teto alto e mobília antiga e confortável. Reserve com boa antecedência, pois o hotel é muito procurado por estudantes.
197 D4 ✉ 4º andar, 169 Sharia Muhammad Farid ☎ 02-2391 1088

President $$

Moderno e despretensioso visto de fora, mas com interior acolhedor e tranquilo, o President oferece quartos confortáveis na arborizada área residencial de Zamalek, cheia de lojas e restaurantes. O hotel tem um centro de negócios bem equipado, uma excelente padaria, um restaurante na cobertura e um bar no último andar, que às vezes fica bem animado à noite.
196, fora da B5 ✉ 22 Sharia Taha Hussein, Zamalek ☎ 02-2735 0718

Talisman $$

Primeiro hotel-butique do Cairo, com muita personalidade e localização excelente, numa ruela tranquila que sai de uma agitada rua de comércio. O hotel tem quartos coloridos e luxuosamente decorados, com mobília egípcia e síria, e banheiros espaçosos, com produtos de toalete egípcios. As áreas comuns também são luxuosas.
197 D4 ✉ 5º andar, 39 Sharia Talaat Harb ☎ 02-2393 9431; www.talisman-hotel.com

Villa Belle Époque $$$

Hotel-butique novo, inaugurado em 2009. Fica numa bonita mansão da década de 1920, na tranquila zona residencial de Maadi, com fácil acesso de metrô ao centro do Cairo. Tem 13 quartos luxuosos e espaçosos e um jardim com uma pequena piscina à sombra de árvores frutíferas.
Fora do mapa, 197 F1 ✉ Belle Époque Travel, 17 Sharia Tunis, New Maadi ☎ 02-2516 9649/53/60; http://villabelleepoque.com

Onde... Comer e Beber

Preços
Preços por pessoa para uma refeição, sem bebida e taxas.
$** menos de 100LE **$$** 100-150LE **$$$ mais de 150LE

A grande variedade de locais para comer no Cairo reflete o caráter cosmopolita da cidade. Pratos nacionais como fuul, koshari e kebabs são baratos e fáceis de encontrar em bancas de rua e restaurantes, mas a maioria desses lugares não serve bebida alcoólica. Os restaurantes que servem comida regional ou internacional costumam ficar em hotéis. Note que os ricos do Cairo se vestem bem para ir jantar.

Abu al-Sid $$-$$$

Este restaurante egípcio muito popular serve clássicos bem preparados, como pombo recheado e meloukhiya (sopa de verdura similar ao espinafre com frango, servida com pão e temperos). Também oferece mezze e sheesha (narguilé). O ambiente é ótimo e o lugar é decorado com mobília kitsch, estilo Louis Farouk, e com obras de artistas locais. É fundamental reservar.
196 B5 157 Sharia 26 July, Zamalek 02-2735 9640 Diariam 12h-2h

Abu Tarek $

Proclamado o local do melhor koshari do Cairo, serve este tesouro nacional de carboidratos – lentilhas, macarrão, arroz e cebola frita com molho de tomate apimentado. O restaurante já foi ampliado várias vezes devido à sua popularidade.
196 C4 40 Sharia Champollion, Centro Diariam 8h-24h

Americana Fish Market $$

Excelente restaurante de peixe situado no deque superior de um barco permanentemente ancorado no Nilo, o Americana é talvez o melhor da cidade. Você escolhe entre as várias opções de peixes e frutos do mar mediterrâneos e do mar Vermelho. O produto escolhido é pesado, preparado a gosto e servido com pão quente fresco e deliciosas saladas do Oriente Médio. Reserve.
196 B2 Barco Americana, 26 Sharia an Nil, Gizé 02-2570 9693 Diariam 12h-2h

Andrea $-$$

O principal prazer aqui é comer ao ar livre, em mesas com toalhas xadrez vermelho e branco, num jardim de buganvílias e árvores. Comece com uma seleção de mezze e saladas frescas, que vêm apresentadas numa grande bandeja, acompanhadas por delicioso pão sírio (feito por mulheres que trabalham na entrada). Os pratos principais são limitados a grelhados de carne e aves – o frango assado é excelente. O Andrea é perfeito após uma visita às Pirâmides, embora às vezes fique cheio de turistas.
199 E4 59-60 Marioutiya Canal, perto das Pirâmides de Gizé 02-3383 1133 Diariam 10h-1h

Aqua $$$

Restaurante de cozinha fusion, caro, mas excelente, tem um dos melhores sushis da cidade. Aprecie a culinária da costa do Pacífico com uma bela vista do Nilo. Reserve com muita antecedência e vista-se para a ocasião.
196 C3 Four Seasons Nile Plaza, 1089 Corniche al-Nil, Garden City 02-2791 6076 Diariam 19h-1h

L'Asiatique $$$

Este restaurante asiático premiado, eleito o terceiro melhor da África e o melhor do Egito no World's 50 Best Restaurants (RU), tem razão de ser popular entre os chiques do Cairo. O serviço é rápido, a decoração, elegante e o cardápio tem uma deliciosa seleção de pratos asiáticos bem preparados. É essencial reservar.

✚ 196 C4 ✉ Le Pasha 1901 Boat, Sharia Saray al-Gezirah, Zamalek ☎ 02-2735 6730 ◷ Diariam 19h-2h, almoço sex 14h-17h

La Bodega $$-$$$

Este bar moderno serve cozinha asiática fusion e tem uma decoração contemporânea com muito estilo. O bistrô mais convencional, no mesmo andar, serve uma inventiva e deliciosa seleção de pratos populares mediterrâneos, que vão desde um bom cuscuz a massas frescas e paella.

✚ 196 B5 ✉ 157 Sharia 26 July, Zamalek ☎ 02-2735 6761 ◷ Diariam 12h-2h, 19h-4h

Cedars $$$

Requintado restaurante libanês com um grande terraço, serve mezze e bons pratos do Líbano e oferece sheeshas (narguilé). Atrai um pessoal jovem que chega tarde. Reserve para garantir sua mesa.

✚ 196 A5 ✉ 42 Sharia Geziret el-Arab, Muhandesseen ☎ 02-3345 0088 ◷ Diariam 12h-1h

Citadel View $$

De frente para o belo Parque Al-Azhar (➤ 71) e para a cidade do Cairo, este é um lugar perfeito para almoçar no terraço, tomar um chá num dos salões tradicionais do andar de cima, com almofadas e mesas baixas, ou para um jantar mais íntimo. No almoço, serve um bufê com boa relação custo-benefício e ampla escolha de mezze e pratos principais. É bom reservar às sextas.

✚ 197 F3 ✉ Parque Al-Azhar, Sharia Saleh Salem ☎ 02-2510 9151 ◷ Diariam almoço e jantar

Egyptian Pancake House $

Há poucos lugares para comer em volta do bazar Khan al-Khalili, mas este é confiável e tradicional. As panquecas egípcias (*fiteer*, em árabe) são uma mistura de pizza e crepe. A fiteer pode ser doce, com nozes e mel, ou salgada, com queijo, tomate e pimenta. A parte interna do restaurante é mais calma e arejada, mas do lado de fora você pode simplesmente se sentar e apreciar a vista fascinante da Cairo islâmica.

✚ 197 E4 ✉ Entre Sharia al-Azhar e Midan al-Husayn, Khan al-Khalili ◷ Diariam de manhã até o último cliente

Felfela $-$$

Se você não conhece nada de comida egípcia mas quer provar seus sabores e texturas, então este é um bom lugar para começar. Muitos clientes são estrangeiros, mas os moradores também vêm aqui saborear os pratos tradicionais, em meio à estranha decoração de animais empalhados e artefatos egípcios. Prove a seleção de saladas e mezze para começar, seguidos por kebab ou pombo grelhado. O Felfela agora virou uma rede, mas este é o original e o melhor.

✚ 196 C4 ✉ 15 Sharia Hoda Shaarawi, Centro ☎ 02-2392 2833 ◷ Diariam 8h-24h

Al-Fishawi $

A afirmação de que eles operam aqui desde 1773 pode ser um pouco exagerada, mas esta é a casa de chá mais antiga do Cairo. Também é um dos poucos cafés onde você vê mulheres e famílias egípcias sentadas com os homens. É um excelente lugar para relaxar, tomar chá de menta ou fumar um narguilé, vendo a vida passar. De dia é ótimo para uma pausa ao visitar as atrações do centro antigo, e à noite fica muito animado, com gente da cidade. Por estar localizado perto da Mesquita al-Husayn, não serve bebida alcoólica.

✚ 197 E4 ✉ Khan al-Khalili, junto à Midan al-Husayn ◷ Diariam, 24 horas

Galleria Food Court $$

Um dos bons restaurantes do hotel Grand Hyatt Cairo on the Nile, o Galleria Food Court tem vários ambientes com diferentes opções de comida, como o Cappucci Café, a delicatéssen Bites & Fries, o Mama Mia, de massas e pizza, o Salam Middle Eastern Café e o Sugar, ótimos para um café, um lanche ou almoço completo. Tem uma grande janela com vista do Nilo.

196 C2 Grand Hyatt Cairo, Corniche al-Nil, Ilha de Roda, Garden City 02-2365 1234; www.cairo.grand.hyatt.com Diariam 11h-1h

Greek Club $

Para os nostálgicos, este é o lugar ideal. O velho clube, com seu interior neoclássico e o terraço barulhento ao ar livre, é o ponto perfeito para saborear uma cerveja gelada com algumas mezze. É quase uma instituição no Cairo.

197 D4 3 Sharia Mahmoud Bassioni, em cima do Groppi, Centro 02-2575 0822 Diariam 7h-2h

La Mezzaluna $$

Restaurante italiano popular numa pequena alameda perto da Sharia 26 July, uma rua central, o La Mezzaluna oferece massas e fartas saladas. Não serve bebida alcoólica. Favorito entre os jovens e estrangeiros residentes.

196 B5, fora do mapa Sharia Aziz Osman, Zamalek 02-2735 2655 Diariam 7h-23h

Marriott Garden $$

Cairo não tem muitos locais ao ar livre para beber ou comer em relativa paz, mas o Marriott Garden, com o que resta do desenho original de 1869, é perfeito para recuperar as energias depois de visitar as atrações. Também é um bom lugar para ver ricos do Cairo ou jovens árabes do golfo relaxando. Serve drinques e sorvetes, além de sanduíches, pizzas e especialidades egípcias grelhadas.

196 C4 Cairo Marriott Hotel, Sharia Saray al-Gezira, Zamalek 02-2735 8888 Diariam 9h-1h

Naguib Mahfouz Coffee Shop $ & Khan al-Khalili Restaurant $$

Esta combinação popular de cafeteria com restaurante é o único lugar de qualidade para comer na área do bazar e – o que também é muito importante – tem os únicos banheiros decentes por aqui. A cafeteria serve bebidas quentes egípcias (como o delicioso chá de menta), sucos, sheeshas (narguilé) e doces, numa decoração oriental agradável. O restaurante, mais caro, serve mezze e uma seleção de pratos principais autênticos do Egito e do Oriente Médio. Embora a clientela seja basicamente de turistas, ainda é um lugar acolhedor e tranquilo – um paraíso dentro desta rua agitada.

197 E4 5 Sikket al-Badestan, uma ruela em Khan al-Khalili 02-2590 3788 Diariam 10h-2h

Sabaya $$-$$$

Delicioso restaurante libanês, serve o melhor da autêntica cozinha libanesa, com impressionante seleção de mezze e saladas. Os garçons são simpáticos e costumam recomendar as deliciosas especialidades da casa, como kibbeh nayyeh (cordeiro moído) ou homus (pasta de grão-de-bico) servido com cordeiro frito e pinhole.

196 C3 Semiramis InterContinental, Corniche al-Nil, Garden City 02-2795 7171 Diariam 7h30-1h

Sequoia $$

O Sequoia tem tudo a seu favor, e é muito popular entre os cairotas sofisticados. Situado na ponta da ilha Gezira, este restaurante ao ar livre (tem aquecedores nos meses de inverno) oferece vistas panorâmicas do Nilo em toda a sua volta. A excelente comida egípcia tem preço razoável para um lugar elegante como este, que oferece talvez a maior variedade de sabores de sheesha da cidade. Além disso, tem uma extensa lista de coquetéis. O Sequoia é "o" lugar do Cairo para quem quer ver e ser visto.

196 B5 Fim da Sharia Abou al-Feda, Zamalek 02-2576 8086 Diariam, almoço e jantar

Onde... Comprar

Cairo às vezes parece um grande bazar, por isso não faltam oportunidades para compras de todo tipo, de especiarias exóticas a roupas de algodão e joias beduínas de prata.

Livros e Música

O maior acervo de livros sobre Egito e Oriente Médio, muitos deles publicados pela American University in Cairo (AUC Press), está na **AUC Press Bookstore** (na Sharia Sheikh Rihan, esquina com a Midan Tahrir, Centro). A **Lehnert and Landrock** (Sharia Sherif, 44, Centro) também tem boa seleção de livros, fotos e postais antigos do Egito. Em Zamalek fica a **Diwan** (Sharia 26 July, 159), com boa variedade de livros, vídeos, DVDs e música árabe. Os melhores lugares para música são a **Mirage Megastore** (Sharia Gami'at al-Duwal al-Arabiya, 71, Mohandiseen) e a **Vibe** (Sharia Sayed al-Bakry, 1A), atrás da Diwan.

Para livros orientais raros, mapas e gravuras, visite a **l'Orientale** (Loja 757, subsolo do Nile Hilton Shopping, Midan Tahrir, Centro).

Lojas de Artesanato

O **Khan al-Khalili** (➤ 71) vende suvenires variados, mas o melhor artesanato está em lojas especializadas. O doutor Ragab, que reabilitou a confecção de papiros, oferece peças de ótima qualidade com preço à altura na **Dr. Ragab's Papyrus Institute** (Corniche al-Nil, perto do Cairo Sheraton, Gizé). A **Khan Misr Touloun** (em frente à Mesquita Ibn Tulun; tel. 02-2365 2227) e a **Fair Trade Egypt** (Sharia Yahia Ibrahim, 27, 1º andar, apto. 8, Zamalek; tel. 02-2736 5123) têm artesanato egípcio de alta qualidade. A **Oum el Dounia** (1º andar, Sharia Talaat Harb, Centro; tel. 02-2393 8273) é uma loja colorida com as melhores peças de artesanato do Egito, por preços razoáveis. A **Makan** (Sharia Ismail Mohamed, 4, Zamalek; tel. 02-2738 2632) é outra ótima loja de mobília antiga e design contemporâneo de artistas locais. A **Nagada** (Sharia Refa'a Dokki, 13, tel. 02-3748 6663; www.nagada.net) vende ótimos tecidos de algodão feitos à mão e cerâmica do oásis de Fayoum. Artesanato do oásis de Siwa está à venda na **Nomad Gallery** (Saray al-Gezira, 14, 1º andar, Zamalek; tel. 02-2736 1917) ou nas arcadas do shopping do Cairo Marriott. Lojas do **Al-Khiyamiya**, fora do Bab Zuwayla, oferecem adornos tradicionais para tendas, capas de almofadas e tapeçarias.

A **Al-Khatoun Gallery** (Sharia Mohammed Abduh, 3), atrás da Mesquita al-Azhar, vende artesanato egípcio contemporâneo. Perto fica a **Abd al-Zaher** (31 Sharia Mohammed Abduh, tel. 02-2511 8041; www.abdelzaherbinding.com), um encadernador de livros tradicional que faz cadernos e álbuns com capa de couro, com seu nome gravado a ouro.

Roupas e Joalheria

O **Arcadia** (Corniche al-Nil, Bulaq) é o melhor shopping do Cairo, mas o **First Residence** (Sharia al-Giza, 35, Gizé) compete com ele. Para adereços de dança do ventre vá até a **Haberdashery**, com acesso por uma escada escura com a placa "Everything a Belly Dancer Needs" ("Tudo que uma dançarina do ventre precisa"), na Sharia Gawhar al-Qayed, perto do Al Fishawi Café, no Khan al-Khalili.

A **Dina Maghawry** (Sharia Sayed al-Bakry, 16, Zamalek; tel. 02-2737 8210; www.dinamaghawry.com) faz joias com desenhos orientais incríveis, assim como a **Azza Fahmy** (Al Ain Gallery, Sharia al-Husayn, 73, Dokki; tel. 02-3749 3940; www.azzafahmy.com).

Onde... Se Divertir

A vida noturna do Cairo é tão agitada quanto a diurna. Consulte a *Egyptian Gazette*, jornal diário, a *Ahram Weekly* e a revista mensal *Egypt Today*, ou o excelente site www.yallabina.com.

Ahwas (Casas de Café)

Os homens egípcios gostam de passar o início da noite no seu *ahwa* ou café local, batendo papo e fumando narguilé ou tomando café – não se serve álcool (➤ 28-29). O **Al-Fishawi** (➤ 75) e a área junto à Mesquita de al-Husayn, no centro antigo, são bem agitados à noite.

Música

A maioria dos concertos de música erudita têm lugar na **Ópera do Cairo**, na ilha Gezira (tel. 02-2793 0144; www.cairoopera.org), onde os homens devem usar terno e gravata. O **Al-Sawy Cultural Centre** (Sharia 26 July, Zamalek, sob a ponte para Aguza; tel. 02-2736 8881; www.culturewheel.com) tem espetáculos toda noite, de teatro experimental, música árabe ou jazz. O **Cairo Jazz Club** (Sharia 26 July, 197, Aguza; tel. 02-3345 9939; www.cairojazzclub.com) tem música ao vivo todo dia. O **After Eight** (Sharia Qasr an Nil, 6; tel. 02-2574 0855; www.after8egypt.com) é um local popular de música no centro, com bandas ao vivo e DJs locais. Também no centro fica o **Makan** (Sharia Saad Zaghloul, 1, Mounira; tel. 02-2792 0878; www.egyptmusic.org), de música tradicional. Às quartas, às 21h, o grupo Mazaher encena um *zar*, transe musical para exorcizar demônios.

Dança do Ventre

As melhores dançarinas atuam em casas noturnas de hotéis caros, às 20h para turistas e à 1h para egípcios. Os espetáculos no **Cairo Sheraton** (tel. 02-3336 9700) e no **Semiramis InterContinental** (tel. 02-2795 7171) têm boa procura.

As casas noturnas do centro, como a **Palmyra**, na ruela ao lado da loja Chemla na Sharia 26 July, são de nível mais baixo – as melhores dançarinas só entram em cena quando já foi atirado dinheiro suficiente no palco. Pergunte o preço das coisas antes de fazer o pedido.

Performances Sufi

Mawlawiyya é uma seita egípcia sufi conhecida como **dervixes rodopiantes**. A **Tannoura Egyptian Heritage Dance Troupe** realiza espetáculos desta dança no pátio da **Wikala of Al-Ghoury** (junto à Sharia al-Azhar, na Cairo islâmica) todas as noites de segunda, quarta e sábado, às 19h no inverno e às 20h no verão (tel. 02-2512 1735).

Casas Noturnas

Quinta é a noite ideal para sair no Cairo. As casas noturnas dos hotéis admitem não hóspedes em noites de menor movimento, ou cobram uma taxa pesada. Os lugares da moda são o **Latex** (Nile Hilton Hotel, Corniche al-Nil, Centro; tel. 02-2578 0444) e o **Absolute** (Casino al-Shaggara, diante do World Trade Centre, Corniche an Nil, Bulaq; tel. 02-2579 6512). O **Al Morocco** (no barco Blue Nile, Saray al-Gezira, 9, Zamalek; tel. 02-735 3114) é um bar, mas vira discoteca à noite. O **Exit** (Atlas Hotel, 2 Sharia Mohamed Rushdi, Centro; tel. 02-391 8127) é bem básico.

Andar a Cavalo

Alugue cavalos de bons estábulos. Na aldeia perto da Esfinge, Nazlet al-Semaan, os melhores ficam perto do **Sphinx Club** (tel. 02-3382 0435), **AA** (tel. 02-3385 0531) e do **MG** (tel. 02-3385 3832). O **Saqqarah Country Club Hotel** (estrada de Saqqara para Abu al-Nomros; tel. 02-384 6115) oferece filiação temporária.

Luxor

Como Se Localizar

Luxor foi a capital do Novo Império por mais de 500 anos e tem alguns dos monumentos mais extraordinários do mundo, muitos dos quais desafiaram a passagem do tempo. A cidade atualmente passa por uma reformulação necessária, mas que também gerou controvérsia entre os habitantes.

O Templo de Luxor e seu deus Amon permaneceram populares mesmo depois de os romanos acamparem no recinto sagrado

Luxor é movimentada, com o Templo de Luxor no centro, rodeado por um *souk* e por hotéis. De dia, a Corniche se agita com os moradores que chegam de balsa e os turistas que circulam pelas atrações. Já a noite é calma, e muita gente vem para cá sentir a brisa do Nilo depois de um dia quente.

O local é povoado desde tempos muito antigos, mas a cidade (chamada Waset e depois Tebas) só ganhou destaque quando os príncipes de Tebas fundaram o Novo Império (1550-1069 a.C.). Sucessivos faraós competiam para erguer acréscimos cada vez maiores ao templo estatal de Amon, em Karnak, e ao templo similar, em Luxor. Como os edifícios seculares eram de tijolo de barro, pouco restou da fabulosa cidade que Homero descreveu como a "dos cem portões".

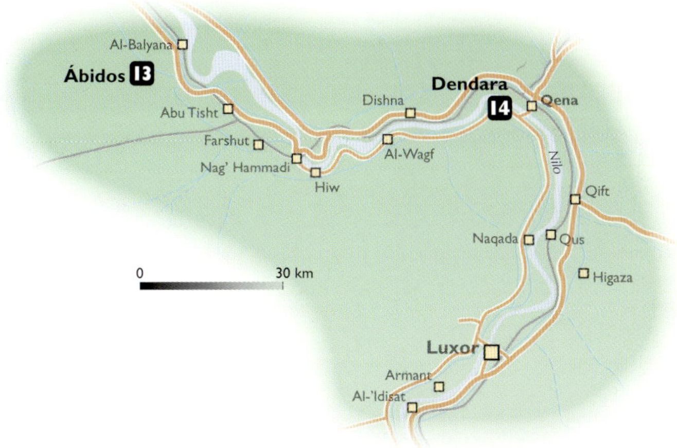

★ Destaques

1. Karnak ➤ 84
2. Templo de Luxor ➤ 88
3. Vale dos Reis ➤ 91
4. Deir al-Bahri ➤ 94
5. Túmulos dos Nobres ➤ 96

Atrações

6. Museu de Luxor ➤ 98
7. Museu da Mumificação ➤ 98
8. Madinet Habu ➤ 98
9. Túmulo de Nefertari ➤ 99
10. Vale das Rainhas ➤ 99
11. Deir al-Medina ➤ 99
12. Ramesseum ➤ 100
13. Ábidos ➤ 101
14. Dendara ➤ 102

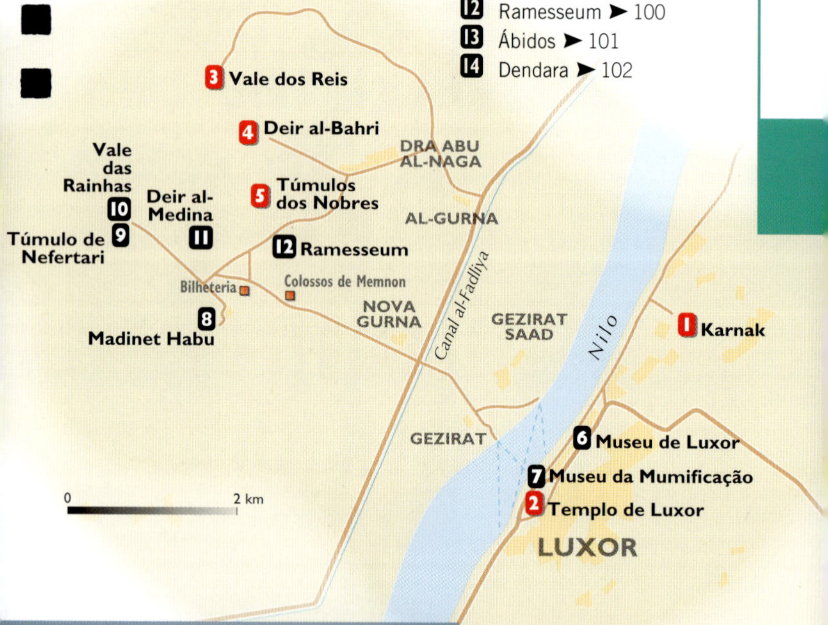

Os mortos eram enterrados na Margem Oeste do Nilo, e os reis escondiam tesouros extraordinários num vale isolado nas montanhas de Tebas, embora suas medidas de segurança não fossem suficientes para frustrar os ladrões de túmulos. As rainhas e nobres tinham sepulturas menos secretas, em frente aos templos mortuários dos faraós. Barcos ligam as margens, saindo bem em frente ao Templo de Luxor, e uma ponte cruza o rio 6km mais ao sul.

O Patrono da Mesquita, Abu al-Haggag, fica no alto do Templo de Luxor

Em 1997, Luxor sofreu o pior ato de terrorismo já ocorrido no Egito, quando 58 turistas foram mortos em Deir al-Bahri. Desde então reina a paz, mas a segurança é forte e os visitantes só saem da cidade de carro em comboio armado.

Em Três Dias

Se você não sabe por onde iniciar sua viagem, este roteiro propõe uma maneira prática e agradável de passar três dias em Luxor, visitando algumas das principais atrações. Use os mapas das págs. 80 e 81 para se localizar. Veja detalhes nas seções específicas.

Primeiro Dia

Manhã

Bem cedo, antes do calor, pegue um calèche (charrete a cavalo) até o **1 Templo de Karnak** (à direita, ➤ 84-87) e passe a manhã aqui. Almoce no restaurante egípcio Sofra (➤ 104).

Tarde

Depois do almoço, vá até o **2 Templo de Luxor** (➤ 88-90) para um tranquilo passeio pelas ruínas. Daqui, ande até o **Old Winter Palace** (➤ 103) para ver sua imponência e tomar um chá no terraço. O fim da tarde é uma boa hora para fazer compras no *souk*.

Segundo Dia

Manhã

Comece também bem cedo, especialmente no verão. Pegue um táxi até a bilheteria na Margem Oeste e compre ingressos para alguns dos locais que deseja visitar. De volta ao táxi, siga primeiro até o **3 Vale dos Reis** (➤ 91-93), onde é muito quente por volta do meio-dia. Peça ao motorista que espere, pois há pouco transporte para voltar. O Nour al-Gurna (➤ 105) é uma boa opção para um almoço simples.

Tarde

Ande o curto trajeto para a visita ao **12 Ramesseum** (➤ 100-101). Não é difícil arrumar táxi aqui, mas se quiser sentir mais o clima local dê o sinal e pare um caminhão *(kabut)*; a maioria deles vai até o terminal de barcos *(al mina)*. Depois de atravessar o rio, ande até o pequeno mas bem cuidado **6 Museu de Luxor** (➤ 98) para uma visita curta. Depois alugue um felucca e, se o vento deixar, veleje até o pôr do sol. Após o jantar, visite o **2 Templo de Luxor** (➤ 88-90), ainda mais bonito à noite, todo iluminado.

Terceiro Dia

Manhã

Alugue uma bicicleta (➤ 182-183) ou pegue um táxi (primeiro combine um preço para visitar todas as atrações que você escolher) e depois vá de barco até a Margem Oeste, parando de novo na bilheteria, pois os ingressos valem apenas para o dia da compra. Siga até o Templo de 4 **Deir al-Bahri** (abaixo, ➤ 94-95), passando pelos dois **Colossos de Memnon** (➤ 183). De Deir al-Bahri volte até os 5 **Túmulos dos Nobres** (➤ 96-97), com suas representações realistas do cotidiano. Almoce tarde no jardim do Restaurant Muhammad (➤ 105), perto da bilheteria.

Tarde

Depois do almoço, ande ou pedale até o 8 **Templo de Madinet Habu** (➤ 98-99), que fica lindo sob a luz suave da tarde. Ande sem pressa pelo recinto do templo e aprecie o pôr do sol em um dos cafés em frente, ou volte até os estábulos perto do barco (➤ 106) para fazer um passeio pelo campo.

Noite

Vista seu traje formal e jante no elegante salão do Old Winter Palace (➤ 103). É aconselhável reservar. Faça um passeio tranquilo pelos jardins depois do jantar.

1 Karnak

Os antigos egípcios chamavam Karnak de "Ipet-Isut" ("o mais perfeito dos lugares"), e durante 1.500 anos este foi o local de culto mais importante do país, dedicado ao grande deus Amon. Muito mais que um templo, era também um importante centro intelectual e um complexo espetacular de capelas, pilones, obeliscos, santuários e outros templos em uma área de mais de 400ha – espaço suficiente para dez catedrais. Cada faraó importante construiu, destruiu, ampliou, enfeitou ou restaurou parte deste complexo a fim de expressar sua devoção a Amon. Nesse processo, Karnak tornou-se um dos maiores e mais magníficos templos do mundo antigo.

Pegue um calèche, táxi ou uma pequena lancha ao longo da Corniche para chegar a Karnak, que apesar de todo o seu esplendor e história pode ser um lugar confuso para visitar. O complexo é formado por vários templos e muitos acréscimos feitos por diferentes reis. Mas, como afirma o egiptólogo T. G. H. James, "Karnak é uma loja de departamentos arqueológica: contém de tudo para todos". Os monumentos em geral ficam mais antigos quanto mais se adentra o complexo.

O Templo de Amon e o Grande Hipostilo em Karnak nunca deixam de impressionar o visitante com sua grandiosidade

A TRÍADE DE TEBAS

Os templos de Luxor e Karnak são ambos dedicados à tríade de deuses tebanos, Amon, Mut e Khonsu. Amon, o mais importante dos três, tornou-se mais tarde uma divindade estatal como Supremo Criador Amon-Rá, fusão de Amon com o deus-sol Rá. Mut, a rainha do céu, era sua esposa, e Khonsu, também conhecido como "o viajante", era o deus lunar, filho de ambos.

A parte mais acessível de Karnak é o **Recinto de Amon**, que parece uma sucessão infindável de robustos pilones (portais do templo), estátuas monumentais e grandes salas de hipostilos. O recinto é acessado pela **fileira de esfinges** com cabeça de carneiro (Amon era representado como um humano com chifres de carneiro), que era conectada ao Templo de Luxor (➤ 88-90). Ela conduzia até o **Primeiro**

Pilone, com 43m de altura e 130m de largura, o maior do Egito, embora nunca tenha sido concluído. No pátio da frente fica o **Santuário de Seti 2º**, onde eram guardados os botes sagrados da tríade, e, no canto sul, o excelente **Templo de Ramsés 3º** (20ª dinastia), que talvez tenha sido também um posto de trânsito dos barcos sagrados. As paredes desse pequeno templo, que seguem a planta de um templo clássico, são decoradas com cenas da festa anual de Opet. Diante do **Segundo Pilone** ergue-se o colosso de granito do onipresente Ramsés 2º, com uma de suas muitas filhas ao lado dele.

Todos os dias, aves aquáticas eram levadas por um túnel de pedra do quintal das aves até o Lago Sagrado

Atrás do Segundo Pilone está a visão mais espetacular de todas, o **Grande Salão do Hipostilo**, do século 13 a.C. – uma impressionante "floresta" de mais de 140 pilares de papiro cobrindo 5.500m^2, erguida por Seti 1º e seu filho Ramsés 2º. Depois do Salão do Hipostilo há um trecho ainda maior e mais confuso do templo, construído na 18ª dinastia (1550-1295 a.C.). Nos pátios depois do Terceiro e Quarto Pilones ficam os **obeliscos** esculpidos de Tutmés 2º e, mais adiante, o da faraó mulher, rainha Hatshepsut (1473-58 a.C., ➤ 94).

A ponta de seu segundo obelisco caído fica no caminho para o Lago Sagrado.

Passando o Sexto Pilone há dois elegantes pilares esculpidos com flores de lótus e de papiro, simbolizando o Alto e o Baixo Egito. Aqui também fica o **Santuário de Amon,** de granito, construído por Filipe Arrideus, meio-irmão de Alexandre, o Grande. A efígie de Amon era mantida aqui, e as imagens nas paredes mostram que oferendas diárias eram feitas em sua homenagem. Depois fica o grande **Pátio Central** e o **Templo do Jubileu de Tutmés**, onde a vitalidade e a autoridade do rei eram simbolicamente renovadas durante o seu jubileu. É interessante notar que este imenso complexo só era acessado pelos poderosos sacerdotes; os egípcios leigos ficavam excluídos e adoravam divindades intermediárias, cujos santuários ficavam junto aos muros que cercavam o templo. Uma dessas capelas, conhecidas como **Capelas do Ouvido que Escuta**, fica nos fundos do Templo do Jubileu.

Entre o Terceiro e o Quarto Pilones o templo se estende para o sul junto ao **Lago Sagrado**. Em 1903, no Pátio Cachette em frente ao lago, foram descobertas cerca de 17 mil estátuas de bronze e 800 de pedra. As mais importantes estão hoje no Museu Egípcio do Cairo (► 50-53).

O **Museu a Céu Aberto** abriga algumas reconstruções de edifícios antigos, dois incríveis barcos-santuários e uma elegante capela branca da 12ª dinastia, com lindos entalhes.

FAÇA UMA PAUSA

O **café perto do Lago Sagrado** é um lugar tranquilo para tomar algo sob as árvores. Para almoçar, saia do local e vá até **Dawar al-Umda**, na Corniche (► 104), ou até a cafeteria do tranquilo Luxor Hilton Hotel, perto daqui.

---

202 C4 ✉ 2,5km ao norte de Luxor ⊙ Diariam 6h-17h30 (6h-18h no verão) Café junto ao Lago Sagrado ($) Complexo, moderado; museu, barato

POR DENTRO DE KARNAK

Dicas O templo **pode ficar muito lotado** com grupos de excursões das 10h30 às 15h, mas antes ou depois desse horário, quando a luz é mais bonita, você pode ficar com o local mais ou menos à sua disposição.

■ Um esplêndido **show de sons e luzes** de 90 minutos é realizado três ou quatro vezes, em diferentes línguas, toda noite. A primeira parte do show é um passeio pelo templo iluminado, a outra parte acontece em um teatro depois do Lago Sagrado. Compre ingressos no local. Mais informações na bilheteria (tel. 02 3386 3469; www.soundandlight.com.eg).

Joias Ocultas Os **baixos-relevos** no lado norte do Salão do Hipostilo, mostrando as vitórias e batalhas de Seti 1º, são muito refinados. Procure o vestíbulo com colunas, conhecido como Jardim Botânico, depois do Pátio do Médio Império, que tem bonitos relevos da flora e da fauna locais.

Evite Os **Recintos de Mut**, ao sul, em péssimas condições, e o **Mont**, ao norte, são raramente visitados, assim como os pátios depois do Sétimo Pilone.

2 Templo de Luxor

Esta magnífica construção, conhecida nos tempos antigos como "Harém do Sul", é ligada ao Templo de Karnak (➤ 84-87) pelos 3km da avenida de esfinges, uma via processional. Como o de Karnak, o Templo de Luxor foi dedicado à tríade tebana de Amon, Mut e Khonsu, cujas estátuas eram trazidas para cá durante o festival de Opet.

A inscrição latina neste pilone é uma evidência da ocupação romana

Embora o Templo de Luxor tenha sido ampliado várias vezes ao longo dos anos, ele é bem mais compacto e coerente do que Karnak, talvez porque seu núcleo seja obra de um único faraó, Amenófis 3º (1390-1352 a.C.). As paredes têm vários dos melhores entalhes do Egito, alguns muito bem preservados, já que a maior parte do templo ficou enterrada até 1885. Antes das escavações, só a cabeça dos colossos de Ramsés 2º (1279-1213 a.C., ➤ 23) e a ponta dos obeliscos se projetavam das pilhas de entulho sobre as quais a vila de Luxor fora erguida. A vila foi removida por partes conforme as escavações progrediam, mas quando se decidiu destruir o túmulo e a mesquita do padroeiro de Luxor, Abu al-Haggag, o povo se opôs.

ABU AL-HAGGAG

O xeique patrono de Luxor, Abu al-Haggag, nasceu em Bagdá por volta de 1150 d.C. e mudou-se para Meca e depois para Luxor, onde fundou uma escola sufi. Todo ano, na festa desse santo, o *moulid* ("festa"), imensos carros alegóricos saem pelas ruas e alguns feluccas são puxados em volta desta mesquita pelos locais, representando os barcos que circundavam o templo no antigo festival de Opet.

O Primeiro Pilone e o obelisco ficam iluminados à noite, causando um belíssimo efeito

Assim, ficou meio esquisita, mas a bela mesquita se ergue no alto do templo escavado.

A **avenida de esfinges** leva até o monumental **Primeiro Pilone**, construído por Ramsés 2º, que antes tinha à sua frente dois obeliscos e seis colossos do próprio faraó. Um obelisco e duas das estátuas foram levados para a França no século 19, mas os que restaram ainda causam profunda impressão. O pilone é decorado, assim como muitos outros templos egípcios, com a história favorita de Ramsés 2º, a Batalha de Qadesh. Depois do pilone, o grande Pátio de **Ramsés 2º** é rodeado por uma fileira dupla de colunas em forma de brotos de papiro, intercaladas por mais estátuas do rei.

O FESTIVAL DE OPET
Durante a esplêndida festa anual de Opet (celebração da fertilidade), os sacerdotes traziam as estátuas dos deuses Amon, Mut e Khonsu numa procissão de barcos sagrados que subia o Nilo de Karnak até Luxor, onde os deuses passavam uma lua de mel simbólica. A festa, celebrada no segundo mês da cheia do Nilo, buscava garantir uma boa colheita para a estação.

À esquerda do pátio, a **Mesquita de Abu al-Haggag** destaca-se do templo, e à direita fica o barco-santuário que carregava as três estátuas procedentes de Karnak no festival anual de Opet (➤ box à esquerda). Também é interessante ver deste lado os relevos do próprio templo e de uma procissão funerária liderada pelos filhos de Ramsés 2º. Passando o Segundo Pilone, a impressionante **Colunata Processional** de Amenófis 3º, com suas imensas colunas de papiro, serviu de modelo para o Grande Salão do Hipostilo de Karnak. Os entalhes sobre as paredes foram acrescentados por Tutancâmon e dão uma ideia geral das celebrações de Opet: uma parede mostra a viagem de ida; a outra, o retorno da procissão.

No final da Colunata fica talvez a parte mais impressionante do templo: o **Grande Pátio do Sol**, também construído por Amenófis 3º, com sua decoração desenvolvida ao longo do milênio entre os reinados de Amenófis e de Alexandre, o Grande. Infelizmente sofreu muitos danos com as cheias do rio, mas há um projeto de restauração em andamento. Um grande lote de estátuas desenterradas aqui em 1989 pode ser visto hoje no Museu de Luxor (➤ 98).

Atrás de um pórtico com colunas, usado como capela pelos soldados romanos, fica o **santuário interno**. Logo depois estão o santuário de Alexandre, o Grande, e a sala de nascimento de Amenófis 3º, com imagens deste divino acontecimento e do aleitamento pelas deusas. Acreditava-se que a rocha sobre a qual fica esta parte do templo tenha sido o local onde Amon nascera.

FAÇA UMA PAUSA
Aprecie a vista do Nilo tomando uma cerveja gelada no agradável **Metropolitan Café** (➤ 104).

202 C4 Corniche, Margem Leste Verão, diariam 6h-22h; inverno, 6h-21h Moderado

POR DENTRO DO TEMPLO DE LUXOR

Dicas É melhor visitar o Templo de Luxor de manhã bem cedo e voltar à noite, quando a **iluminação artificial** cria uma atmosfera ainda mais misteriosa e destaca melhor os elaborados entalhes.
- Pergunte no centro de turismo quando é a festa do ***moulid***. Vale a pena.

Joia Oculta Examine os relevos das paredes com atenção para compreender os **rituais do festival de Opet**.

3 Vale dos Reis

Desde que Howard Carter descobriu o túmulo de Tutancâmon em 1922, abarrotado de inúmeras maravilhas (➤ 52), o Vale dos Reis (Wadi al-Muluk) estimulou, intrigou e alimentou a imaginação do mundo todo. Por mais de 500 anos este vale isolado e deserto, também conhecido como "o lugar da verdade", foi a última morada dos poderosos faraós do Novo Império. Seus túmulos elaborados eram escavados na montanha, e suas múmias, cobertas com joias, tesouros e tudo o mais que eles pudessem precisar em sua outra vida.

As áridas montanhas escondem túmulos ricamente decorados

O propósito destes túmulos era ser um local seguro onde as múmias tivessem descanso eterno e onde fosse possível assegurar aos faraós uma existência feliz após a morte. Mas os prêmios que recebiam eram valiosos demais, o que atraía grande número de caçadores de tesouros e saqueadores de túmulos. Mesmo sem as múmias e suas joias, no entanto, a grandiosidade de alguns desses túmulos e as magníficas pinturas em suas paredes permitem imaginar seu esplendor original, especialmente se você puder evitar as multidões.

Mundo Subterrâneo

Como as pirâmides haviam se revelado relativamente fáceis de arrombar, os faraós do Novo Império passaram a ser enterrados com menos ostentação. A arquitetura do túmulo

refletia a jornada que o faraó morto realizava; assim, túmulos escavados na rocha com longos corredores que desciam até antecâmaras e, por fim, até câmaras funerárias eram uma representação do mundo subterrâneo. Artistas e trabalhadores de Deir al-Medina (► 99-100) decoraram as paredes dos túmulos com inscrições e imagens complicadas do Livro dos Mortos, para guiar o faraó no além-vida.

Tudo é Relativo

O túmulo de Tutancâmon pode ser famoso pelo tesouro que continha, mas como o rei morreu jovem e pouco importante, seu túmulo é pequeno e as decorações foram feitas às pressas. Tente então imaginar a quantidade de ouro e riquezas que foi enterrada com faraós mais poderosos, como Ramsés 2º ou Tutmés 3º. Tutmés (1479-1425 a.C.) foi um dos primeiros a ser enterrado no vale; o espaço dele fica bem escondido, no alto das montanhas, depois de uma garganta. E o túmulo de Ramsés 4º já era atração turística na Antiguidade, como mostram as inscrições seculares perto de sua entrada.

MÚMIAS REAIS

Em 1876, o maior lote de múmias já encontrado foi descoberto perto do Templo de Hatshepsut. Múmias de 40 faraós, rainhas e nobres, como Amenófis 1º, Tutmés 3º, Seti 1º e Ramsés 2º, foram encontradas num imenso poço funerário (túmulo nº 320). Acredita-se que os sacerdotes do Novo Império, prevendo a ação de saqueadores de túmulos, transferiram-nas para este túmulo secreto comum. Algumas delas estão hoje expostas na Sala das Múmias do Museu Egípcio do Cairo (► 50-53).

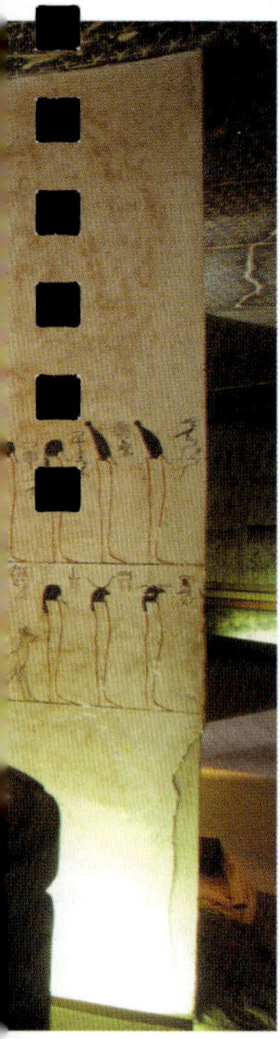

MAPEAMENTO DE TEBAS

O Theban Mapping Project (TMP) vem trabalhando desde 1978 num mapa abrangente de Tebas, um dos sítios arqueológicos mais importantes do mundo, a fim de proteger e preservar a área. Na última década, o TMP focou sua atenção no Vale dos Reis. Em 1995, eles redescobriram o KV5 e começaram a escavar este que é até agora o maior túmulo do vale, com mais de 128 salas. Este túmulo provavelmente pertenceu aos 50 filhos de Ramsés 2º. Em 2006, outro túmulo foi descoberto, o KV63, com vários caixões intactos (www.thebanmappingproject.com).

O túmulo de Ramsés 3º é um dos mais majestosos e longos do vale. Seu sarcófago está no Louvre, em Paris. O túmulo de Horemheb é interessante por ter sido deixado em diferentes estágios de decoração. Como seria de se esperar, o túmulo de Ramsés 2º era o maior, mas sofreu graves danos por inundações. A tumba mais bonita é a de seu pai, Seti 1º (1294-1279 a.C.), com entalhes ainda mais interessantes do que os do templo do faraó em Ábidos (➤ 101-102) – mas está fechado ao público, sem previsão de abertura.

FAÇA UMA PAUSA

O café na entrada do Vale dos Reis, com bancas de refrigerantes e sorvetes, está temporariamente fechado. Cheque antes de sua visita.

Acima: o túmulo de Tutmés 3º
À direita: entrada do túmulo de Ramsés 6º

202 B4 Margem Oeste, depois de Al-Gurna Verão diariam 6h-19h; inverno 7h-17h Cafeteria ($). Fechada no momento Caro

POR DENTRO DO VALE DOS REIS

Dicas Os ingressos vendidos valem para **três túmulos,** e há ingressos à parte para os túmulos de Ay e Tutancâmon na bilheteria na entrada do Vale dos Reis. Aqui também fica o **centro de visitantes,** onde você pode assistir a um filme sobre a descoberta do túmulo de Tutancâmon. Um trem *tuftuf* (barato) leva os visitantes até o local, mas dá também para ir a pé.

- A abertura dos túmulos é feita **em sistema de rodízio**, para proteger as pinturas de possíveis danos.
- Para **evitar multidões**, procure visitar os túmulos mais afastados da entrada.
- Terça de manhã é **dia de mercado** na Margem Oeste – no começo da estrada para o Vale dos Reis, atrás do cemitério moderno junto ao Templo de Seti 1º.

Evite O túmulo de Tutancâmon é **pequeno e um tanto decepcionante**, pois o tesouro está no Museu Egípcio do Cairo (➤ 50-53).

4 Deir al-Bahri

O templo mortuário de Hatshepsut está magnificamente incrustado nas montanhas de Tebas. Os imponentes terraços têm um aspecto robusto e moderno, mas você precisa imaginá-los nos dias da rainha, quando estavam cheios de árvores exóticas perfumadas e fontes para refrescar o ar. Hatshepsut chamou seu templo de Djeser Djeseru ("o sagrado dos sagrados"). Era uma ruína quando foi escavado em 1891, mas foi cuidadosamente restaurado ao longo dos anos.

Nos tempos antigos o templo era ligado ao Nilo por uma ampla avenida de esfinges. O Terraço Inferior (fechado temporariamente para restauração; cheque antes de sua visita) era ladeado por árvores com perfume de mirra e fontes refrescantes. Os pilones desapareceram e as colunatas foram desfiguradas por Tutmés 3º, mas você ainda pode ver os troncos de umas poucas árvores de 3.500 anos de idade. Uma grande rampa liga os terraços aos fabulosos relevos sobre o pórtico do Segundo Terraço. No lado norte fica a Colunata do Nascimento, com cenas que confirmam a origem divina da rainha e seu direito a governar. Ao sul fica a Colunata do Ponto, retratando a expedição ao Ponto (provavelmente onde fica a atual Somália) enviada pela rainha Hatshepsut para trazer árvores de mirra, ébano, marfim e especiarias.

Depois há a Capela de Hathor, com uma representação oculta do favorito da rainha e arquiteto do templo, Senenmut. O Terceiro Terraço, arquitetonicamente a melhor parte do templo, tem um pórtico de granito cor-de-rosa que leva até o Santuário de Amon, escavado na rocha.

FAÇA UMA PAUSA
Vários vendedores ambulantes têm bebidas geladas, mas se estiver com tempo vá até um dos **cafés perto do Ramesseum**.

202 B4 **Al-Gurna, Margem Oeste** **Verão, diariam 6h-19h; inverno 7h-17h** **Moderado**

A FARAÓ MULHER
Filha de Tutmés 1º, Hatshepsut foi uma das raras governantes mulheres do Egito e teve uma vida cheia de intrigas. Seu marido, Tutmés 2º, morreu antes que ela lhe desse um filho; assim, ela usurpou o trono de Tutmés 3º, filho de outra esposa, e virou governante absoluta do Egito de 1473 a 1458 a.C. Muitas vezes é retratada como homem. Quando a rainha morreu, Tutmés 3º tentou apagar seu nome da história, desfigurando suas imagens.

A espetacular localização do templo mortuário de Hatshepsut, com as montanhas de Tebas ao fundo

POR DENTRO DE DEIR AL-BAHRI

Dicas Os ingressos para este templo estão disponíveis na bilheteria, na entrada do local.

- Faça a visita bem cedo para evitar o calor extremo e traga muita água.
- Há dois caminhos que levam até a montanha perto de Deir al-Bahri. Suba até o topo para apreciar as lindas vistas ou atravesse o morro até o Vale dos Reis (➤ 91-93).

5 Túmulos dos Nobres

Os nobres – administradores locais, ministros e governantes sob o comando dos faraós – desfrutavam de uma boa vida e, por isso, queriam que os prazeres continuassem após a morte. Assim, seus túmulos não são decorados com textos crípticos do Livro dos Mortos, mas com descrições realistas e coloridas de sua vida. O trabalho é inferior ao dos túmulos reais, mas oferece uma visão maravilhosa da sociedade do Egito Antigo e do cotidiano dos egípcios ricos e de seus criados.

Enquanto os túmulos dos faraós ficavam ocultos nas montanhas tebanas, os nobres construíam os seus ostensivamente na linha de frente, diante dos templos mortuários de seus mestres. Há muitos túmulos nesta necrópole, mas apenas sete são abertos ao público. Os dois mais distantes são os túmulos de **Rekhmire** e **Senéferu**. O primeiro tem cenas do vizir Rekhmire recebendo tributos de terras estrangeiras e supervisionando a receita da agricultura; o segundo é chamado de "túmulo das vinhas", por conta das trepadeiras pintadas no teto. O estilo decorativo do túmulo vizinho, de **Ramose**, mostra que o vizir pertencia ao tempo da revolução Amarna (➤ 22). Os lindos entalhes na parede da entrada são todos em estilo clássico e retratam Ramose fazendo oferendas, mas do lado oposto revelam também o estilo amarna mais naturalista. Logo ao sul, o túmulo de **Khaemhat**, um escriba real, contém cenas de pesca, familiares e funerárias e tem cores excepcionalmente bem preservadas.

Ao norte há mais túmulos. O de **Nakht** mostra um banquete com dançarinas e um harpista cego, com um gato comendo peixe sob a sua cadeira. Já o de **Menna**, um inspetor de terras, retrata cenas da vida rural e do morto e sua esposa realizando cerimônias para os deuses.

Ao lado: detalhe do túmulo de Ramose
Abaixo: entrada do túmulo de Rekhmire

FAÇA UMA PAUSA

Dois **cafés perto do Ramesseum** vendem bebidas geladas e chá. O restaurante do **hotel Nur el-Gurna** (➤ 103), perto, serve um bom almoço.

202 B4 ✉ Velha Gurna ◷ Diariam 7h-17h, mas túmulos menores costumam fechar por volta das 15h 🍴 Cafés ($) Ingressos para os grupos de túmulos são baratos (na bilheteria perto do cruzamento, em frente ao hotel Nur el-Gurna)

POR DENTRO DOS TÚMULOS DOS NOBRES

Dicas Na visita, você anda e sobe escadas. Por isso, evite o calor do meio-dia.
- Os túmulos dividem-se em quatro grupos, e cada um requer um ingresso separado. Leva uma hora para visitar todos eles, mas a maioria dos visitantes se limita aos melhores de cada grupo, ou a um grupo apenas.
- Os guardas podem iluminar os túmulos do jeito tradicional, usando um espelho para refletir a luz do sol, em troca de uma *baksheesh*. Se não quiser o serviço, lembre-se de deixar isso claro ao chegar.
- A maioria das aldeias daqui foi transferida para Nova Gurna, alguns quilômetros ao norte, e as casas foram demolidas em 2007 para proteger esses túmulos.

Evite Os túmulos de Khonsu, Userhat e Benia são os menos interessantes.

Joia Oculta Muitos visitantes deixam de ver o túmulo de Senéferu, pois exige uma boa escalada. Entretanto, ele é bonito e colorido e ilustra o amor eterno de Senéferu por sua bela esposa.

Atrações

6 Museu de Luxor

Este pequeno museu de antiguidades é uma joia. A seleção de estátuas e objetos resgatados de túmulos e templos locais é bem identificada em inglês e a apresentação é perfeita, contra um fundo escuro que realça as peças. Entre os destaques estão uma estátua belíssima do jovem rei Tutmés 3º, uma extraordinária imagem de Amenófis 3º envolvido pelo deus-crocodilo Sobek, e a mobília do túmulo de Tutancâmon. O importante lote de estátuas, entre elas as de Ramsés 2º e Tutancâmon, encontradas há alguns anos sob o Templo de Luxor, também está exposto aqui na sala à esquerda da entrada. Uma nova ala é dedicada à glória de Tebas durante o período do Novo Império. O destaque são as duas múmias reais de Ahmose 1º e Ramsés 1º.

202 C4 Corniche al-Nil, Luxor 095-238 0269 Verão, diariam 9h-13h, 17h-22h; inverno, 9h-21h Moderado, permitido uso de câmera

7 Museu da Mumificação

Museu pequeno e interessante que destaca o desenvolvimento histórico da mumificação e as crenças ligadas a ela, com explicações sobre os diversos estágios desse complexo processo. Além das peças, há instrumentos de mumificação e várias múmias de animais.

202 C4 Corniche al-Nil, Margem Leste, perto do terminal de barcos 095-238 1501 Verão, diariam 9h-13h, 17h-22h; inverno, 9h-13h, 16h-21h Moderado

8 Madinet Habu

O grande templo mortuário de Ramsés 3º (1184-1153 a.C.), que segue o modelo do Ramesseum (➤ 100-101) de seu ancestral Ramsés 2º, foi o último grande templo faraônico clássico erguido no Egito. Ramsés 3º, no entanto, foi mais feliz do que seu homônimo, pois seu templo sobreviveu muito bem aos milênios, apesar de o Salão do Hipostilo e os Santuários terem sofrido graves danos num terremoto no século 1º a.C. A entrada para o complexo do templo é um imponente portal em estilo sírio com

Relevo do rei Tutmés 3º com a longa barba real e a coroa *atef*

Acima: Por todo o complexo de Madinet Habu há vestígios do assentamento copta de Djeme
Abaixo: Entrada do templo Deir al-Medina

uma sala superior decorada com músicos e dançarinas, onde Ramsés 3º aparentemente entretinha os hóspedes. À direita há várias capelas mais antigas e o que resta do Lago Sagrado, onde as mulheres locais ainda vêm buscar a cura de sua infertilidade. O alto Primeiro Pilone, assim como o Segundo, é decorado com cenas das batalhas de Ramsés 2º e leva até o Primeiro Pátio, onde se pode ver entalhes bem preservados do próprio Ramsés fazendo oferendas aos deuses.

Vestígios de tijolos de barro da cidade copta de Djeme, que ocupava todo o recinto até o século 19, podem ser vistos acima do muro perimetral.

202 B4 Kom Lola, perto da bilheteria Diariam 7h-17h Cafés-restaurantes em frente à entrada ($) Moderado

9 Túmulo de Nefertari

O faraó do Novo Império, Ramsés 2º, criou um dos mais bonitos túmulos do Egito como santuário à beleza de Nefertari, sua esposa por 34 anos. Os corredores e muros em suas três câmaras são decorados com imagens em cores vivas. As mais famosas são as da bela rainha num vestido branco transparente com um cocar dourado. O teto é pintado com estrelas douradas. O túmulo foi reaberto em 1995 após completa restauração, mas fechou de novo em 2003, sem previsão de reabertura.

202 B4 Vale das Rainhas, Margem Oeste (ver abaixo) Fechado Caro

10 Vale das Rainhas

O nome é enganoso, pois os 80 túmulos não pertencem apenas a rainhas, mas também a príncipes e princesas. Somente quatro túmulos, incluindo o de Nefertari, estão abertos ao público. O túmulo de Amonherkhepshep, filho de Ramsés 3º, mostra belas cenas do pai apresentando seu filho aos deuses. Também neste túmulo fica a múmia de um feto de cinco meses; acredita-se que foi perdido quando a mãe soube da morte de seu filho de nove anos de idade, Amunwas. Outro filho de Ramsés 3º, o príncipe Khaemweset, também está enterrado aqui, rodeado por cenas de Ramsés conduzindo-o pelo além.

202 B4 Margem Oeste Diariam 7h-17h Não há transporte público Barato; Túmulo de Nefertari cobrado à parte

11 Deir al-Medina

Esta aldeia oferece um raro panorama da vida dos egípcios menos louvados. Os artistas, pedreiros e operários que trabalharam nos túmulos do Vale dos Reis (➤ 91-93) viviam aqui com

"Ao vir de antiga terra, disse-me um viajante:
Duas pernas de pedra, enormes e sem corpo,
Acham-se no deserto. E jaz, pouco distante,
Afundando na areia, um rosto já quebrado...

... Nada subsiste ali. Em torno à derrocada
Da ruína colossal, a areia ilimitada
Se estende ao longe, rasa, nua, abandonada".
De "Ozymandias", Shelley

suas famílias, segregados do resto da população para manter em segredo a localização dos túmulos reais. Muitos eram alfabetizados e há vários papiros que registram a organização rigorosa de suas vidas, assim como suas queixas sobre as dificuldades e as duras condições de trabalho. Trabalhavam oito horas por dia, ficando no Vale dos Reis por turnos de dez dias, por isso dispunham de bastante tempo para trabalhar em seus próprios túmulos.

Perto da entrada para a aldeia estão os túmulos dos artistas Sennedjem e Ankherkha, com vívidas interpretações (em geral, paródias) de desenhos que eles haviam feito nos túmulos reais. O túmulo de Peshedu tem uma pintura do artista morto rezando sob a árvore da regeneração, e o de Iphy é decorado com cenas do cotidiano.

No norte da aldeia há um templo dedicado às deusas Maat e Hathor.
202 B4 Margem Oeste, em frente à bilheteria Diariam 7h-17h Barato; ingresso à parte para o túmulo de Peshedu (barato)

12 Ramesseum

Desde que o poeta inglês Shelley (1792-1822) imortalizou a estátua partida de Ramsés 2º em seu poema "Ozymandias" (➤ box à esquerda), como símbolo da vaidade e da efêmera glória humana, os visitantes

Partes do colosso de Ramsés 2º estão espalhadas por todo o Ramesseum

Os entalhes na parede do túmulo de Seti 1º, em Ábidos, estão entre os mais requintados do Novo Império

vêm ao Ramesseum sempre à procura dos colossais fragmentos. Ramsés 2º, que ergueu monumentos notáveis em outras partes do Egito, queria que este templo mortuário fosse sua obra eterna, mas infelizmente escolheu um local que inundava todo ano. Ele teria certamente se tornado tão majestoso quanto seu belo templo em Abu Simbel (➤ 118-120), mas, por ironia, apenas este aqui, que pretendia ser o mais importante, foi despedaçado.

Ao cair, a estátua colossal, que já foi a maior do mundo – com 18m de altura e mais de 900t –, destruiu o Segundo Pilone e o Segundo Pátio. Você ainda pode ver seus restos e maravilhar-se com as proporções. Além da própria estátua, no lado mais distante do pátio há um colosso menor com um rosto mais preservado. As paredes do Primeiro e Segundo Pilones são decoradas com cenas das famosas vitórias de Ramsés, assim como as paredes do Grande Salão do Hipostilo, que ainda preserva 29 de suas 48 colunas originais. Depois há duas salas de hipostilo menores, uma com teto para observação do céu e que guarda o mais antigo calendário de 12 meses que se conhece. As salas abobadadas de tijolo de barro, em volta do templo, eram usadas como oficinas, casas de criados e despensa.

202 B4 · Al-Gurna, Margem Oeste, Luxor · Diariam 7h-17h · Não há transporte público: use bicicleta ou táxi · Barato

PARA CRIANÇAS

- Passeio de felucca pelo Nilo (➤ 106)
- Andar a cavalo (➤ 106)
- Museu da Mumificação (➤ 98)
- Túmulos dos Nobres (➤ 96-97)
- Livraria Al-Aboudi (➤ 105): livros infantis sobre o Egito

13 Ábidos

Ábidos fica cerca de 130km ao norte de Luxor. Por 2 mil anos foi o principal cemitério do Egito, pois marcava a entrada do mundo subterrâneo, e é o local onde a cabeça de Osíris foi enterrada (➤ 12-13). Para os antigos egípcios, esta era uma terra de peregrinação, a ser visitada ao menos uma vez na vida. Se não fossem enterrados aqui,

queriam que suas múmias fossem trazidas para Ábidos antes de serem enterradas em outra parte do Egito.

O Templo de Seti 1º, do século 14 a.C, é um dos mais incríveis do Egito, com bela decoração. Sua fachada, porém, foi concluída com certo desleixo pelo filho de Seti, Ramsés 2º, que ergueu um templo menor aqui.

202 B5 Al-Araba al-Madfuna, 10km a sudoeste de Al-Balyana Diariam 7h-18h Café em frente Trem ou ônibus de Luxor até Al-Balyana, depois em comboio até o local Barato

14 Dendara

O bem preservado Templo de Hathor foi construído aqui no estilo egípcio clássico pelos ptolomeus e romanos, entre 125 a.C. e 60 d.C. Hathor, esposa de Hórus, era a deusa do prazer, da beleza e do amor, com frequência associada à deusa grega Afrodite.

Durante a festa de Ano-Novo, a estátua de Hathor era levada até o telhado para ficar exposta ao deus-sol, antes de se juntar a Hórus em seu templo em Edfu (► 121). Cenas da festa decoram as paredes do templo.

202 B5 4km pelo Nilo a partir de Qena, 64km ao norte de Luxor Diariam 7h-18h Café ($) Trem ou ônibus para Qena, charrete a cavalo até o local (verifique antes as restrições de viagem) Barato

Relevos na parede do Templo de Hathor

LUXOR VISTA DE CIMA

Um passeio de balão permite apreciar as vistas mais espetaculares dos monumentos e aldeias de Luxor. Cada voo de uma hora é um pouco diferente, dependendo do vento, mas a experiência é inesquecível. Três empresas oferecem voos logo de manhã: **Hod Hod Soleiman** (tel. 095-237 0116), **Magic Horizon** (tel. 012-226 1697; www.magic-horizon.com) e **Sky Cruises of Egypt** (tel. 095-237 6515).

Onde... Ficar

Preços
As diárias são para quarto de casal.
$** menos de 400LE **$$** 400-900LE **$$$ mais de 900LE

MARGEM LESTE

New Emilio Hotel $$
Todos os quartos deste excelente hotel são equipados com banheiro, ar-condicionado, minibar, TV e um canal de vídeo do próprio hotel. Tem ainda uma pequena piscina na cobertura, com espreguiçadeiras confortáveis para os hóspedes relaxarem e tomarem sol. A equipe é muito prestativa e amistosa. Reserve com boa antecedência na alta temporada, pois o hotel pode lotar com grupos de excursão.
202 C4 **Sharia Yussef Hassan** **095-237 3570**

Old Winter Palace $$$
O Old Winter Palace é um edifício colonial, de frente para o Nilo e com as montanhas de Tebas ao fundo. Seu interior combina a mobília colonial a tecidos modernos e objetos de arte inspirados nos dias de glória do passado. Os quartos são grandes e confortáveis, com pé-direito alto e decoração elegante, e o hotel tem uma piscina maravilhosa em um jardim bem cuidado, repleto de pássaros cantando. Tem localização central, na Margem Leste de Luxor.
202 B4 **Sharia Corniche al-Nil** **095-238 0422**

MARGEM OESTE

Al Moudira $$$
Este retiro palaciano no deserto é um hotel único no Egito. O maravilhoso arquiteto egípcio Olivier Sednaoui superou-se neste edifício formidável, com seus quartos amplos e luxuosos, linda decoração com mobília feita na região e enfeites achados em mercados de antiguidades. Situada à beira do deserto e da zona rural, a fabulosa piscina é rodeada de jardins perfumados com vista das montanhas de Tebas. O hotel é uma verdadeira delícia para os hóspedes.
202 B4 **Daba'iyya, 15km ao sul da bilheteria na Margem Oeste** **012-325 1307/392 8332**

Beit Sabee $-$$
Com tijolo de barro pintado em tons claros de azul, camas e mobília feitas de madeira de palmeira e tecidos ao estilo da década de 1950, este hotel original é uma casa rural egípcia reformada. Tem apenas oito quartos. Se o que você procura é muita tranquilidade, este é o refúgio perfeito em Luxor. Serve refeições.
202 B4 **Kom Lolah, Margem Oeste** **010-632 4926**

Nur el-Gurna $
Hotel pequeno e encantador, tem quartos simples mas com estilo junto a campos de cana-de-açúcar e bosques de palmeiras. Os quartos têm ventilador e mosquiteiro, mobília local e som estéreo.
202 B4 **Em frente à bilheteria, Gurna, Margem Oeste** **095-231 1430/ 010-129 5812**

Sheherazade $
Este hotel novo, perto do terminal de barcos da Margem Oeste, tem estilo tradicional com quartos confortáveis e de bom gosto. O dono oferece uma acolhida amistosa e também organiza passeios pela região.
202 B4 **Al-Gezira, Margem Oeste (a 500m do cais)** **010-611 5939; www.hotelsheherazade.com**

Onde... Comer e Beber

Preços
Preços por pessoa para uma refeição, sem bebida e taxas.
$ menos de 100LE $$ 100-150LE $$$ mais de 150LE

A maioria dos hotéis na Margem Leste tem bons restaurantes de cozinha internacional. Já os da Margem Oeste são mais básicos e oferecem comida egípcia simples, como cozidos, frango grelhado e kebabs.

MARGEM LESTE

1886 $$$
Único restaurante sofisticado da cidade, o 1886 tem um chef francês que prepara deliciosos pratos franceses e egípcios. O salão de época é elegante e espera-se que os clientes venham bem arrumados.
202 C4 Old Winter Palace, Corniche al-Nil 095-238 0422 Diariam jantar

Dawar al-Umda $$
Bom restaurante egípcio no agradável jardim do hotel, oferece uma excelente seleção de mezze e comida egípcia clássica, como kebabs, cafta e cozidos de legumes. Nas noites de inverno costuma ter dança do ventre ou espetáculos folclóricos.
202 C4 Mercure Inn, Sharia al-Karnak 095-237 3321 Diariam, almoço e jantar

La Mamma $$
No meio do jardim do hotel e ao lado de um lago com patos e pelicanos, o La Mamma é um dos mais confiáveis da cidade, e atraente para crianças. Massas frescas, pizzas de massa fina e pratos italianos de carne contrastam com a comida egípcia.
202 C4 Sheraton Hotel, Sharia Khalid Ibn Walid 095-237 4544 Diariam, almoço e jantar

Metropolitan Café $-$$
Um café agradável junto ao rio, com vista do Nilo e dos capitães dos feluccas em seu trabalho. Serve comida egípcia e internacional. Lugar ideal para tomar uma cerveja gelada ao pôr do sol.
202 C4 Nível inferior, Corniche al-Nil, em frente ao Old Winter Palace, Margem Leste Não tem Diariam 10h-23h

Oasis Café $
Um ótimo café-restaurante num edifício da década de 1920 no centro de Luxor, com decoração simples, mas acolhedora. Serve lanches e massas, tortas e carnes grelhadas.
202 C4 Sharia Dr Labib Habashi 012-336 7121 Diariam 10h-22h

Snobs $$
Popular e movimentado, este restaurante de estilo ocidental serve carnes, saladas e pratos mediterrâneos preparados pelo entusiasmado chef. Não serve bebida alcoólica, mas permite que você traga e beba no local.
202 B4 Logo depois do Sonesta Hotel, junto à Sharia Khaled Ibn al-Walid 095-236 0356 Diariam 10h-24h

Sofra $
Fabuloso restaurante egípcio numa casa do século 19, com pequeno jardim e terraço na cobertura, o Sofra serve pratos tradicionais egípcios bem preparados e mezze, com uma decoração muito agradável. Serviço atencioso. Não tem bebida alcoólica no cardápio, mas serve sucos deliciosos.
202 C4 90 Sharia Mohamed Farid, junto à Sharia al-Manshiya 095-235 9752; www.sofra.co.eg Diariam 11h-24h

MARGEM OESTE

Al-Moudira $$$

O restaurante à beira da piscina ou a parte interna, de inspiração oriental, oferecem o jantar mais romântico da cidade. A deliciosa comida combina o melhor da cozinha ocidental e libanesa, e vale a pena viajar alguns quilômetros partindo de Luxor. Reserve.

202 B4 Daba'iyya, 15km ao sul da bilheteria na Margem Oeste 012-325 1307/392 8332

Nile Valley $

Comida egípcia deliciosa servida no terraço de cobertura do Nile Valley Hotel, com vista do Nilo. Serve bebida alcoólica.

202 B4 Nile Valley Hotel, Al-Gezira, perto do terminal de barcos 095-231 1477 Diariam 8h-23h

Nour al-Gurna $-$$

Este restaurante simples, num jardim sombreado, serve pratos locais como a meloukhiya (sopa de verdura similar ao espinafre servida com frango, pão, cebola e temperos) e pombo recheado. Não serve bebida alcoólica.

202 B4 Em frente à bilheteria, Gurna 095-231 1430 Diariam 10h-22h

Restaurant Muhammad $

Pratos egípcios simples numa casa bonita com terraço à sombra. O cardápio é reduzido, mas se você passar de manhã, poderá encomendar meloukhiya, pombo recheado ou pato grelhado para o almoço.

202 B4 Perto do Pharaoh's Hotel e da bilheteria, Margem Oeste 095-231 1014 Diariam 12h-22h ou mais tarde

Tutankhamun $

Especialidades locais simples e deliciosas são preparadas por Amm Mahmoud. O frango com alecrim e o pato com laranja são lendários, mas os tagens, cozidos em louça de barro, também são bons. Tem terraço na cobertura.

202 B4 Junto ao rio, perto do terminal de barcos, Al-Gezira 095-231 0918/010-566 8614 Diariam 12h-22h

Onde... Comprar

A cidade de Luxor, particularmente em volta do templo, é um grande bazar turístico, com centenas de vendedores que oferecem suvenires baratos, de estatuetas e bonés coloridos a tapetes e papiros pintados. É difícil evitá-los, pois eles sabem todos os truques para atrair turistas de ar ingênuo. Poucos trabalham com preço fixo; assim, a regra aqui, como no resto do Egito, é pechinchar muito, e você pode às vezes encontrar suvenires muito interessantes. As estatuetas de deuses egípcios antigos são uma boa opção, assim como os lenços (cuidado, alguns são sintéticos) e toalhas de mesa de algodão de Akhmim tecidas à mão. Há também as panelas de barro, vendidas em duas bancas ao lado do posto policial. Se você gosta de cozinhar, procure especiarias baratas como cominho e pimenta. O bazar abre de manhã até as 13h e das 17h às 21h aproximadamente.

Alabastro

O alabastro vem de uma pedreira 80km ao norte do Vale dos Reis, e nas oficinas da Margem Oeste você pode ver como a pedra é tratada e polida. Várias lojas grandes vendem estatuetas kitsch e luminárias de esfinge, assim como bonitos vasos ou tigelas de alabastro sem polir, em formatos simples.

Livrarias

Luxor tem algumas livrarias excelentes com uma ampla variedade de títulos sobre o Egito, a cultura árabe e o Oriente Médio, em várias línguas europeias. A **Al-Aboudi** (tel. 095-

237 3390), no bazar de turistas vizinho ao Winter Palace, tem uma seção infantil excelente e livros sobre o Egito com bom preço. Também vende postais. Ainda perto do Winter Palace fica a **AA Gaddis** (tel. 095-238 7042), com livros sobre o Egito Antigo e moderno, postais, artigos de papelaria de papiro egípcio e suvenires de qualidade.

Artesanato de Qualidade

Há séculos Akhmim produz ótimos tecidos feitos à mão. Os melhores estão na **Winter Akhmim Gallery** (tel. 095-238 0422), nos arcos do Old Winter Palace Hotel. O **Fair Trade Centre Luxor Outlet** (tel. 012-356 3445; www.egyptfairtrade.org), na Sharia al-Karnak, é uma ótima loja com artesanato de projetos de todo o Egito. A **Habiba** (Sharia Sidi Mahmoud; tel. 010-124 2026; www.habibagallery.com) é de uma australiana que promove artesanato egípcio como fonte de renda para as mulheres locais. Há toalhas de algodão, bolsas de couro e joalheria.

Onde... Se Divertir

Luxor tem tantos monumentos para visitar que a diversão da maioria dos turistas no fim do dia se resume a uma piscina, uma bebida gelada, um bom jantar e uma cama macia. Nada mau, já que não há muito mais para se fazer. Mas se você ainda tem energia sobrando, há roteiros de eventos especiais e de exposições na revista mensal *Egypt Today*, que você encontra nas livrarias de Luxor.

Feluccas e Barcos

Aqui, como no resto do Nilo, fazer um passeio de felucca é uma ótima maneira de relaxar, desde que você combine o preço antes. O destino mais popular é Banana Island, 4km rio acima, onde os vendedores de suvenires aguardam a chegada dos turistas mais desavisados (por isso talvez você prefira outra opção).

O melhor é fazer um passeio de barco de algumas horas e simplesmente subir o Nilo, para ver a beleza do rio e da paisagem, que fica ainda mais especial na hora do pôr do sol. Se não houver vento, o barqueiro irá remar – ou você pode fazer o passeio pelo rio numa das pequenas lanchas à disposição.

Andar a Cavalo

Outra opção para relaxar é alugar um cavalo ou camelo em algum dos estábulos. Tente o **Nobi Horse Stable** (tel. 010-504 8558) ou o **Pharaoh's Stables** (tel. 095-231 0015), ambos depois do posto da Mobil na Margem Oeste. O trajeto de uma hora irá levá-lo por uma área rural exuberante e, na volta, pela margem do Nilo.

Piscinas

Quase todos os hotéis abrem suas piscinas a não hóspedes, seja cobrando uma taxa ou exigindo consumação mínima em bebidas e petiscos.

Vida Noturna

Luxor tem algumas casas noturnas nos hotéis, mas não espere ouvir as músicas da moda. Os melhores clubes estão no **Mercure Inn Hotel** e no **Tutotel** na Sharia Salah ad-Din, 1, Margem Leste (tel. 095-237 7990). O restaurante **Dawar el Omda** (➤ 104) oferece um show com dançarinas do ventre e encantadores de serpente às quintas, quando serve um bufê oriental.

Atrações à Noite

Há um excelente **show de sons e luzes** todos os dias, em diversas línguas, no Templo de Karnak (➤ 84-87). O Templo de Luxor (➤ 88-90), iluminado à noite e aberto até as 22h, é uma ótima sugestão para um passeio noturno.

Anotações Pessoais

Segundo Dia

Manhã
Vá de táxi para o sul até o 9 **Templo de Kalabsha**, no lago Nasser (direita, ➤ 123). Dependendo da profundidade do lago, você terá de pegar um barco no cais. Os barqueiros permitem uma visita de uma hora, o que é suficiente. Volte para almoçar em Assuã, em algum dos locais da Corniche (➤ 125-126).

Tarde
Abasteça-se de água e filtro solar e pegue um felucca para uma viagem de duas horas (ida e volta) até a 8 **ilha Sehel** (➤ 122-123). De volta a Assuã, visite o **Museu da Núbia** (➤ 112) no final da tarde. Volte andando até o Old Cataract Hotel para um drinque no início da noite no terraço e um jantar no restaurante mourisco muito bem restaurado (➤ 126).

Terceiro Dia

Manhã
Pegue um ônibus ou micro-ônibus para 3 **Abu Simbel** (abaixo, ➤ 118-119) e almoce no Eskaleh Hotel (➤ 124). É necessário reservar.

Tarde
Passeie pelo templo, que deverá estar mais tranquilo à tarde, pois a maioria dos que vêm de avião já terá ido embora. Aprecie o pôr do sol e fique para o espetáculo de luzes e música.

Noite
Volte até o Eskaleh Hotel para jantar. Se tiver sorte, poderá ouvir o dono tocando música núbia com os amigos. Ou então desfrute da paz e da tranquilidade do lago.

0 Assuã

A localização de Assuã no Nilo é idílica. Aqui o rio se estreita entre o deserto Oriental e o Saara. Suas águas calmas e cintilantes contrastam com a areia quente e dourada do deserto, com os rochedos de granito cor-de-rosa e as ilhas verdejantes do rio. Mas o verdadeiro espetáculo são as vistas de Assuã e do Nilo, em especial no final da tarde.

Assuã é uma cidade de fronteira desde os tempos antigos, localizada no extremo sul do Egito e portal para a Núbia e a África. Tem um aroma exótico e sua população núbia, alta e de pele escura, tem mais em comum com os sudaneses do que com os demais egípcios. O clima é muito agradável no inverno – quente e seco – e a atmosfera é pacata. Assuã tem menos atrações do que Luxor ou o Cairo, por isso há mais tempo para passear pelos cafés à beira do rio vendo o pôr do sol e os feluccas deslizando, e para andar pelo seu peculiar *souk*.

A Moderna Assuã

Assuã é tranquila e fácil de explorar, e sua atraente Corniche é cheia de cafés à beira do rio. Sharia as-Souk, a principal rua do mercado, ainda tem um ar exótico, apesar do turismo intenso. Se você não conseguir lugar no terraço do Old Cataract Hotel (➤ 126) para ver o pôr do sol, aproveite a vista e a tranquilidade dos Ferial Gardens, no extremo sul da Corniche.

Atrás do hotel fica o **Museu da Núbia**, um tributo à cultura e à arte do povo núbio, cujas terras foram inundadas durante a construção das represas para a criação do lago Nasser. O impressionante acervo do museu, com peças bem expostas identificadas em inglês, mostra a região desde a Pré-História.

Cerca de 1,5km ao sul de Assuã fica o grande **Cemitério Fatímida**, do século 9º, com túmulos abobadados de tijolo de barro, e o gigantesco **Obelisco Inacabado**, que foi abandonado após a descoberta de uma falha. Supõe-se que a intenção era

Velejar de felucca pelo rio é um passeio relaxante

Feluccas deslizam em volta das ilhotas do Nilo, em Assuã

colocá-lo no Templo de Tutmés 3º, em Karnak (➤ 84-87). Subindo o rio a partir da Primeira Catarata (➤ 122) chega-se à Represa Velha, construída em 1902, e mais adiante à Assuã Alta, concluída em 1971.

A Antiga Assuã

Antigamente, a cidade principal e a área do templo ficavam na ilha Elefantina – conhecida então como Yebu (que significa "marfim" e "elefante") –, no meio do rio, em frente à moderna Assuã. A fortaleza de Yebu, protegida pelas turbulentas águas do Nilo, era uma base perfeita para expedições egípcias na Núbia, Sudão e Etiópia, e importante local do culto dedicado a Khnum – deus

NILÔMETROS

Esses instrumentos eram usados para registrar a cheia anual do Nilo, até ele passar a ser controlado pela represa de Assuã. Era vital saber com precisão o nível das águas do rio, pois isso era tomado como base para o cálculo dos impostos: quanto mais altas as águas, maior a colheita e, portanto, mais alto o valor do imposto.

REPRESAS DE ASSUÃ: ESTATÍSTICAS

- A Represa Velha era a maior do mundo à época de sua construção (1898-1902) e foi erguida duas vezes.
- Tem 50m de altura, 2km de extensão e 30m de largura na base.
- A Assuã Alta tem 111m de altura, 3,8km de extensão e 980m de largura na base.
- O lago Nasser, maior reservatório do mundo, tem 6 mil km².
- É proibido bater fotos da represa de Assuã.

que controlava o nível das águas do Nilo –, à sua esposa Satis e à filha do casal, Anukis. Durante o período islâmico, Yebu virou um importante centro comercial para as caravanas de camelos e elefantes carregados de marfim, ouro, especiarias e escravos. As escavações das vastas ruínas da antiga Yebu ainda estão em processo, e até agora pode-se ver apenas uma pequena pirâmide escalonada do início do Antigo Império, um portal que mostra Alexandre 2º adorando Khnum e o Templo de Khnum, da 30ª dinastia. Ao norte há um nilômetro com numerais gregos, romanos, faraônicos e árabes.

O nilômetro e as ruínas de Yebu são hoje parte do **Museu de Antiguidades de Assuã**, que fica na mansão de sir William Willcocks, engenheiro inglês que projetou a Represa Velha de Assuã. A própria mansão tem uma coleção, interessante embora um pouco antiquada, de artefatos encontrados em Elefantina, como a bela estátua dourada de Khnum. Mas o mais recente anexo tem uma mostra muito bem organizada, que ilustra a vida na ilha nos tempos antigos. Visite as aldeias núbias de Siou e Koti, em Elefantina, no meio de jardins perfumados, e pare para um drinque no café Nubia.

A Margem Oeste

O marco mais notável em frente a Assuã na Margem Oeste do Nilo é o **Mausoléu de Aga Khan** (hoje fechado ao público), onde Aga Khan 3º e sua esposa Begum estão enterrados. Ao norte, os **Túmulos dos Príncipes da Ilha Elefantina**, escavados na rocha, são iluminados à noite e oferecem vistas excelentes.

Veja o pôr do sol do terraço do hotel colonial Old Cataract

FAÇA UMA PAUSA

Cafés na calçada junto ao Nilo, como o **Panorama** (➤ 125), servem sucos e comida egípcia simples e gostosa. Outra opção é o terraço do **Old Cataract Hotel** (➤ 126), local tradicional para um chá da tarde inglês e para ver o pôr do sol. Não hóspedes pagam uma taxa mínima.

202 C3
215km ao sul de Luxor 097-231 2811 (centro de turismo em Midan al-Mahatta)

Museu de Assuã/Nilômetro/Ruínas de Yebu
Ponta sul da ilha Elefantina Verão, diariam 8h30-18h; inverno, 8h-17h Barco em frente ao escritório da Egypt Air Barato

Cemitério Fatímida/Obelisco Inacabado
1,5km ao sul de Assuã Obelisco: verão, diariam 8h-18h; inverno, 7h-16h Moderado, gorjeta no cemitério

Museu da Núbia
Sharia Abtal al-Tahrir, entre os hotéis Old Cataract e Basma 097-231 9111 Diariam 9h-13h, 17h-21h Vá andando ou de táxi Moderado

O colorido *souk* de Assuã é movimentado mesmo à noite

Jardim Botânico
Ilha Kitchener Verão, diariam 8h-18h; inverno, 8h-17h Cafeteria ($) Barco do lado oeste da ilha Elefantina, barco alugado ou felucca Moderado

Túmulos dos Nobres
Margem Oeste, Assuã Verão diariam 8h-17h; inverno 8h-16h Barco ao norte da Corniche, subir o monte a pé Barato

Pavilhão da Assuã Alta
Poucos quilômetros ao sul de Assuã Diariam 7h-17h Gorjeta para o guarda abrir Barato

POR DENTRO DE ASSUÃ

Dicas Faça pelo menos um **passeio de felucca pelas ilhas**, pois não há nada mais relaxante, em especial na hora do pôr do sol, quando as crianças do local saem em seus barcos de fabricação caseira cantando canções núbias.

■ Visite o perfumado **Jardim Botânico**, na ilha Kitchener, onde o general Kitchener plantou arbustos importados do mundo inteiro.

Joias Ocultas Faça a caminhada (cansativa) de 30 minutos pelo deserto, a partir dos túmulos dos nobres da ilha Elefantina até as ruínas do **Mosteiro de São Simeão**, do século 7º (diariam 8h-17h; ingresso moderado). Um guarda irá abrir a basílica e mostrar o local onde a barba de são Simeão era amarrada ao teto para impedir que o santo caísse de sono durante suas orações.

Evite Você pode prescindir de ver os túmulos simples dos príncipes de Elefantina se tiver ido à Margem Oeste em Luxor.

2 Filae

O esplêndido Templo de Ísis, localizado numa ilha nas águas azuis do lago Nasser, é uma das atrações mais românticas do Egito. Por mais de 800 anos, até 550 d.C., este templo a Ísis e Osíris foi um dos mais importantes centros de culto do Egito.

Governantes ptolemaicos e romanos, buscando identificar-se com este antigo e poderoso culto egípcio, deixaram todos eles sua própria marca, o que resultou numa interessante mistura de estilos. A adoração a Ísis como Mãe dos Deuses acabou se difundindo por todo o Império Romano, e a arte copta antiga associa claramente a Virgem Maria e o Menino Jesus à imagem de Ísis amamentando seu filho Hórus.

Originalmente, o Templo de Ísis foi construído na ilha de Filae (a "Ilha do Tempo de Rá"), em frente à ilha de Biga, um dos locais míticos do sepultamento de Osíris. Mas Biga era acessível apenas aos sacerdotes, enquanto todas as festas religiosas aconteciam em Filae. Com a construção da primeira represa de Assuã, o templo ficava submerso seis meses por ano. Na década de 1970, quando a Assuã Alta ameaçou submergi-lo de vez, a Unesco e a Egyptian Antiquities Organisation cuidadosamente removeram o complexo todo para a vizinha ilha Agilika, que foi reestruturada para se parecer com Filae.

Destaques do Templo

Os barcos param perto da construção mais antiga da ilha, o Pavilhão de **Nectanebo 1º**. Depois dele há um grande pátio flanqueado por duas elegantes colunatas e pelo notável **Primeiro Pilone** do Templo de Ísis. A pequena porta à esquerda leva até a **Casa do Nascimento**, do século

O imponente Quiosque de Trajano, sustentado por 14 colunas, chamado pelos moradores de "Cama do Faraó"

Colunas de arenito são decoradas com capitéis ricamente entalhados

3º a.C., que tem no seu muro traseiro belas cenas de Ísis amamentando Hórus no pântano. O portão principal, com dois leões de granito, leva ao **Segundo Pilone** e à **Sala do Hipostilo**. O templo interno perdeu a maior parte da decoração quando foi convertido em igreja por volta do ano 553, mas o santuário ainda contém a barca sagrada de Ísis.

Perto daqui, o **Templo de Hathor**, a deusa-vaca da música (entre outros atributos), ostenta um maravilhoso relevo dos deuses tocando instrumentos musicais. E vale a pena ver também o elegante **Pavilhão de Trajano** (usado como portal para o templo na época romana), de onde é possível apreciar vistas esplêndidas do lago.

FAÇA UMA PAUSA

Há alguns cafés simples no cais e a ilha tem uma cafeteria com terraço que vende bebidas geladas, chá, lanches e sorvetes.

202 C3
Ilha Agilika, entre a Represa Velha e a Assuã Alta, 9km ao sul de Assuã
Verão, diariam 7h-17h; inverno e no Ramadã, 7h-16h **Cafeteria ($$)**
Táxi até o cais de Shallal, depois barco até a ilha **Moderado**

POR DENTRO DE FILAE

Dicas Confira a lista de preços oficiais dos barcos nas docas antes de contratar um deles. O preço vale para uma visita de uma hora, mas você pode pagar um adicional ao capitão se quiser ficar mais tempo.
- O espetáculo de som e luzes no Templo de Ísis é considerado o melhor do Egito (➤ 128).

Joia Oculta A Sala Osíris (no andar superior), onde se encenavam os mistérios deste deus, tem relevos que ilustram a história de Ísis e Osíris. Geralmente está fechada, mas os guardas podem abri-la em troca de uma *baksheesh*.

3 Abu Simbel

O Templo de Ramsés 2º, do século 13 a.C., é o monumento mais notável da Núbia e traduz a ambição expansionista do Novo Império. Na fachada do templo escavado na rocha, as quatro impressionantes figuras do faraó, com 21m de altura, parecem ter a intenção de advertir os núbios do imenso poder do Egito.

Nenhum europeu moderno havia visto o templo de Abu Simbel até o explorador suíço Jean Louis Burckhardt passar de barco por ele em 1813. Na época, as imensas estátuas estavam enterradas na areia até o pescoço, e em 1817 foi preciso cavar por 20 dias para liberar a entrada, soterrada por 15m de areia. Na década de 1960, uma operação diferente estava a caminho, com a comunidade internacional unida para erguer este maravilhoso templo acima das águas do lago Nasser, que estava enchendo. O templo e a encosta sobre a qual estava escavado foram cortados em 1.050 blocos de até 30t cada e remontados num terreno mais alto fora do alcance do lago. Antes da operação de resgate, poucas pessoas tinham visitado Abu Simbel, que é hoje uma grande atração turística.

Um Trabalho de Amor

Ramsés 2º levou cerca de 30 anos para erguer seu "Templo de Ramsés, Amado de Amon". Ele o dedicou a Rá-Harakhty, Amon-Rá e Ptah, mas acima de tudo à imagem divinizada dele mesmo. Ao lado, ergueu um templo menor para sua esposa favorita, Nefertari, onde ela é associada à deusa-vaca Hathor.

Colossos de Ramsés 2º guardam o templo principal de Abu Simbel

O templo original estava localizado em posição perfeita para que os raios do sol iluminassem as estátuas até o fundo do santuário no dia do aniversário de Ramsés 2º e na data da sua coroação. O templo reposicionado capta os raios um dia depois, e na aurora dos dias 22 de fevereiro e 22 de outubro eles chegam ao santuário interno do Templo do Sol e iluminam as ruínas das quatro divindades.

A fachada do templo ostenta os magníficos e imponentes colossos de Ramsés 2º. As cabeças e torsos das estátuas são esculpidos em detalhe (uma das figuras perdeu sua parte superior no terremoto de 27 a.C.), enquanto os pés e as pernas são mais toscos. Membros da família real – como Nefertari, a mãe de Ramsés, Muttuya, e vários dos seus filhos – estão aos seus pés.

Seguindo o padrão do templo clássico, o interior revela uma série de câmaras cada vez menores, com um piso visivelmente inclinado. A imensa Sala do Hipostilo, escavada na rocha, contém oito estátuas de 10m de altura do rei representado como Osíris. As paredes são decoradas com cenas de suas campanhas militares, incluindo a Batalha de Qadesh, travada contra os hititas, líbios e núbios. Na parede do fundo ele oferece seus prisioneiros aos deuses. Uma sala menor leva até o vestíbulo e o santuário, com as estátuas de Ptah, Amon-Rá, o faraó-deus Ramsés 2º e Rá-Harakhty.

As sólidas portas do templo são abertas por uma chave *ankh*, símbolo da vida

O Templo da Rainha Nefertari

Ao norte fica o Templo de Nefertari, dedicado a Hathor. Como no Templo de Ramsés, a pedra foi alisada e angulada para parecer um pilone, com seis colossos de 10m de altura (quatro de Ramsés e dois de Nefertari) ladeando a fachada. Embora menor que o templo do faraó, este templo segue uma planta similar e contém uma Sala do Hipostilo com imagens esculpidas da deusa-vaca, além de um vestíbulo e um pequeno santuário.

O tamanho das salas internas do Grande Templo fica cada vez menor à medida que se chega mais perto do santuário

FAÇA UMA PAUSA

Há apenas um pequeno café no local, com bebidas geladas e poucas opções de comida, por isso traga um lanche para saborear à sombra das árvores perto do lago.

202 A1
280km ao sul de Assuã, a 40km da fronteira com o Sudão · Verão, 6h-18h, inverno, 6h-17h · Café ($) · Ônibus de Assuã com escolta armada · Voos da Egypt Air, do Cairo e de Assuã. Os voos de Assuã são vendidos como pacotes, incluindo a viagem de volta e os traslados até o sítio (ida e volta). Isso deixa você com apenas uma hora e meia, aproximadamente, para apreciar o local, o que pode ser pouco tempo · Caro, incluindo o passeio com um guia local

POR DENTRO DE ABU SIMBEL

Dicas Durma no navio (se estiver num cruzeiro) ou num hotel de Abu Simbel e terá o templo quase todo à sua disposição no início da manhã ou no final da tarde. Sente à esquerda no voo do Cairo ou de Assuã para ver melhor o templo.

- Há vários espetáculos diários de luz e som a partir das 18h, no inverno, e das 20h, no verão (tel. 02-3386 3469; www.soundandlight.com.eg).

Joia Oculta Normalmente, as rainhas do Egito Antigo eram representadas como uma pequena figura, que chegava apenas aos joelhos do marido. Talvez como prova do status de Nefertari, seu templo aqui em Abu Simbel ostenta as estátuas dela e do marido Ramsés 2º com a mesma altura.

Atrações

A Sala do Hipostilo em Esna

4 Templo de Khnum (Esna)

O Templo de Khnum, em Esna, fica 155km ao norte de Assuã. Reconstruído por Ptolomeu 6º (180-145 a.C.) sobre uma estrutura já existente, foi por um tempo tão grande quanto o de Edfu (abaixo). Hoje as pessoas vêm ao local ver a magnífica Sala Romana do Hipostilo, do século 1º – única parte que foi escavada. Aqui pode-se ter a real sensação do que a sala representava. Com 24 colunas encimadas por capitéis florais esculpidos, ela de fato dá ao visitante a sensação de estar em um belo jardim. As paredes têm entalhes de diversos imperadores romanos fazendo oferendas a divindades egípcias.

202 B4 Esna, 54km ao sul de Luxor, 155km ao norte de Assuã Verão, diariam 6h-17h; inverno, 6h-16h Ônibus ou táxi de Luxor ou Assuã Trens de Luxor, Edfu ou Assuã para Esna, depois um calèche até o local Ingressos baratos no quiosque à beira do rio, perto do bazar para turistas

5 Templo de Hórus (Edfu)

O templo ptolemaico em Edfu (105km ao norte de Assuã), erguido entre 257-237 a.C., é o mais bem preservado e um dos mais interessantes do Egito. Construído em estilo faraônico clássico, dá uma clara ideia da aparência e do propósito de um templo egípcio e tem explicações inscritas nas paredes. O local foi escolhido porque Hórus, o deus com cabeça de falcão, lutou aqui com Seth (➤ 12) pelo poder sobre o mundo. Os visitantes acessam o templo pela parte de trás. É melhor começar pelo Primeiro Pilone, que tem à frente dois falcões. Entalhes nas paredes internas registram a festa anual do Belo Encontro, quando a estátua de Hórus se juntava à estátua de Hathor no templo desta em Dendara (➤ 102). As celebrações anuais aconteciam na Sala da Festa, e há receitas de incensos e perfumes nas paredes de uma pequena câmara lateral. Na festa de Ano-Novo, a estátua de Hórus era carregada até o telhado para ser revitalizada pelo sol. Fora do templo fica a Casa do Nascimento. Veja os entalhes de Hórus amamentado pela mãe, Ísis.

202 C4 Edfu, 115km ao sul de Luxor, 105km ao norte de Assuã Verão, diariam 7h-20h; inverno, 7h-19h Bancas vendem bebidas ($) Não há transporte público; cruzeiros, feluccas ou táxis Moderado

Alguns entalhes estão muito bem preservados no Templo de Kom Ombo

6 Templo de Sobek e Haroeris (Kom Ombo)

Os restos deste templo greco--romano curiosamente dedicado a duas divindades ainda se mostram imponentes, em especial quando vistos a partir do rio. O templo tem duas metades idênticas: a parte leste homenageia o deus-crocodilo Sobek e a parte oeste, Haroeris, ou Hórus, o Velho – o "Deus Médico" que atraía milhares de peregrinos em busca da cura de suas doenças. Sua localização espetacular numa curva do rio acabou fazendo com que o pilone e o pátio frontal desaparecessem sob a água, mas muito do templo interior se conserva. A Capela de Hathor perto da entrada abrigava crocodilos mumificados, e havia outros, vivos, nadando no fosso. Uma entrada dupla conduz até a Sala do Hipostilo, com elegantes colunas florais e dois caminhos cerimoniais que levam até santuários simétricos. Depois há sete capelas cujos muros externos revelam uma fascinante série de instrumentos sofisticados, usados para realizar cirurgias no cérebro.

202 C3 Kom Ombo, 45km ao norte de Assuã Verão, diariam 6h-17h; inverno, 6h-16h Cafeteria na saída do templo ($) Ônibus ou táxi de Assuã com escolta policial Barato

DAHABEYYAS

Uma opção de luxo para ver o Nilo é a dahabeyya (▶ 108), veleiro com cabines. A Nour el Nil tem quatro dahabeyyas com oito a dez cabines (tel. 010-657 8322/ 010-570 5341; www.nourelnil.com). Oferece cruzeiros de seis ou sete dias, que param em pequenas ilhas pelo caminho.

7 Mercado de Camelos (Souk al-Gamal)

O maior mercado de camelos do Egito é um lugar fascinante, especialmente logo de manhã, quando os comerciantes sudaneses fazem suas transações aos gritos. Pastores guiam seus animais no deserto pela Forty Days Road a partir do Sudão até algum lugar ao norte de Abu Simbel, de onde os camelos são levados até Daraw e às vezes até Birqash (35km a noroeste do Cairo).

202 C3 Periferia de Daraw, 5km ao sul de Kom Ombo – pergunte ou siga as pessoas Dom 6h30-14h no inverno (também ter manhã, melhor antes das 10h30) Cafés ($) Lotação de Assuã, táxi para Kom Ombo, com escolta

8 Sehel

Esta pequena ilha oferece vistas incríveis daquilo que eram as corredeiras da Primeira Catarata, onde o Nilo é canalizado através de formações de granito. Os antigos egípcios acreditavam que esta era a nascente do Nilo, de onde o rio corria para o sul até a Núbia e para o norte até o Egito. Para eles, os deuses do Nilo, Hapy e Khnum, viviam numa caverna sob as corredeiras e dali controlavam a cheia anual. Os moradores faziam oferendas a Sehel para obter uma boa colheita, e os viajantes rezavam aqui para um retorno seguro, pois, até a construção das represas de Assuã, a área era um perigo para qualquer um que viajasse para o sul.

Hoje as águas são menos revoltas e o passeio de felucca é a principal atração. Mas há ainda duas montanhas de granito com mais de 250 inscrições rústicas do Egito Antigo, registrando as expedições feitas rio acima. A Estela da Fome, no alto de uma das montanhas, conta como o rei Djoser

CRUZEIROS PELO LAGO NASSER

Vários cruzeiros de luxo fazem viagens de três, quatro ou sete dias de Assuã a Abu Simbel, parando nos demais templos núbios. Felizmente, o número de saídas foi limitado. Escolha entre os navios *Eugenie* (www.eugenie.com.eg) e *Qasr Ibrim* (www.kasribrim.com.eg), dirigidos pela Belle Epoque Travel (tel. 02-516 9653), *Prince Abbas* (tel. 097-231 4660) ou *Nubian Sea* (tel. 012-322 2065).

(➤ 22) pôs fim a sete anos de fome erguendo um templo na ilha Sehel.

Do outro lado da ilha, as aldeias núbias, com seus adoráveis jardins, também valem uma visita.

202 C3 4km rio acima a partir de Assuã Alguns aldeões oferecem chá em troca de *baksheesh* ($) Acesso só por felucca ou lancha a partir de Assuã (➤ 128)

9 Lago Nasser

A construção das represas de Assuã enterrou o Nilo nubiano e criou este lago, maior reservatório do mundo, que se estende por mais de 500km ao sul de Assuã. As comunidades núbias que viveram às margens do Nilo por milhares de anos perderam casas, terras e boa parte da sua rica cultura para as represas e o lago, mas muitos dos monumentos antigos foram relocados para terrenos secos com a ajuda da comunidade internacional. Entre eles está o pouco visitado Templo de Mandulis, em Kalabsha. Este templo de cura, dedicado ao deus núbio da fertilidade Marul (Mandulis, em grego), foi reconstruído em sua maior parte no período ptolemaico-romano, fato evidente pela fusão de estilos nos belos entalhes das paredes. Perto fica o adorável Pavilhão Ptolemaico de Qertassi e o pequeno templo de Beit al-Wali, escavado na rocha. Este foi erguido em homenagem a Ramsés 2º, que é visto nos relevos em batalha

Um cruzeiro pelo lago Nasser é uma opção mais tranquila e relaxante do que o tradicional cruzeiro pelo Nilo

com rebeldes núbios. O interessante porém remoto grupo de templos de Wadi as-Sebua, Dakka e Amada, e a fortaleza de Qasr Ibrim, só pode ser visitado num cruzeiro de luxo, mas novas estradas estão em construção.

Viagens para pesca são cada vez mais populares nas águas azuis do lago, que abriga uns poucos crocodilos, o esquivo peixe-tigre e a perca do Nilo – um dos maiores peixes de água doce (➤ 128).

Templo de Kalabsha/Beit al-Wali

202 C2 Junto à Assuã Alta Diariam 8h-16h Táxi e também barco alugado no cais Barato

Wadi as-Sebua/Amada/Qasr Ibrim

202 C2 Diariam 6h-18h Atualmente só é acessível por cruzeiro Barato

PARA CRIANÇAS

Não há atrações específicas para crianças, mas elas podem gostar de:

- Um passeio de felucca pelas ilhas de Assuã
- O mercado de camelos de Daraw (➤ 122)
- Filhotes de crocodilo no *souk* (➤ 127)

Onde... Ficar

Preços
As diárias são para quarto de casal.
$** menos de 400LE **$$** 400-900LE **$$$ mais de 900LE

ASSUÃ

Mövenpick Ilha Elefantina $$$
Tirando sua feia torre, que domina a paisagem de Assuã, o Mövenpick é um hotel confortável localizado no meio de viçosos jardins na tranquila ilha Elefantina. Os quartos são espaçosos, com excelentes vistas do Nilo.
202 C3 ✉ Ponta norte da ilha Elefantina ☎ 097-230 3455; www.moevenpick-hotels.com

Keylani Hotel $
Hotel acolhedor com cibercafé e localização central, popular entre os visitantes há anos. Os quartos são bem limpos e confortáveis, todos eles com chuveiro, ar--condicionado ou ventilador.
202 C3 ✉ 25 Sharia Keylani, junto à principal Sharia al-Suq ☎ 097-231 7332; www.keylanihotel.com

Nile Hotel $
Hotel de bom custo-benefício num edifício novo, tem 30 quartos bem equipados e banheiros muito limpos, TV por satélite e sacada com vista do Nilo. O hotel conta com restaurante, biblioteca de livros sobre o Egito e acesso à internet. A equipe é muito atenciosa.
202 C3 ✉ Corniche an Nil ☎ 097-231 4222; www.nilehotel-aswan.com

Nuba Nile $
Outra boa opção econômica. Fica perto da estação de trem e oferece quartos simples, limpos, alguns com banheiro exclusivo e ar-condicionado. Perto do hotel há um café bastante popular que serve refeições.
202 C3 ✉ Junto à Midan al-Mahatta ☎ 097-231 3267

Old Cataract Hotel $$$
Imortalizado no filme sobre o livro de Agatha Christie *Morte no Nilo*, é um dos hotéis mais famosos do Egito. O esplêndido edifício mourisco fica no meio de jardins e a maioria dos quartos tem vistas privilegiadas. Tanto as acomodações como as áreas de convivência do hotel são impressionantes. Se puder, fique numa das incríveis suítes com terraços sobre o rio.
202 C3 ✉ Sharia Abtal al-Tahrir ☎ 097-231 6000

Sara Hotel $$
Bem afastado do centro, calmo e com vistas da Primeira Catarata do Nilo, de um lado, e do deserto Ocidental, do outro, este hotel oferece bom custo-benefício. Os quartos têm pouco sabor local, mas são espaçosos e limpos e alguns têm uma grande sacada. Dispõe de piscina.
202 C3 ✉ Num morro, 1km ao sul do Museu da Núbia ☎ 097-232 7234; www.sarahotel-aswan.com

ABU SIMBEL

Eskaleh $-$$
Esta agradável hospedaria é dirigida pelo músico núbio e guia Fikri Kachif. Tem apenas cinco quartos simples, decorados com mobília núbia, todos com terraço para o lago. Oferece ainda uma biblioteca com livros sobre a região e restaurante com produtos orgânicos da horta. Ambiente muito tranquilo.
202 A1 ✉ Na parte da orla de Abu Simbel ☎ 012-368 0521

Onde... Comer e Beber

Preços
Preços por pessoa para uma refeição, sem bebida e taxas.
$ menos de 100LE $$ 100-150LE $$$ mais de 150LE

Não espere encontrar uma grande culinária em Assuã. A maior parte dos turistas come a bordo de seus navios de cruzeiro. Os restaurantes da Corniche servem comida boa, mas básica, como cafta e cozido de legumes. No *souk* os locais de comida são especializados em lanches baratos, como kebab, taamiya ou sanduíches fuul e koshari. Nos restaurantes dos hotéis a comida costuma ser um pouco sem graça.

1902 Restaurant $$$

A data refere-se à inauguração da Represa Velha de Assuã, mas a decoração é menos histórica e mais uma fantasia oriental-mourisca. O cardápio fixo de quatro pratos a cargo de um chef francês é caro e nem sempre muito inspirado, mas o bom show oriental e o serviço impecável podem tornar a noite memorável.
202 C3 ✉ Old Cataract Hotel, Sharia Abtal al-Tahrir ☎ 097-231 6000 ⌚ Diariam 19h-24h, mas pode fechar para não hóspedes quando o hotel está muito cheio

Aswan Moon $

A entrada é por um falso castelo, o que pode deixá-lo alarmado, mas o interior compensa. O restaurante tem uma extensão flutuante e também um belo terraço para ver o pôr do sol no Nilo enquanto se fuma um narguilé. De dia, é o lugar perfeito para um suco, café da manhã ou almoço leve à sombra, mas à noite o lugar fica animado e ouve-se música núbia. A comida egípcia é simples, mas tudo é bem preparado (geralmente em panelas de barro). Não serve bebida alcoólica.
202 C3 ✉ Corniche al-Nil ☎ 097-232 6108 ⌚ Diariam 8h-23h (ou até o último freguês)

Aswan Panorama $

A comida é similar à do Aswan Moon, mas o restaurante é bem mais tranquilo. Bom lugar para o café da manhã ou para relaxar à tarde, à sombra de alguma árvore e com vista para a ilha Elefantina, tomando uma bebida gelada e comendo um delicioso roz bi laban (pudim de arroz com algumas gotas de água de rosas). Não serve bebida alcoólica.
202 C3 ✉ Corniche al-Nil, em frente à loja do free shop ☎ 097-231 6169 ⌚ Diariam 8h-23h (ou até o último freguês)

Biti Pizza $

Local animado, serve uma excelente pizza egípcia (fateer), doce ou salgada, além da pizza tradicional estilo italiano.
202 C3 ✉ Perto da estação de trem, Midan al-Mahatta ☎ Não tem telefone ⌚ Diariam, o dia inteiro

Chef Khalil $-$$

Restaurante popular de peixe, despretensioso mas de qualidade, serve peixe fresco do lago Nasser e do mar Vermelho. Você escolhe o peixe, que é pesado, e depois seleciona o modo de preparo. Todos os pratos são servidos com fritas e saladas.
202 C3 ✉ Sharia al-Suq ☎ 097-231 0142 ⌚ Diariam, almoço e jantar

Emy $

Lugar movimentado num barco de dois andares sobre o Nilo, um dos

poucos que ainda vendem bebida alcoólica – perfeito para um drinque ao anoitecer. Bom lugar também para conversar com capitães de felucca, que se reúnem aqui à noite, se você pretende fazer um passeio pelo rio. O cardápio tem muitos pratos apreciados pelos mochileiros, de panquecas a espaguete à bolonhesa, além de saborosos cozidos egípcios. Os sucos de frutas são excelentes.
202 C3 Junto ao Aswan Moon, Corniche al-Nil Diariam 9h-24h

Al Masry Restaurant $

Restaurante familiar simples, é famoso por servir as melhores caftas grelhadas e kebabs da cidade. A decoração islâmica é kitsch e berrante, com toalhas de vinil colorido, flores de plástico e fotos de montanhas suíças nas paredes. Mas o serviço é atencioso e os deliciosos kebabs vêm com pão fresco, tahine e uma boa salada. A sala da frente é só para homens, mas mulheres e casais podem comer na sala familiar nos fundos do restaurante, que é muito conhecida entre a população local. Não serve bebida alcoólica.
202 C3 Sharia al-Matar, junto ao Sharia al-Souk 097-230 2576 Diariam 12h-23h (ou até o último freguês)

Al Madina $

Lugar popular entre os mochileiros, serve refeições fixas a preço razoável, como pratos à base de peixe, cafta ou kebab, com salada, tahine e arroz. Não serve bebida alcoólica.
202 C3 Sharia al-Souk, perto do Cleopatra Hotel Diariam, o dia inteiro

Nubia Restaurant $$

Boa opção para conhecer melhor os núbios. Tem cardápio fixo de três pratos e um show de música e dança regional. A comida é saborosa – carnes grelhadas e cozidos, como sempre – e os pratos são preparados e cozidos à moda núbia, o que em geral quer dizer com mais tempero. Fique atento, pois às vezes o restaurante atende grupos de excursão. Não serve bebida alcoólica.
202 C3 Ilha Essa, ao sul da Elefantina; barco gratuito sai em frente ao escritório da Egypt Air 097-230 2465 Diariam 7h-23h30

Nubian Beach $

Isolado, tendo apenas uma bela duna de areia imensa nas redondezas, este café-restaurante núbio é o lugar perfeito para relaxar, seja almoçando, tomando um drinque ou jantando sob as estrelas. A comida tem bom custo-benefício, com pratos egípcios e núbios simples, preparados com produtos locais frescos. O acesso é de barco, mas ligue antes para pegar as instruções.
202 C3 Margem Oeste, depois do Mausoléu Aga Khan 012-773 7885/012-169 9145 Diariam 11h-23h

Nubian House Café $

Este encantador café-restaurante fica numa casa núbia tradicional, de frente para o Nilo. Se você não quiser pagar mais pelo terraço do Old Cataract, este é um lugar perfeito, tranquilo, para ficar à tarde vendo o pôr do sol e tomando um chá ou fumando um narguilé. Como diferencial, você pode ouvir música núbia ou pedir um prato do cardápio reduzido.
202 C3 Corniche, 700m ao sul do Museu da Núbia 097-236 6226 Diariam 11h-23h

Old Cataract Terrace $$

Numa localização lendária, este esplêndido terraço, sombreado com material de tenda egípcia tradicional, é perfeito para apreciar o pôr do sol. A vista do Nilo, o jardim tranquilo e as pedras na ponta da ilha Elefantina são um espetáculo, e o chá da tarde (Earl Grey, bolos e sanduíches) é uma delícia. Também é um lugar agradável para passar o tempo à noite, mas lembre-se de que o local cobra consumação mínima dos não hóspedes a partir das 16h.
202 C3 Old Cataract Hotel, Sharia Abtal al-Tahrir 097-231 6000 Diariam 8h-23h

Onde... Comprar

Há apenas um lugar para fazer compras nesta área, que é o **Aswan *souk*** ("mercado de Assuã"), pequeno mas com certeza mais exótico do que a maioria dos mercados egípcios. A melhor hora para ir é no fim da tarde, depois do calor mais intenso. O *souk* é tranquilo, e as cores, aromas e amuletos confirmam que você definitivamente está na África.

Assuã é famosa pelo **karkadeh**, flores secas de hibisco usadas para fazer um chá delicioso de cor vermelho-sangue, tomado quente ou gelado. Você também pode encontrar pó de **henna** de boa qualidade, usado pelas mulheres locais para pintar as mãos e os pés, e **fuul sudani**, excelente amendoim torrado, por bom preço. Ao comprar **temperos**, prefira os mais usados, como pimenta-do-reino, cominho e pimenta vermelha, pois os demais costumam ser imitações. As **cestas núbias** são uma boa opção, assim como os **quepes** típicos usados pelos homens. Por todo o *souk* você encontra **lenços** coloridos, que podem não ser de seda.

No *souk* você vai encontrar intrigantes amuletos e esculturas núbias e sudanesas, mas a maior variedade de **contas** e **artesanato africanos** está no **Hanafy Bazaar** (41 Corniche al-Nil; tel. 097-231 4083/230 6630), especialista em produtos genuínos núbios e beshari.

Para algo diferente, visite o **Atelier du Palmier** (Rue al-Berba, 16, Ksar al-Hagar; tel. 012-316 9547; atelierdupalmier@hotmail.com), onde o artesão local Amer Awadalla cria mobília única com folhas de palmeira. Agende para visitar a oficina.

Onde... Se Divertir

Assuã é uma cidade de província, calma e agradável. De dia, a maioria dos turistas fica ocupada em ver as atrações ou descansar à beira da piscina do hotel. A melhor diversão é provavelmente passear pela Corniche e ver o desfile dos moradores, que vêm fazer exatamente o mesmo, muitas vezes vestindo sua melhor roupa de domingo. O Nilo é sempre um espetáculo a qualquer hora do dia, mas fica ainda mais bonito ao pôr do sol ou à noite, quando vários pontos ficam iluminados. O melhor lugar para tomar um drinque é num dos terraços junto ao Nilo.

Nadar

Assuã é quase sempre quente, e mesmo no inverno a temperatura é agradável, por isso um mergulho na piscina é sempre uma boa ideia. Não é bom nadar no Nilo em Assuã, pelo risco de contrair bilharzia (doença crônica causada por vermes), a não ser em lugares de correnteza forte. Feluccas e lanchas fazem a viagem até uma praia na Margem Oeste em frente à ilha Seluga, ao sul de Assuã, onde é uma delícia nadar.

Não se admitem estrangeiros na piscina pública da Corniche, por isso você terá de recorrer a piscinas de hotel. Pagando uma taxa, não hóspedes podem usar a pequena piscina da cobertura no **Cleopatra Hotel**, ou as piscinas maiores e mais caras dos hotéis **Basma** e **Isis Island**. Em horários tranquilos você pode também ter permissão para usar a piscina do hotel **Mövenpick**, na ilha Elefantina.

Passeios de felucca

Uma das melhores maneiras de apreciar Assuã e as ilhas do Nilo é velejando de felucca, especialmente pouco antes do pôr do sol, quando a luz é mágica. Os barcos ancoram ao longo da Corniche e você pode simplesmente chegar e pegar um, depois de combinar o preço. Em geral o passeio é em volta das ilhas Elefantina e Kitchener e pelo mausoléu de Aga Khan, mas há outro passeio um pouco mais longo, e ainda mais bonito, até a ilha Sehel (➤ 122).

A maneira mais romântica de chegar a Luxor vindo de Assuã é de felucca ou de dahabeyya. É mais prático do que por estrada, pois você não precisa de escolta armada. É uma viagem de quatro a sete dias, e você visita os templos de Kom Ombo, Edfu e Esna no caminho, comendo e dormindo no barco.

O centro de turismo em Assuã lista os preços oficiais para os diferentes tipos de excursões e ajuda a combinar viagens com capitães de barco confiáveis. Leve sempre bastante água e filtro solar. Você também precisará comprar provisões no mercado, perto da estação de trem e da Sharia al-Suq.

Pesca

A pesca é popular no lago Nasser (➤ 123), que tem alguns dos maiores peixes de água doce do mundo, como a perca do Nilo (que pode pesar até 200kg). A **Lake Nasser Adventure** (tel. 012-240 5897; www.lakenasseradventure.com) é dirigida por um francês e um núbio, ambos apaixonados por pesca e pela região. Eles organizam safáris de pesca e viagens até o pouco visitado sul do deserto Oriental. A **African Angler**, do ex-guia de safáris quenianos Tim Bailey, oferece vários passeios, incluindo excursões de pesca de uma semana. Entre em contato em Assuã (tel. 097-230 9748; www.africanangler.co.uk).

Espetáculo de Luzes e Som

São feitas duas ou três apresentações diárias do maravilhoso **espetáculo de luzes e som** no Templo de Filae. Trata-se de uma visita de uma hora pelo templo iluminado, com acompanhamento de uma trilha sonora bastante melodramática.

O centro de turismo tem o horário dos shows em várias línguas, ou você se informa pela internet em www.soundandlight.com.eg. Você pode comprar os ingressos no cais Shallal e pegar um barco até o local (tel. 023-386 3469; www.soundandlight.com.eg).

Música e Dança

A maior parte da música núbia é tocada nos casamentos locais. Como os cantores e a banda são uma parte significativa da despesa do casamento, é comum o noivo convidar o máximo possível de amigos e parentes e cobrar 20LE ou mais de cada um. Os moradores acreditam que convidados estrangeiros trazem boa sorte aos noivos, por isso você pode muito bem ser convidado a participar das celebrações, que duram uma semana, e se oferecer algum dinheiro isso será muito bem-vindo. Mas cuidado com vigaristas que convidam estrangeiros para um casamento na sua aldeia, encorajam-nos a ficar bêbados e então aproveitam para roubá-los.

A **Nubian Folk Troupe** se apresenta no sóbrio edifício do **Palace of Culture** (tel. 097-231 3390), na Corniche, diariam das 21h30 às 23h, de outubro a março e durante o Ramadã. O show, popular entre os moradores, inclui contação de histórias, a dança núbia dos bastões e canções tradicionais de casamento e colheita. Também há um show de música núbia toda noite no Nubia House Restaurant (➤ 126).

As casas noturnas do **New Cataract Hotel** (Sharia Abtal al-Tahrir; tel. 097-231 6002) e do **Elephantine Island Mövenpick Hotel** (ilha Elefantina; tel. 097-231 4666) oferecem um show voltado para turistas, com música ocidental e núbia, enquanto o **Isis Hotel** (Corniche; tel. 097-232 4744) abre uma discoteca toda noite (exceto segunda), com uma seleção de músicas ocidentais populares.

Oásis e Litoral Mediterrâneo

Como Se Localizar

Embora a maioria dos estrangeiros tenha saído daqui na época da Revolução de 1952, Alexandria ainda mantém seu ar cosmopolita. A cidade vive uma dinamização cultural desde a abertura da nova Bibliotheca Alexandrina. Essa mistura da história antiga com a vibração de uma cidade moderna árabe e mediterrânea faz dela um lugar único e estimulante para passar alguns dias.

Como a cidade tem sido habitada continuamente desde a Antiguidade, a maioria dos monumentos históricos já desapareceu sob o mar ou sob a cidade moderna. Assim, o Museu Nacional de Alexandria é o melhor lugar para iniciar sua visita. Outros resquícios do passado serão revelados conforme você andar pelas ruas do centro, que seguem o padrão antigo.

O resto do litoral rejeitou os vínculos com o Mediterrâneo e mantém-se 100% egípcio. As praias antes intocadas estão hoje repletas de resorts para egípcios em férias. Os oásis do deserto Ocidental, alguns deles importantes centros agrícolas na época dos romanos, mantêm seu caráter peculiar em razão do isolamento. As estradas no deserto Ocidental são recentes. Antes delas, os oásis – separados por centenas de quilômetros de área desértica e sem ligação com o vale do Nilo – eram acessíveis apenas por caravanas de camelos. A vida nos oásis tem ritmo lento e as tradições são muito fortes. Siwa, em particular, preservou suas características únicas. Uma estrada foi aberta no início do século 20, mas só nos últimos anos os viajantes foram dispensados de uma autorização especial para chegar lá. E com o advento da televisão, o crescimento do turismo no deserto e o plano do governo egípcio de relocar os moradores do superpovoado vale do Nilo para os oásis, as mudanças vêm ocorrendo a grande velocidade.

Coloridos barcos de pesca no porto Leste de Alexandria

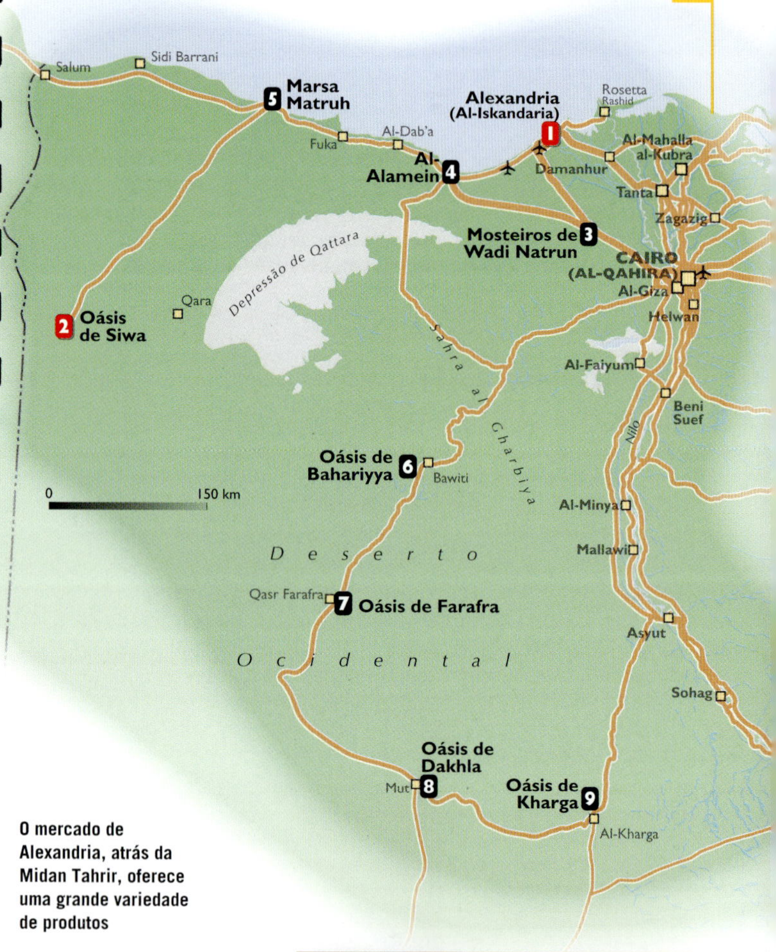

★ Destaques

1 Alexandria ➤ 134
2 Oásis de Siwa ➤ 138

Atrações

3 Mosteiros de Wadi Natrun ➤ 141
4 Al-Alamein ➤ 141
5 Marsa Matruh ➤ 142
6 Oásis de Bahariyya ➤ 142
7 Oásis de Farafra ➤ 143
8 Oásis de Dakhla ➤ 143
9 Oásis de Kharga ➤ 144

O mercado de Alexandria, atrás da Midan Tahrir, oferece uma grande variedade de produtos

Em Cinco Dias

Se você não sabe por onde iniciar sua viagem, este roteiro propõe uma maneira prática e agradável de passar um dia em Alexandria e fazer um passeio de quatro dias pelo oásis de Siwa, visitando algumas das principais atrações. Use o mapa da pág. 131 para se localizar. Veja detalhes nas seções específicas.

Primeiro Dia

Manhã

Sua primeira parada em 1 **Alexandria** (➤ 134-137) deve ser o **Museu Nacional de Alexandria** (➤ 135), pois só aqui e no **Odeon Romano** (➤ 135), no centro da cidade, que se tem uma ideia do que foi a cidade. Pegue um táxi ou ande pela Corniche até a **Bibliotheca Alexandrina** (➤ 136). Depois da visita, almoce no Hilton Café, no próprio local.

Tarde

Pegue um táxi por duas horas para visitar o **Serapeum e o Pilar de Pompeu** (➤ 135) e as catacumbas de **Kom al-Shuqafa** (➤ 134). Volte ao centro de Alexandria e passeie pelas ruas admirando as majestosas fachadas do século 19 ou garimpando antiguidades nas lojas de **Attarin** (➤ 149). Beba algo no saguão do Sofitel Alexandria Cecil Hotel (➤ 145) e ande pela Corniche até um dos restaurantes. A cúpula da Mesquita Abu al-Abbas aparece na foto abaixo.

Segundo Dia

Manhã

Vá de carro ou táxi até 5 **Marsa Matruh** (➤ 142), uma viagem de três horas. Almoce e depois nade no mar claro do pequeno resort de Sidi Abd al-Rahman.

Tarde

Continue em Marsa Matruh e visite a pequena cidade a pé, ou explore as praias de Cleópatra ou Agiba antes de voltar a Marsa Matruh para jantar no Beausite Restaurant, à beira da praia.

Terceiro Dia

Manhã
Dirija até 2 **Siwa** (acima, ➤ 138-140), uma viagem de aproximadamente quatro horas pelo deserto, e chegue a tempo de almoçar no restaurante Kenooz (➤ 149), situado num bosque de palmeiras.

Tarde
Uma caminhada de meia hora por bosques de palmeiras leva até **Aghurmi**, onde Alexandre, o Grande, consultou o oráculo (➤ 138). Continue até Tanque de Cleópatra, onde você pode parar para um drinque na cafeteria. Siga pelas palmeiras por mais dez minutos até Gebel Dakrur, com lindas vistas de Siwa. Caminhe pela primeira estrada de terra por meia hora, e ao voltar à cidade suba até Shali (a cidade antiga) para apreciar a vista.

Quarto Dia

Manhã
Visite a pé o Museu Casa de Siwa (➤ 138), depois pegue a estrada Matruh para sair da cidade e continue andando mais meia hora até os túmulos de **Jebel al-Mawta** (➤ 138). Volte à cidade para almoçar.

Tarde
Junte-se a um tour pelo deserto ao redor de Siwa para ver as dunas e nadar nos lagos de água salgada e tanques de água quente.

Quinto Dia

Pegue um ônibus ou táxi de volta a Alexandria (cerca de sete horas), parando no caminho para almoçar e nadar em Marsa Matruh.

1 Alexandria

A moderna Alexandria pode parecer um pouco desgastada, mas ainda evoca belas imagens. Alexandre, o Grande, fundou a cidade em 331 a.C.; Cleópatra teve seu caso de amor com Marco Antônio aqui; a Bibliotheca Alexandrina foi o centro intelectual do mundo antigo; e o Farol ganhou fama como uma das sete maravilhas da Antiguidade.

A riqueza e a glória da cidade foram decaindo com a conquista árabe em 641, mas no século 19 Alexandria recuperou parte da grandeza, enriquecendo com o comércio de algodão e adotando o ar cosmopolita ilustrado na série de romances *Quarteto de Alexandria*, de Lawrence Durrell.

Apesar de toda a sua história e das lendas, a moderna Alexandria revela muito pouco do seu passado. Fragmentos do Palácio de Cleópatra e do Farol foram encontrados no Mediterrâneo, mas governantes e arqueólogos estão há séculos procurando em vão pelo túmulo de Alexandre, o Grande.

Atenção Por Onde Anda

Talvez você não consiga vê-lo, mas o passado de Alexandria está sempre debaixo dos seus pés, e cada canteiro de obras revela novos trechos da cidade oculta, com vestígios de edifícios, estátuas e objetos de cerâmica. Em algumas partes, aparecem de repente buracos nas ruas das cidades, levando à descoberta de tesouros enterrados. Maior cemitério romano do Egito, as sombrias catacumbas de **Kom al-Shuqafa** foram reveladas quando um burro caiu num buraco. Essas catacumbas do século 2º são decoradas com uma combinação alexandrina única de motivos egípcios, gregos e romanos, que inclui algumas serpentes barbadas, Medusas e os deuses egípcios Anúbis e Sobek vestidos como legionários romanos.

Destaques da Cidade

Abaixo, à esquerda: broche no Museu da Joalheria Real
Abaixo: a Corniche, em volta da baía de Alexandria

À primeira vista, a moderna Alexandria, uma cidade grande e superpovoada, pode parecer decepcionante, mas vale a pena investir algum tempo para descobrir seu esplendor oculto. O fascinante **Museu Nacional de Alexandria** ilustra bem a história da cidade, da Antiguidade até a era moderna, por meio de peças bem apresentadas. O museu é organizado cronologicamente em três pisos: o subsolo é dedicado ao período faraônico; o térreo, ao período greco-romano, que inclui uma esfinge e outras esculturas encontradas no Porto Leste; e o andar superior cobre a Alexandria copta, muçulmana e moderna. O velho **Museu Greco-Romano** tem um dos mais abrangentes acervos de arte greco--romana do mundo, típica de Alexandria, com mais de 40 mil peças, mas está atualmente fechado para reforma. O recém-restaurado **Museu da Joalheria Real** tem uma linda coleção de joias que pertenciam à antiga família real, e fica numa mansão fora do centro.

Kom al-Dikka ("Monte de Entulho") fica a uma curta caminhada do Museu Nacional e tem um elegante Odeon Romano do século 2º, com uma área de mármore para sentar e restos de um piso de mosaico. Uma rua greco-romana próxima dali tem ruínas do último período romano. A Mansão Romana dos Pássaros foi aberta, com grandes pisos de mosaico (ingresso barato).

No bairro de Karmouz fica o **Pilar de Pompeu**, uma coluna de granito rosa de 27m de altura, do ano 295. Os cruzados atribuíram o pilar a Pompeu, mas provavelmente ele sustentava uma estátua do imperador Deocleciano (284-305 d.C.). Duas esfinges e estátuas de granito são tudo o que restou do fabuloso Serapeum, em Rhakotis, o complexo que Alexandre, o Grande criou em Alexandria. No Serapeum ficava o magnífico Templo de Serápis e a Segunda Biblioteca de Alexandria,

com a coleção privada de 200 mil manuscritos de Cleópatra. Até ser destruída pelos cristãos em 391, ela foi um importante centro intelectual.

Centro de Alexandria

A cidade de Alexandre tinha duas ruas principais – Canópica e Soma – que sobrevivem como parte das ruas centrais Hurriya e Nabi Danyal. A área em frente ao Sofitel Alexandria Cecil Hotel (➤ 145), em estilo antigo, era o local dos palácios de Ptolomeu e do Caesareum, o monumento que Cleópatra ergueu para Marco Antônio. Fragmentos de um palácio real, talvez o de Cleópatra, foram descobertos nas águas do Porto Leste. Com o seu notável edifício moderno, a nova **Bibliotheca Alexandrina** (Biblioteca de Alexandria) pretende se tornar um centro internacional de conhecimento, como sua ancestral, e vai abrigar 8 milhões de livros em diversas línguas. O acervo de livros ainda está longe deste número, mas o complexo inclui uma boa coleção de manuscritos, um pequeno museu de antiguidades, sala de concerto e planetário.

A **Mesquita Nabi Danyal**, na Sharia Nabi Danyal, abriga os túmulos de Danyal al-Maridi e Luqman, o Sábio, e alguns acreditam que o túmulo de Alexandre esteja na cripta. Perto daqui, a antiga casa do poeta grego Constantine Cavafy (1863-1933) abriga hoje o **Museu Cavafy**, local de peregrinação de seus admiradores.

Uma esfinge guarda a coluna gigante de Pompeu

No extremo oeste da Corniche, o **Forte Qaitbey**, do século 15, e o Museu Naval ocupam o local do antigo Farol. Com cerca de 150m de altura, erguido em 280 a.C. por Sóstrato para Ptolomeu 2º, foi destruído por terremotos nos séculos 12 e 14. Escavações submarinas revelaram fragmentos do Farol.

FAÇA UMA PAUSA

O centro de Alexandria é ótimo para passear ou visitar uma das excelentes confeitarias ou bares imortalizados por Durrel, no romance *Quarteto de Alexandria*, e nos poemas de Cavafy.

Centro de Turismo de Alexandria

198 C5 ✉ Midan Saad Zagloul ☎ 03-485 1556 ⊕ Diariam 8h30-18h

Museu Nacional de Alexandria

✉ 110 Tariq al-Hurriya ☎ 03-483 5519 ⊕ Diariam 9h-16h; feriados 9h-15h

Moderado

Kom al-Dikka (Odeon Romano)
Atrás do Cinema Amir, Sharia Salman Yusuf 03-486 5106 Diariam 9h-17h Barato

Pilar de Pompeu
Sharia Amud al-Sawari, Karmouz Diariam 9h-16h Trólebus 16 de Ramla Barato

Bibliotheca Alexandrina
Corniche al-Bahr 03-483 9999; www.bibalex.org Dom-qui 11h-19h, sex-sáb 15-19h Moderado; ingresso à parte para todos os museus

Catacumbas de Kom ash-Shuqqafa
Junto à Sharia Amud al-Sawari, Karmouz 03-484 5800 Diariam 9h-17h Barato

Museu Cavafy
4 Sharia Sharm al-Sheikh, junto à Sharia Sultan Hussein, Centro 03-486 1598 Ter-dom 10h-16h Barato

Museu da Joalheria Real
27 Sharia Ahmed Yehia Pasha, Zizinia, Glymm 03-582 8348 Diariam 9h-16h Barato Trólebus 2 de Midan Ramla

Museu Greco-Romano
Sharia Mathaf al-Romani 03-486 5820/487 6434; www.grm.gov.eg Fechado para restauração

POR DENTRO DE ALEXANDRIA

Dicas Reserve um tempo para explorar as ruas secundárias do centro e de **Attarin** (► 149) para compreender melhor a história, seja com os monumentos, as pessoas ou as lojas de quinquilharias.

- Fuja um pouco da agitação urbana nos **Montazah Gardens**, a leste do centro, ou nos elegantes **Antionadis Gardens**.

Joias Ocultas A arqueologia submarina revelou que muito da antiga Alexandria está submersa perto do Forte Qaitbey e no Porto Leste. Havia planos vagos de criar o primeiro museu subaquático do mundo, mas enquanto isso não acontece, uma pequena empresa, a **Alexandria Dive** (tel. 03-483 2042; www.alexandria-dive.com), oferece excursões de mergulho até esses dois locais.

Evite Se o tempo for curto, dispense o **Museu Naval**, no Forte Qaitbey, e os cinco túmulos de 250 a.C. na necrópole de Anfushi.

2 Oásis de Siwa

O oásis de Siwa é um dos locais mais remotos e idílicos do Egito, com bosques de palmeiras e jardins que surgem como uma miragem no deserto de rochas e areia. Aqui há nascentes de água fresca e piscinas naturais de água quente, lagos salgados e as perigosas dunas do Grande Mar de Areia.

Na Antiguidade, Siwa ficou famosa por seu oráculo de Amon, cujas previsões eram procuradas por pessoas de todo o mundo antigo. Sua importância era tanta a ponto de o imperador persa Cambises enviar um exército de 50 mil homens para conquistar o oásis e destruir o oráculo. Os soldados depois se perderam no deserto, o que aumentou a reputação do santuário. Em 331 a.C., o jovem Alexandre, o Grande, depois de conquistar o Egito, viajou oito dias desde Alexandria para consultar o oráculo, buscando confirmar sua origem divina.

Abaixo: o Grande Mar de Areia em Siwa

Isolamento Esplêndido

Até o final do século 19, Siwa estava isolada do vale do Nilo e do resto do mundo, e seu povo tinha fama de ser hostil aos não muçulmanos. Eles ainda têm sua língua própria, o siwi, e seus costumes e rituais. Houve muitas mudanças na década de 1980 com a abertura da nova estrada que vem de Marsa Matruh e a chegada da eletricidade – e, portanto, da televisão. Isso, junto com o advento do turismo, promoveu mudanças radicais nas aldeias de Siwa, infelizmente nem sempre para melhor. O povo recebe bem os estrangeiros, mas ainda se orgulha das próprias tradições e procura mantê-las.

Dentro e ao Redor de Siwa

Siwa ainda é bem pacata e atrasada, embora boa parte da sua velha arquitetura de tijolos de barro tenha sido substituída por hotéis e simples edifícios de cimento. O **Museu Casa de Siwa**, num prédio tradicional de tijolo de barro, tem uma bela coleção de joalheria de prata e vestimentas.

A nova cidade é ofuscada pelas ruínas de **Shali**, a cidade fortificada no alto do monte, fundada em 1203 e habitada até 1926, quando uma tempestade causou sérios danos e forçou os habitantes a sair daqui. O labirinto de edifícios e passagens de Shali desintegra-se mais a cada nova chuva.

À saída da cidade fica **Jebel al-Mawta** ("Montanha dos Mortos"), formação rochosa cheia de antigos túmulos egípcios e greco-romanos (apenas quatro deles ficam abertos ao público). Ao sul está **Aghurmi**, um velho núcleo fortificado sob o qual os moradores acreditam haver um grande tesouro enterrado. O **Templo do Oráculo**, do século 6º a.C., erguido sobre um templo anterior dedicado a Amon, foi onde Alexandre veio procurar confirmação de que era filho de Zeus ou de Amon, mas morreu antes da revelação.

Uma volta pelos bosques de palmeiras, depois do **Tanque de Cleópatra**, leva até **Gebel Dakrur**, onde reumáticos se

À direita: o povo de Siwa preserva seu modo de vida tradicional, apesar das mudanças trazidas pelo turismo

Popular loja de esquina na cidade de Siwa

enterram na areia quente para aliviar a dor. Perto de Siwa fica o limite do **Grande Mar de Areia**, que se estende por mais de 800km ao sul, com dunas de até 150m de altura.

FAÇA UMA PAUSA

Os melhores restaurantes de Siwa são o **Kenooz** (► 149) e o **Abdu's** (► 148). Neles também é possível encontrar bons guias do deserto ou descobrir excursões pela região.

Fora do mapa 198 A5

Centro de Turismo de Siwa

No início da Tariq Mersa Matrouh, em Siwa 046-460 1338 Sáb-qui 9h-14h (também 17h-20h no inverno)

Museu Casa de Siwa

Siwa Dom-qui 10h-12h Barato

POR DENTRO DO OÁSIS DE SIWA

Dicas O oásis ainda é muito **tradicional**, por isso vista-se de modo discreto em respeito aos costumes locais. As mulheres, particularmente, devem manter os braços e pernas cobertos e evitar usar biquínis nos banhos locais. Também é recomendável evitar demonstrações mais intensas de afeto em público.

- Não traga **bebida alcoólica** para o oásis.
- A **melhor época para visitar** é durante a primavera e o outono, quando o clima é mais agradável. No inverno costuma fazer bom tempo, mas à noite esfria bastante, enquanto de maio em diante é sempre quente, muito quente.
- Na época da lua cheia de outubro há uma grande **festa Siyaha** em Gebel Dakrur, que dura três dias.
- Sexta é **dia de feira** na praça principal.

Para Saber Mais O Grande Mar de Areia, 800km de magníficas dunas de areia, começa logo à saída de Siwa e é algo que vale a pena ver. **Faça uma excursão** com algum dos guias do deserto, que irá deslizar pelas dunas em seu veículo 4x4 ou levá-lo até os lagos frios ou as nascentes de água quente. Um dos melhores é Abdallah Baghi, profundo conhecedor de Siwa e do deserto (tel. 03-460 1111; shali55@hotmail.com).

Atrações

3 Mosteiros de Wadi Natrun

Wadi Natrun teve importante papel na Igreja Copta do Egito, já que por mais de 1.500 anos seus papas foram oriundos desses mosteiros. A tradição monástica é forte na religião copta, e muitos religiosos decidem fazer um retiro aqui em alguma época da sua vida. Um dos primeiros monges de Wadi Natrun foi são Bishoi (320-407), e hoje mais de cem monges e eremitas vivem em seu mosteiro. Deir as-Suryani, antes habitado por monges sírios e antiga casa do papa Shenouda 3º, tem bonitos afrescos na sua Igreja da Virgem. Ele abriga também a caverna de são Bishoi, onde o cabelo do santo foi amarrado ao teto para que ele se mantivesse em pé. A igreja do remoto mosteiro de Deir al-Baramus tem uma bela iconóstase, e Deir Abu Makar (fechado ao público) é local de descanso de vários papas copta.

199 D4 · Saída da rodovia do deserto Cairo-Alexandria · Deir Anba Bishoi: 02-591 4448; Deir al-Baramus: 02-592 2775; Deir as-Suryani: 02-592 9658 · Diariam 9h-18h (Deir al-Baramus sex-dom 9h-17h). Restrições na Quaresma · Pousada Wadi Natrun, na estrada do deserto ($-$$) · O ônibus Cairo-Alexandria, via estrada do deserto, para na pousada; depois, de picape até os mosteiros · Donativos são bem-vindos

Os mosteiros de Wadi Natrun são um local de retiro para os coptas
Abaixo: Museu da Guerra, Al-Alamein

4 Al-Alamein

Esta pequena aldeia no litoral foi o local da batalha de 1942 que mudou

MARAVILHAS NATURAIS NOS OÁSIS

- Esculturas surrealistas no Deserto Branco
- Hectares de palmeiras e jardins em Siwa
- Dunas perto de Mut in Dakhla
- Fontes quentes em todos os oásis

o rumo da Segunda Guerra Mundial. Winston Churchill declarou: "Antes de Alamein, nunca havíamos vencido. Depois de Alamein, não perdemos mais". Cerca de 70 mil soldados ficaram feridos e 11 mil morreram na batalha entre o Afrika Korps alemão, do marechal Rommel, e o exército britânico do marechal Montgomery. O Cemitério de Guerra da Commonwealth, defronte ao campo de batalha, é um lugar sombrio e comovente, com mais de 7 mil túmulos. Os cemitérios alemão e italiano, menores, ficam a oeste. O Museu da Guerra tem uma coleção de artilharia, uniformes, mapas e maquetes da Campanha do Norte da África e da batalha de al-Alamein.

198 B5 · 106km a oeste de Alexandria · Museu 046-410 0031 · Museu diariam 9h-16h; Cemitério de Guerra da Commonwealth diariam 9h-16h · Pousada Alamein ($) · O ônibus Alexandria-Marsa Matruh para perto do Museu da Guerra, mas não há transporte público até os cemitérios · Museu barato, cemitérios gratuitos

5 Marsa Matruh

Todo o litoral norte do Egito está sendo ocupado por uma série de hotéis onde os egípcios passam férias, e a antes pacata aldeia de Marsa Matruh não escapou disso. No verão, suas lindas praias ficam cheias de famílias egípcias, vestidas até mesmo dentro d'água. E como não há serviços à altura desse fluxo, tanto a praia como o mar ficam poluídos. Um pouco mais limpa é a praia de Rommel, onde dizem que o marechal da Segunda Guerra, conhecido como Raposa do Deserto, deu um mergulho. O vizinho Museu Rommel tem alguns de seus objetos, como seu casaco. As melhores praias são mais afastadas da cidade. A praia de Cleópatra (ou dos Amantes) tem formações de rochas interessantes e, segundo a lenda, o Tanque de Cleópatra foi onde a exótica rainha se banhou com o amante Marco Antônio. A praia Agiba ("milagre") faz jus ao nome pela beleza da sua água azul-turquesa.

Fora do mapa 198 A5 · 290km a oeste de Alexandria, a 512km do Cairo · Centro de turismo: 046-493 1841 · Beausite Restaurant ($$) · Do Cairo, Alexandria e Siwa · Do Cairo · Do Cairo

Agricultor trabalha nos campos perto do oásis de Bahariyya

6 Oásis de Bahariyya

Nos tempos antigos Bahariyya era um centro agrícola importante, famoso por seus vinhos, mas com o declínio do Império Romano no século 4º d.C. os férteis campos e vinhedos viraram deserto. Hoje várias aldeias compõem o oásis, mas a principal cidade é Bawiti, com mais de 30 mil habitantes. Nos últimos anos, o turismo aumentou muito na cidade.

Em 1996, um burro caiu num buraco perto do Templo de Alexandre, o Grande, e isso levou à descoberta do Vale das Múmias Douradas, um grande cemitério com provavelmente mais de 10 mil múmias. Até agora, cerca de 250 múmias greco-romanas foram

desenterradas, e dez delas estão expostas no **museu**. As múmias são ricamente decoradas, mas o mais impressionante são as máscaras com pinturas realistas que cobrem suas faces, similares às pinturas Faium.

O **Museu do Oásis** tem uma mostra dos trajes locais, figuras de gesso que representam cenas da vida tradicional no oásis e uma pequena loja de artesanato local.

Em direção ao poço romano de Ain Bishnu ficam as casas de tijolo de barro do centro antigo de Bawiti. Fontes de água quente (30°C) jorram nos jardins de palmeiras. Adiante fica o núcleo de al-Qasr, construído sobre a antiga capital. Os destaques são as ruínas do Templo de Bes (664-525 a.C.) e o arco triunfal romano.

Um passeio pelo deserto, até as fontes quentes nos arredores do deserto Preto ou as impressionantes formações rochosas no deserto Branco são atrações obrigatórias.

198 B2 · 330km a sudoeste do Cairo · Centro de turismo 02-3847 3035 · Museu diariam 8h-14h; sítios 8h-14h, sem horário fixo · Popular Restaurant ($) · Ônibus diariam do Cairo; de Farafra sáb, seg e qui · Moderado: cobra-se apenas uma tarifa para todos os locais

7 Oásis de Farafra

Conhecida como "Terra da Vaca" nos tempos antigos, Farafra tem vacas misteriosamente muito parecidas com as que enfeitam as pinturas tumulares. Qasr Farafra é o único assentamento neste belo oásis, e sua única atração é o Museu da Cidade, bonita construção de tijolos de barro erguida pelo artista local Badr. Mas as principais atrações são a sua paz, em especial nos bosques de palmeiras e jardins, e sua localização perto do espetacular deserto Branco, com formações de rocha erodidas muito curiosas, que parecem crateras lunares. Ain Besai, a 15km da cidade, tem túmulos antigos de pedra e uma fonte de água fria.

198 A1 · 180km ao sul de Bawiti, Bahariyya · Museu (tel. 012-170 4710) 8h30-16h, barato · Restaurante do hotel El Badawiyya ($-$$) · Ônibus do Cairo, Bahariyya e Dakhla diariam exceto qua

8 Oásis de Dakhla

Escavações mostraram que o magnífico oásis de Dakhla tem sido habitado continuamente desde

Mesquita de tijolo de barro na cidade medieval de Al-Qasr, no oásis de Dakhla

épocas pré-históricas, quando havia no local um grande lago. Mut, a antiga e atual capital, tem uma velha cidadela, tanques de água sulfurosa e um pequeno Museu Etnográfico com cenas interessantes da vida no óasis. A oeste de Mut ficam os coloridos túmulos de Muwazaka, com suas múmias intactas, e o templo romano de Deir al-Haggar, do século 1º.

Capital medieval de Dakhla, Al-Qasr é um lugar charmoso cheio de casas de tijolo de barro. A mesquita de Nasr al-Din, do século 12, tem um minarete de tijolo de barro. Perto da fábrica de cerâmica você pode ver como este material é feito tradicionalmente.

A peculiar aldeia de Balat, no caminho para Kharga, mostra o encanto islâmico medieval. Na mesma estrada, depois de Teneida, há estranhas formações rochosas com fascinantes pinturas pré-históricas de antílopes, peixes e girafas.

Fora do mapa 198 A1 · 310km a sudeste de Farafra · Centro de turismo: 092-782 1685 · Museu sáb-qui 8h-14h · Ahmad Hamdy ($) · Ônibus diariam do Cairo, Asyut, Kharga, Farafra e Bahariyya · A maioria gratuita ou barata

As impressionantes formações rochosas do deserto Branco

9 Oásis de Kharga

Kharga, capital do Novo Vale, preservou pouca coisa de seu charme original, mas ainda tem algumas atrações individuais. O Museu do Novo Vale abriga uma pequena coleção de achados arqueológicos das escavações locais, com boa apresentação.

Ao norte da cidade fica a antiga capital, Híbis, com seu templo do século 6º a.C. construído pelo imperador persa Dario 1º e dedicado a Amon. O templo romano vizinho de Nadura oferece vistas fabulosas do oásis, e a impressionante necrópole de Bagawat tem túmulos cristãos de tijolo de barro ricamente decorados, que datam dos séculos 3º ao 7º. As ruínas do mosteiro de Deir al-Kashef ficam junto ao cruzamento de duas grandes rotas de caravanas.

Fora do mapa 200 A1 · 195km a leste de Dakhla · Centro de turismo: 092-792 1206 · Museu diariam 8h-17h; Necrópole de Bagawat diariam 8h-17h · Pioneers Hotel ($-$$) · Diariam do Cairo, de outros oásis e de Asyut, Minya e Beni Suef

Alto Egito e Núbia

Como Se Localizar

Durante o século 19, conforme mais achados arqueológicos apareciam, virou moda passar o inverno no Alto Egito. Os europeus ricos alugavam uma dahabeyya (casa flutuante) e partiam de barco pelo rio, saindo do Cairo e parando para explorar ruínas e monumentos.

Hoje, o jeito mais relaxante de ver as atrações do Nilo é numa dahabeyya (➤ 122, box). São veleiros antigos com quatro a dez cabines que vão de Esna a Assuã em uma semana, passando por atrações nas quais os grandes navios não têm como parar. Cruzeiros de luxo fazem viagens de três a cinco dias entre Luxor e Assuã, parando nos templos, mas no resto do tempo sua única opção é passear pelo deque do navio. Quem gosta de aventura prefere passeios de três ou quatro

À direita: em Assuã, há templos e necrópoles por toda parte

Velejar de felucca entre Luxor e Assuã é uma maneira idílica de conhecer os templos

dias em feluccas, dormindo sob as estrelas. Alguns cruzeiros fazem também viagens de quatro dias pelo lago Nasser, para ver monumentos núbios ou pescar a imensa perca do Nilo.

Turistas só podem ir de Luxor a Assuã em carro particular com escolta policial, que sai duas vezes por dia dos dois lugares; a escolta da manhã para por um breve tempo nos templos de Kom Ombo e Edfu. Por questões de segurança, a viagem terrestre de Assuã a Abu Simbel só é possível em ônibus organizados por operadoras de turismo e com escolta policial.

Ao sul de Luxor a paisagem muda e o deserto se aproxima do Nilo. As pessoas também tiveram de se mudar, como é o caso das muitas famílias núbias que perderam suas terras inundadas pela represa de Assuã e foram para o norte de Assuã e além.

Ao chegar a Assuã você terá certeza de que deixou o Mediterrâneo e o Oriente Médio para trás e entrou num ambiente exótico, mais africano. Assuã tem menos monumentos importantes do que Luxor, e é perfeita para relaxar e apreciar as vistas do rio e das ilhas.

Onde... Ficar

Preços
As diárias são para quarto de casal.
$** menos de 400LE **$$** 400-900LE **$$$ mais de 900LE

Alexandria tem maravilhosos hotéis em estilo antigo ou hospedagens novas e luxuosas, mas as opções no litoral costumam ser básicas. Alguns hotéis dos oásis ficam em bosques frondosos de palmeiras, mas a maioria é simples.

ALEXANDRIA

Egypt Hotel $
Este ótimo hotel novo, numa casa antiga de Alexandria, tem quartos confortáveis e banheiros muito limpos, em geral com vista para o mar. O saguão é grande e acolhedor, com mobília de época.
198 C5 1 Digla, junto à Sharia Abdel Hamid Badawy 03-481 4483

Four Seasons Alexandria $$$
Este novo hotel Four Seasons mudou radicalmente a cena hoteleira da cidade. Com mais de cem quartos espaçosos com vista do Mediterrâneo, é de longe o mais luxuoso de Alexandria. Tem nove ótimos restaurantes à sua escolha, um imenso spa em estilo europeu, uma academia supermoderna e uma praia particular bem cuidada.
198 C5 San Stefano Mall, 2º andar, 388 Tariq al-Geish, Zizinya 03-581 8080; www.fourseasons.com/alexandria

Le Metropole $$-$$$
Não faz muito tempo, o Metropole era uma alternativa econômica ao Cecil Hotel, mas hoje virou um quatro-estrelas com todas as mordomias. De frente para o porto e o Mediterrâneo, o bonito edifício Art Déco preserva o charme colonial nos seus quartos grandes e luxuosamente decorados. Com localização central em Alexandria, tem uma coleção de arte com pinturas de artistas locais e internacionais, além de uma boa seleção de antiguidades.
198 C5 52 Sharia Saad Zaghloul 03-486 1467; www.paradiseinnegypt.com

Sofitel Alexandria Cecil Hotel $$$
Tendo sido por muito tempo o mais luxuoso hotel de Alexandria, o Cecil foi imortalizado por Durrel em seu livro *Quarteto de Alexandria*. Não é mais reduto de celebridades e a reforma foi um pouco insensível – entretanto, a sua história e as vistas magníficas da baía ainda compensam a estadia. O salão de chá espelhado e o bar Monty's são obrigatórios, mas quanto ao restaurante, há opções bem melhores nos arredores.
198 C5 16 Midan Saad Zaghloul 03-487 7173; www.sofitel.com

SIWA

Adrere Amellal $$$
Esta esplêndida pousada ecológica situada às margens do lago Siwa foi construída com barro e sal, e tem como pano de fundo o cenário mágico da montanha Branca.
Os quartos são simples, porém confortáveis e estilosos, decorados com mobília local e iluminados por lamparinas a óleo e muitas velas (só há energia elétrica na cozinha e no saguão). As bebidas são servidas no terraço com lindas vistas do lago, e o fantástico chef cria alguns dos melhores pratos do Egito, com ingredientes frescos dos próprios jardins orgânicos do oásis. A piscina é alimentada por uma fonte natural

que fica num bosque de palmeiras sombreado. Atividades como andar a cavalo, safáris pelo deserto e banhos em piscinas naturais de água quente no meio do deserto estão incluídas na diária. Os quartos devem ser reservados com antecedência no escritório do Cairo, para que você não precise levar dinheiro durante sua estadia neste resort do deserto.

Fora do mapa 198 A5 ✉ Perto da montanha Branca, Sidi al-Jaafar, a 18km da cidade de Siwa ☎ 02-736 7879/738 1327; www.adrereamellal.net

Shali Lodge $-$$

Este hotel de tijolo de barro, num lindo bosque de palmeiras, tem apenas oito quartos em volta de uma piscina. Os quartos maiores, decorados com mobília local, são confortáveis. O atendimento é amigável e o restaurante Kenooz (➤ 149) tem ótimo custo-benefício.

Fora do mapa 198 A5 ✉ Sharia Subukha, Siwa ☎ 046-460 1299

OS OÁSIS

Aquasun Farafra $-$$

Hisham Nessim dirige um hotel maravilhoso em Farafra, com 21 quartos estilo chalé que ficam em um jardim. Os quartos têm varanda sombreada com folhas de palmeira. A água da piscina vem do poço Bir Sitta, o restaurante serve comida da horta orgânica e Hisham organiza passeios interessantes no deserto, como uma busca pelo exército perdido do imperador persa Cambises.

198 A1 ✉ Bir Sitta, Farafra ☎ 012-780 7999

Desert Lodge $$

Esta agradável pousada foi montada no estilo tradicional do oásis, de frente para a antiga cidade de Al-Qasr e para o deserto. O Desert Lodge é a melhor e mais confortável opção neste oásis.

Fora do mapa 200 A1 ✉ Al-Qasr, a 29km de Mut, Dakhla ☎ 092-772 7061; www.desertlodge.net

Nature Camp $

Ao pé da montanha Gebel Dist, este agradável acampamento ecológico tem cabanas à luz de velas e vista do deserto, e fica junto à fonte Bir Ghaba. A comida é excelente e o dono, Ashraf, organiza ótimos passeios pelo deserto.

198 B2 ✉ Bir al-Ghaba ☎ 012-337 5097

Pioneers Hotel $$$

Uma das poucas opções mais luxuosas nos oásis, este hotel moderno pintado de cor-de-rosa é uma base confortável para os visitantes que viajam pelo deserto – apesar de sua aparência pouco inspiradora. Tem uma boa piscina para um mergulho refrescante. Os quartos são surpreendentemente espaçosos e têm ar-condicionado, além de TV por satélite, caso você sinta saudades de seus programas favoritos.

Fora do mapa 200 A1 ✉ Perto do templo de Híbis, Kharga ☎ 092-792 7982; www.solymar-hotels.com

Qasr el-Bawity $$-$$$

Esta ecopousada acolhedora, ao pé da montanha negra Gebel al-Ingleez e no meio de um bosque de palmeiras, foi construída no estilo tradicional do oásis. São 24 quartos espaçosos feitos com pedra local, decorados com tecidos da região. No jardim há uma piscina com água de fonte natural, além de uma nascente de água quente.

198 B2 ✉ No sopé da Gebel al-Ingleez, a 6km de Bawiti, Bahariyya ☎ 02-847 1880; www.qasrelbawity.com

Taziry Ecolodge $$

Agradável ecopousada, fica em frente à montanha Branca (Adrere Amellal) e ao lago. Dirigido por um artista e um engenheiro de Alexandria, este hotel simples foi construído com materiais locais. Não tem eletricidade e a água da piscina vem de fonte natural. Perfeito para passar dias tranquilos.

Fora do mapa 198 A5 ✉ Gaary, a 18km da cidade de Siwa ☎ 012-340 8492/ 012-642 1155; www.taziry.com

Onde... Comer e Beber

Preços

Preços por pessoa para uma refeição, sem bebida e taxas.
$ menos de 100LE $$ 100-150LE $$$ mais de 150LE

Alexandria pode não ter mais restaurantes tão glamorosos, onde gente como Aga Khan entretinha políticos do exterior e estrelas de cinema, mas ainda há locais agradáveis e divertidos. Muitos se especializaram em peixe e frutos do mar, e a cozinha em geral é mais greco--mediterrânea ou levantina do que egípcia. Alguns bares da cidade têm uma atmosfera típica de porto, com uma clientela que mistura moradores e marinheiros em viagem. A comida no resto do litoral e nos oásis costuma ser a egípcia padrão. Em Kharga, os únicos restaurantes ficam nos hotéis, e o melhor deles talvez seja o do Pioneers Hotel (➤ 146), embora a comida seja mediana.

ALEXANDRIA

Cap d'Or $

Este pequeno e acolhedor bar--restaurante Art Nouveau é único. Talvez seja o tipo de bar com o qual você se depara ao andar por uma rua de Marselha, com cerveja gelada, pratos fumegantes de camarão, casseroles e cozidos de lula, ao som de pop europeu de décadas atrás. Os clientes são geralmente egípcios tranquilos e estrangeiros residentes.

198 C5 ✉ 4 Sharia Adib, na saída da Sharia Saad Zaghloulm ☎ 03-483 5177 ⏲ Diariam 10h-3h

Coffee Roastery $-$$

Café-restaurante de estilo ocidental, agitado e popular, serve sucos, café, sanduíches, saladas e grelhados. Telões e boa música atraem jovens estudantes alexandrinos e famílias, e o lugar é animado o dia inteiro. Ótimo para ver a nova Alexandria na parte antiga da cidade.

198 C5 ✉ 48 Sharia Fuad, Centro ☎ 03-483 4363 ⏲ Diariam 7h-2h

Fish Market $$

Literalmente sobre o mar, este é o restaurante de peixe mais chique da cidade, com vista do Mediterrâneo e um imenso balcão de peixes do dia à sua escolha. O serviço é eficiente e os peixes e frutos do mar vêm com mezze e arroz oriental. A padaria no andar de baixo tem deliciosos doces orientais.

198 C5 ✉ Junto ao Kashafa Club, Corniche al-Bahr ☎ 03-480 5119 ⏲ Diariam 12h-2h

Greek Club (Club Nautique Hellenique) $-$$

Absolutamente mediterrâneo, o Greek Club tem um clima da antiga Alexandria, com um espaçoso terraço que oferece vistas da ampla baía da cidade. A comida é boa, também muito mediterrânea, com peixe e lula fritos, mas o melhor é vir para um drinque ao pôr do sol, ou para saborear uma cerveja gelada com mezze.

198 C5 ✉ Sharia Qasr Qaytbay, Anfushi ☎ 03-480 2690 ⏲ Diariam 12h-23h

Hoot Gondol Seafood $

Muito popular, este estabelecimento é onde os moradores de Alexandria vêm com a certeza de encontrar uma deliciosa travessa de peixe grelhado ou lulas fritas com mezze. Fica localizado numa pequena rua perto da Bibliotheca Alexandrina – na dúvida, é só perguntar, porque

todo mundo conhece bem o restaurante.
198 C5 Na esquina da Omar Lotfy com Mohammed Motwe 03-476 1779 Diariam 11h-23h

Qadoura $$
Popular restaurante de peixe, parte no interior, parte na calçada, é para muitos o melhor da cidade. Não serve bebida alcoólica. Você escolhe seu peixe ou fruto do mar no balcão e decide o modo de preparo. Entre as especialidades, cozido de caranguejo e moluscos com espaguete e lagostim. Os pratos vêm com mezze e saladas.
198 C5 Shari' Bayram et-Tunsi, Al-Anfushi 03-480 0405 Diariam 9h-15h

Spitfire Bar $
Este conhecido bar da década de 1970 atende principalmente estrangeiros residentes, marinheiros americanos em visita e alguns poucos moradores. As paredes têm fotos de navios de guerra e de clientes, além de outras recordações, a atmosfera é esfumaçada e a música ambiente é puro rock'n'roll. Se quiser um suvenir egípcio fora do habitual, compre a camiseta Spitfire no balcão.
198 C5 7 Sharia al-Bursa al-Qadima, junto à Sharia Saad Zaghloul 03-480 6503 Diariam 12h-1h

OS OÁSIS

Abdu's $
Se estiver com dinheiro contado, ou mesmo que não esteja, este restaurante simples é o melhor de Siwa. Serve pratos egípcios tradicionais, cozidos de legumes, cuscuz e pizzas. Os iogurtes e panquecas são muito recomendados no café da manhã. Aqui você também pode obter dicas úteis a respeito dos oásis.
Fora do mapa 198 A5 Siwa 046-460 1243 Diariam 8h30-24h

Ahmad Hamdy $
Outro movimentado ponto de encontro de mochileiros, o Ahmad Hamdy serve o tradicional frango assado, kebabs e cozidos de legumes, mas também suco natural de lima e cerveja gelada.
Fora do mapa 200 A1 Sharia al-Saura, Mut, Dakhla Oasis 092-782 0767 Diariam, 24 horas

Aquasun Farafra $
Este agradável restaurante ao ar livre serve pratos ocidentais e egípcios recém-preparados. A maior parte dos ingredientes vem da própria horta orgânica do restaurante.
198 A1 Bir Sitta, Farafra 012-225 9660 Diariam 8h-22h

Al-Badawiyya Hotel Restaurant $-$$
De longe a melhor opção da cidade, o Badawiyya tem um pátio sombreado e serve uma seleção de pratos padrão relativamente caros, mas bem preparados, como massas e frango com arroz, para exaustos viajantes do deserto.
198 A1 Farafra 092-751 0060/ 012-214 8343 Diariam 7h-23h

Beausite Restaurant $$
O cardápio tem comida greco--mediterrânea do tipo que já predominou na cozinha de Alexandria. É um restaurante à beira da praia, espaçoso, com um grande e acolhedor salão de refeições. Um dos membros da família que dirige o local está sempre por perto para dar as boas-vindas ou para bater papo com clientes habituais.
Fora do mapa 198 A5 Sharia al-Shati, Marsa Matruh 03-493 8555 Diariam, café da manhã, almoço e jantar

Dunes $
Restaurante-bar tranquilo, o Dunes tem cardápio variado, com cozidos de legumes, pombo recheado, massas e cuscuz – alguns pratos têm de ser encomendados. Há sempre gente circulando, tomando chá e jogando gamão ou fumando sheesha (narguilé).
Fora do mapa 198 A5 Junto à praça central, na rua Gebel Dakrour, Siwa 010-653 0372 Diariam, o dia inteiro

Kenooz $
O Kenooz fica num bosque de palmeiras e você pode comer à sombra delas – há até uma palmeira plantada no interior do restaurante. O cardápio tem pratos autênticos egípcios e de Siwa e grelhados, além de sucos e bebidas. Tome um chá e fume um narguilé no agradável terraço da cobertura – mas saiba que a comida às vezes decepciona.

Fora do mapa 198 A5 ✉ Shali Lodge, Sharia Subukha, Siwa ☎ 046-460 1299 Diariam 8h-24h

Popular Restaurant (Bayyumi's) $
Único restaurante localizado fora dos hotéis neste oásis. Bayyumi, o dono, serve uma seleção básica de carne e cozidos de legumes, pão, omeletes, arroz e sopa. Este é um ponto de encontro tanto de moradores como de turistas, ideal para tomar uma cerveja gelada.

198 B2 ✉ Cruzamento principal de Bawiti, Bahariyya Diariam 5h30-22h

Tala Ranch $
Jante numa tenda beduína ou fique hospedado num dos seis bons quartos do rancho. O dono, Sherif, organiza passeios de camelo pelo deserto, enquanto a esposa faz as refeições de quatro pratos no estilo egípcio-beduíno. Depois do jantar, o céu do deserto é perfeito para ver estrelas. Ligue antes, pois os donos nem sempre estão lá.

Fora do mapa 198 A5 ✉ Gebel Dakrour ☎ 010-588 6003; www.talaranch-hotel.com Jantar apenas com reserva

Tanta Wa Cafeteria & Restaurant $
Um café-restaurante tranquilo e à vontade, numa construção de tijolo de barro em frente ao Tanque de Cleópatra. Tem saladas, massas, milk-shakes e deliciosos sucos de frutas. Depois de comer, relaxe em uma das redes.

Fora do mapa 198 A5 ✉ Perto do Tanque de Cleópatra ☎ 010-472 9539 Diariam 8h-23h

Onde... Comprar

ALEXANDRIA

Alexandria tem um pequeno ***souk*** junto à Midan Tahrir que vende artigos baratos. Outra opção é o **Attarin Market**, com lojas de antiguidades e de itens usados localizadas num labirinto de ruelas. Os lojistas sabem o valor de seus produtos, mas sempre é possível pechinchar. É um passeio divertido.

OS OÁSIS

A maioria do artesanato vendido nos oásis ocidentais é feita de lã de camelo. A **Ganoub Traditional Handicrafts**, na Sharia Misr, em Bawiti, tem bom artesanato dos oásis, e o **al-Badawiyya Hotel**, em Farafra, vende meias e malhas tricotadas de lã de camelo, feitas por um artesão local apelidado de "Doctor Socks" ("Doutor Meias").

Siwa tem tradição artesanal, mas quase todas as peças mais antigas já foram vendidas a colecionadores estrangeiros há tempos – assim, você encontrará muitas peças novas. Os moradores usam joias de prata grandes, como uma aliança de casamento que cobre metade da mão. O oásis é famoso pelos bordados de contas coloridas. A pousada **Adrere Amellal** (➤ 145-146) tem uma loja com ótimo artesanato de Siwa a bom preço, mas para algo mais autêntico tente a **Siwa Original Handicrafts**, junto ao restaurante Abdu's (➤ 148), ou a **Siwa Traditional Handicraft**, perto da praça principal do mercado (tel. 010-304 1191), que vende roupas bordadas.

Onde... Se Divertir

ALEXANDRIA

Os esforços de Alexandria para abrigar uma vida cultural à altura da do Cairo estão aos poucos rendendo frutos. O antigo Sayyid Darwish Theatre (Sharia al-Hurriya, 22; tel. 03-486 5106) foi muito bem restaurado e agora abriga a **Ópera de Alexandria**, com espetáculos de ópera e música erudita. A **Bibliotheca Alexandrina** (➤ 137) é o principal centro cultural da cidade, com festivais internacionais de música, arte e cultura, além de grandes concertos internacionais. O **Alexandria Centre of Arts** (Sharia al-Hurriya, 1; tel. 03-495 6633) promove exposições e concertos semanais. O **L'Atelier** (Sharia Victor Bassili, 8; tel. 03-482 0526) é um local para filmes, palestras e exposições, assim como o British Council (Sharia Mahmoud Abou al-Ela, 11, Kafr Abdu, Rushdi; tel. 03-545 6512) e o **Centre Culturel Français** (Sharia Nabi Danyal, 30; tel. 03-391 8952). Confira eventos e exposições na publicação mensal *Egypt Today*.

Fora isso, a vida noturna é fraca, embora ganhe energia no verão. Vários hotéis oferecem espetáculos de dança do ventre; os melhores são os do **Helnan Palestine** ou do vizinho **Muntazah Sheraton**.

As famílias de Alexandria em geral passeiam pelos shoppings da cidade, onde há cafés, restaurantes, cinemas e outras opções de diversão.

Para os mais ativos, a **Delta Hash House Harriers** organiza caminhadas semanais na zona rural em volta de Alexandria, às sextas, às 14h, de setembro a junho. Todos são bem-vindos e o ponto de reunião é o Portuguese Cultural Centre, Sharia Kafr Abdu, Rushdi. Para mais informações sobre as corridas e caminhadas, consulte www.geocities.com/deltahhh e Howard Wellman (tel. 03-545 4364).

OS OÁSIS

As noites são longas nos oásis, mas se tiver sorte você encontrará uma cerveja gelada num café na calçada, um narguilé para fumar junto com os moradores ou uma luz que lhe permita ler um livro. A única diversão de dia, além das caminhadas pelos bosques de palmeiras e passeios pelo deserto, é banhar-se nas águas termais. Mas é bom evitar as termas na cidade (principalmente as mulheres), pois são muito frequentadas. Termas mais isoladas são agradáveis, mas não é bom as mulheres irem sozinhas. Para chegar a algumas termas, você precisará de carro ou então de se juntar a uma excursão organizada por restaurantes ou hotéis, para ver paisagens desérticas espetaculares. A maioria oferece pernoite no deserto, o que é uma boa ideia.

Para ver mais do deserto, é bom planejar, conseguir um guia experiente e um carro 4x4. Os guias mais confiáveis têm agências de passeios: Ahmed al-Mestekawi costumava guiar patrulhas pelo deserto e hoje é dono da **Zarzora Expedition** (tel. 02-761 8105; www.zarzora.com), que faz passeios até o Grande Mar de Areia, o oásis e o Gilf al-Kebir. A **Egypt Off Road** (tel. 010-147 5462; www.egyptoffroad.com) é uma operadora de prestígio. O dono, Peter Gaballa, ensinou muitos estrangeiros residentes a dirigir no deserto e organiza passeios incríveis, incluindo uma excursão de duas semanas até o Gilf al-Kebir. O experiente piloto de rally **Hisham Nessin** (tel. 012-780 7999; www.raid4x4egypt.com) promove alguns ótimos passeios de até duas semanas pelo deserto Ocidental.

Mar Vermelho e Sinai

Como Se Localizar

As principais atrações do mar Vermelho e do Sinai ficam sob as águas: por mais experiente que seja, não há mergulhador no mundo que não deseje explorar estas águas cristalinas. O mar Vermelho abriga incríveis recifes de coral com cerca de 1.500 diferentes espécies de peixes e 150 tipos de coral. Há muitas construções hoje no litoral do Sinai e no continente, em parte para explorar as possibilidades do mergulho, mas também porque a área tem sol o ano todo e lindas praias. A maioria dos hotéis tem grande variedade de acomodações, além de clubes de mergulho de prestígio internacional.

Praias escarpadas e intactas margeiam o mar Vermelho em Ras Mohammed

Contrastando com o hedonismo do litoral, o Sinai tem também um lado espiritual e é sagrado para judeus, cristãos e muçulmanos. Foi aqui que Moisés recebeu os Dez Mandamentos e conduziu os judeus na travessia do mar Vermelho. A Sagrada Família também passou por aqui fugindo da ira de Herodes. Por milênios, os eremitas cristãos se instalaram perto de Wadi Feiran e peregrinos muçulmanos passaram por aqui a caminho de Meca.

Em volta das águas azuis do mar Vermelho há um deserto hostil e montanhas escarpadas e áridas, que inspiraram os antigos cristãos do Egito a construírem os primeiros mosteiros – de santo Antônio e são Paulo. Desde tempos remotos também as pessoas vêm para cá atrás do ouro em volta de Wadi Hammamat, da turquesa das minas de Serabit al-Khadem e mais recentemente de fosfatos, no deserto Oriental.

O canal de Suez separa a África da Ásia e, embora as cidades do canal tenham perdido a maior parte do seu brilho, as históricas Ismailia e Port Said ainda fazem um agradável contraste com o resto do litoral.

★ Destaques

Atrações

O mar Vermelho é um dos melhores locais do mundo para mergulhar

Em Cinco Dias

Se você não sabe por onde iniciar sua viagem, este roteiro propõe uma maneira prática e agradável de passar cinco dias no mar Vermelho e no Sinai, visitando algumas das principais atrações. Use o mapa da pág. 153 para se localizar. Veja detalhes nas seções específicas.

Primeiro Dia

Manhã

De sua base em 8 **Sharm el-Sheikh** (➤ 166-167), alugue um carro ou contrate um táxi para o dia e faça o trajeto de 30 minutos até o 3 **Parque Nacional Ras Mohammed** (➤ 163). Pare no centro de visitantes e assista ao vídeo dos destaques do parque. Mergulhadores podem pegar um barco até os Shark Reefs ou The Mushroom, já os outros podem mergulhar de snorkel em Anemone City ou Mangrove Channel. Você pode almoçar no centro de visitantes, mas o parque tem também ótimas praias para um piquenique.

Tarde

No fim da tarde, volte para a Naama Bay, em Sharm el-Sheikh, e passeie pelo calçadão da praia. Jante no restaurante de peixes do Hilton.

Segundo Dia

Manhã

Alugue um carro e viaje 90 minutos até 9 **Dahab** (➤ 167-168), onde você pode nadar ou mergulhar no **Canyon** (➤ 157), um pouco acima no litoral. Almoce num dos restaurantes da baía de Assalah, em Dahab.

Tarde

Depois do almoço, dirija para o interior por duas horas até a área de Santa Catarina e comece a subida do 2 **monte Sinai** (à direita, ➤ 160, conhecido como Mount Moses) lá pelas 17h (mais cedo no inverno), a tempo de ver o pôr do sol sobre as montanhas. Suba o trajeto longo e fácil do caminho dos camelos (três horas) e desça pelos

cansativos degraus da Escada da Penitência (90 minutos). Fique no albergue do mosteiro (➤ 171).

Terceiro Dia

Manhã

Se perdeu o pôr do sol, não perca o nascer, ainda mais espetacular. Acorde bem cedo (cheque a hora exata no mosteiro). Mais tarde, visite o **2** **Mosteiro de Santa Catarina** (à direita, ➤ 160) e admire sua incrível coleção de imagens.

Tarde

Volte de carro para Sharm el-Sheikh para almoçar e nadar. Depois pegue o barco das 18h para Hurghada, a tempo de jantar e pernoitar.

Quarto Dia

Manhã

Passe a manhã mergulhando na área (➤ 156-159), ou visite em **6** **Hurghada** o Aquário do Mar Vermelho (➤ 166) e faça um passeio pelo **Sindbad Submarine** (➤ 166). Almoce em Hurghada e aproveite para bater papo com outros mergulhadores no Papa's Bar (➤ 174).

Tarde

Depois de almoçar, dirija até El-Gouna (20km ao norte de Hurghada) para nadar e jantar mais tarde em Gouna Town. Pernoite em El-Gouna.

Quinto Dia

Manhã

Prepare um piquenique para o almoço e faça de carro ou táxi as duas horas pelo deserto até o **4** **Mosteiro de São Paulo** (à direita, ➤ 164-165), que fica cerca de 200km ao norte. Daqui são mais 82km até o **Mosteiro de Santo Antônio**.

Tarde

Depois do almoço, são seis horas de viagem até o Cairo, para chegar a tempo de jantar.

O Mar Vermelho

O mar Vermelho é um paraíso tanto para o mergulho de cilindro quanto para o de snorkel. Seus recifes de coral são de fácil acesso e estão entre os mais fascinantes do mundo, com profundas paredes de coral, lagunas e jardins submersos cheios de variada vida marinha. O sol brilha a maior parte do ano, as águas são quentes e a visibilidade em geral é perfeita.

O mar Vermelho estende-se pelo trecho norte da Grande Fenda Africana, que corre pelo vale do Jordão, passa pelo mar Morto, atravessa o Quênia e a Tanzânia e segue até Moçambique. O mar Vermelho tem cerca de 1.900km de comprimento e alcança a profundidade de 1.850m.

A Natureza do Coral

Os recifes tropicais são constituídos de corais – animais primitivos intimamente relacionados às anêmonas-do-mar.

Mergulhador observa um belo cardume de peixes coloridos no mar Vermelho

PROTEÇÃO DOS RECIFES

Os recifes de coral do Egito sofreram com a construção de hotéis e com o turismo, por isso é essencial cuidar da sua proteção:

- Não toque nos corais e muito menos se apoie sobre eles.
- Evite chutar a areia, pois ela sufoca os corais.
- Não pesque nem alimente os peixes.
- Evite pegar ou comprar conchas, corais ou outros suvenires marinhos.

Peixe-palhaço, uma das espécies mais comuns no mar Vermelho

O coral é formado por uma massa de pequenos pólipos que crescem em colônias. Quando uma colônia morre, outra cresce sobre seu esqueleto, por isso só a camada mais externa do recife é viva. Os corais crescem devagar, cerca de 1-10cm por ano, e o tamanho das colônias varia de poucos centímetros a alguns metros. Alguns corais têm centenas de anos. Eles crescem mais em águas rasas, bem iluminadas e quentes o suficiente (pelo menos 18,5°C) para abrigar as zooxantelas (algas que vivem em simbiose com os corais).

Há três tipos de recifes no Egito. Os recifes de franja ficam nas águas rasas perto do litoral. Barreiras de recifes crescem à beira de ilhas e plataformas continentais, em geral separadas da praia por uma laguna. Os atóis são montes de coral que crescem do leito marinho. Entre a praia e o recife fica uma mistura de areia, coral e cascalho.

Vida Marinha Espetacular

Mesmo nos corais mais irregulares encontram-se espécies como peixe gobi, caranha, peixe-porco, imperador e ouriços-do-mar, além de outras que habitam o leito marinho, escavando a areia. Em lagunas protegidas há lindas variedades de algas e ervas marinhas. A maioria dos mergulhadores vai direto para os recifes, pela variedade de espécies. Os 20m de

OS CINCO MELHORES LOCAIS DE MERGULHO DO SINAI

- **Blue Hole** (poucos quilômetros ao norte de Dahab). Grande laguna no alto de uma fossa vertical de 300m, com corais duros e grande diversidade de peixes no recife externo. Cuidado: o mergulho profundo é muito perigoso e já ceifou várias vidas.
- **O Canyon** (perto do Blue Hole, Dahab). Este canyon estreito e lindíssimo tem muitos corais e vários peixes de recife, que podem ser vistos até por mergulhadores novatos. Apenas mergulhadores experientes devem experimentar a saída profunda do canyon.
- **As Ilhas** (perto do Laguna Hotel, Dahab). Paisagem magnífica com os mais diversos e bem preservados corais da área, e uma impressionante variedade de peixes. A atração adicional é o grande "anfiteatro", ao longo do recife, onde cardumes de barracudas são comuns. Área ótima também para mergulho de snorkel.
- **Final do Road Reef** (ao norte de Sharm el-Sheikh). Esta ilha submersa tem alguns dos melhores corais do Egito e abundante vida marinha.
- **Ras Ghozlani** (Ras Mohammed, ➤ 163). É o ponto mais bonito do litoral sul, com muitas espécies pequenas de recife e corais bem preservados.

PRINCIPAIS LOCAIS PARA MERGULHO

- **Shaab Abu Ramada** (The Aquarium), cerca de 15km ao sul de Hurghada. Este recife raso abriga as menores espécies de peixes que habitam os recifes, como arraia, barracuda, atum e tubarão-cinza.
- **Carless (Careless) Reef**, 5km ao norte da ilha Giftun. Mergulhadores do mundo inteiro vêm apreciar a população de moreias semidomesticadas, além de tubarões e lúcios indomados.
- **Green Hole**, 59km ao norte de Al-Quseir. Excelente para mergulho com cilindro ou snorkel, este impressionante coral abriga golfinhos e arraias-morcego.
- **Beit Goha**, 20km ao norte de Al-Quseir. Um coral raso e excepcional em labirinto, com canyons elaborados e jardins de coral exóticos.
- **Sirena Beach Home Reef**, Mövenpick Sirena Beach Hotel, Al-Quseir. Junto ao cais do hotel há um recife fantástico com corais e peixes variados (➤ 171).

Peixes-borboleta nos recifes de coral do Egito

profundidade atraem muitos tipos de peixes coloridos, como peixe-donzela, peixe-borboleta, peixe-palhaço e caranhas. Até tubarões circulam por aqui.

Experimente Mergulhar

A maioria dos hotéis no Sinai e no litoral tem um centro de mergulho (ou convênio com algum) com barcos, instrutores especializados e equipamento para alugar ou vender (➤ 159). Os centros de mergulho do Egito são uma opção relativamente barata para aprender a mergulhar com cilindro e obter um certificado da PADI (Professional Association of Diving Instructors) ou da CMAS (Confédération Mondiale des Activités Subaquatiques/World Underwater Federation), que o autorizam a mergulhar em qualquer parte do mundo.

Perto de Sharm el-Sheikh e na maior parte do litoral continental o mergulho é feito de barco, em locais junto à costa. Depois de Dahab e Nuweiba é fácil nadar até os recifes, e o Sinai oferece oportunidades interessantes de mergulhar com snorkel pela maior parte de seu litoral. Em Hurghada, a maioria dos locais de mergulho é acessível apenas de barco. A viagem mais popular de um dia é até a ilha Giftun, onde se pode mergulhar antes e depois do almoço.

O Parque Nacional Ras Mohammed tem alguns bons pontos para um piquenique, e Hurghada e Dahab têm muitos restaurantes e bares.

Os centros de mergulho a seguir estão entre os mais frequentados e de maior prestígio.

Sharm el-Sheikh

201 E3

Camel Dive Club ✉ Naama Bay ☎ 069-360 0700; www.cameldive.com
Oonas Diving Centre ✉ Naama Bay ☎ 069-360 0581; www.oonasdivers.com
Red Sea Diving College ✉ Naama Bay ☎ 063-360 0145; www.redseacollege.com
Sinai Divers ✉ Ghazala Hotel ☎ 069-360 0697; www.sinaidivers.com

Dahab

201 F3

Fish & Friends ✉ Masbat ☎ 069-364 0720; www.fishandfriends.com
Nesima Diving Center ✉ Nesima Hotel ☎ 069-364 0320; www.nesima-resort.com

Hurghada

201 E2

Aquanaut ✉ Corniche, al-Dahar ☎ 065-354 9891; www.aquanaut.net
Easy Divers ✉ Corniche, al-Dahar ☎ 065-354 7816; www.easydivers-redsea.com
Jasmin Diving ✉ Jasmin Village ☎ 065-346 0475; www.jasmin-diving.com

Marsa Allam

Red Sea Diving Safari ✉ Marsa Shagra ☎ 02-337 1833/065-338 0021; www.redsea-divingsafari.com

POR DENTRO DO MERGULHO NO MAR VERMELHO

Dica A melhor época para mergulhar é de abril a setembro. No verão, as temperaturas sob a superfície são agradáveis, mas fora da água o calor pode ser insuportável. De março a junho, pode soprar o *khamsin*, um vento quente do deserto que traz poeira e areia. Nos meses do inverno local, de dezembro a março, a água pode ser fria demais para mergulhar sem roupa de neoprene.

Joia Oculta As centenas de quilômetros de costa ao sul de Al-Quseir ainda estão geralmente intocadas, com recifes espetaculares, mas muitos deles só são acessíveis para mergulhadores experientes.

2 Monte Sinai e Mosteiro de Santa Catarina

Há séculos, milhares de peregrinos vêm subindo o Jebel Musa (monte Sinai) para visitar o local onde se acredita que Moisés tenha recebido os Dez Mandamentos. Alguns fazem a subida para apreciar as vistas espetaculares; outros procuram uma dimensão mais espiritual dessa experiência.

O monte Sinai tem 2.285m de altitude acima do nível do mar e pode ser escalado por dois caminhos. O mais fácil (e mais longo) segue uma rota de camelos e leva cerca de três horas. O outro, conhecido como Sikkat Sayyidna Musa (Caminho de Nosso Senhor Moisés), leva cerca de 90 minutos, mas é bem mais cansativo, pois sobe os 3.750 íngremes degraus da Escada da Penitência, escavada por monges.

Deir Sant Katarin (Mosteiro de Santa Catarina)

Ao pé do monte Sinai fica o impressionante mosteiro grego ortodoxo do século 6º da mártir cristã santa Catarina de Alexandria, no local em que supostamente apareceu a Sarça Ardente. Em 337 a imperatriz bizantina Helena ergueu uma capela neste local, que já atraía peregrinos e eremitas. O imperador Justiniano então ampliou-a e fortificou-a no século 6º. Cerca de 20 monges, a maioria do monte Atos, na Grécia, vivem agora no mosteiro. No entanto, a rápida expansão do turismo pelo litoral e os muitos visitantes diários ameaçam a paz do local.

Entra-se no mosteiro por um pequeno portal nos muros de granito, perto da torre Kléber. À direita fica o poço de Moisés, onde o profeta encontrou a futura esposa, Zípora, e virando à esquerda chega-se a um recinto com um arbusto de espinhos, pedaço da Sarça Ardente – a original está dentro da capela.

À direita: a Basílica de Santa Catarina domina o complexo do mosteiro

OS DEZ MANDAMENTOS

Segundo as Escrituras (Êxodo, 3), Deus revelou-se a Moisés como uma chama de fogo na Sarça Ardente (também associada ao Sinai), e mandou o profeta liderar o povo de Israel em sua fuga do Egito para escapar do jugo do faraó. O povo fugiu para o Sinai e Moisés passou 40 dias na montanha, onde Deus comunicou-lhe os Dez Mandamentos, escritos em duas lápides de pedra. O Sinai é sagrado para a comunidade judaica e também para cristãos e muçulmanos, pois os Dez Mandamentos se tornaram a base das religiões cristã e judaica, e o incidente também é relatado no Alcorão.

MÁRTIR CRISTÃ
Nascida em 294 em Alexandria, santa Catarina foi torturada por sua fé numa roda com pontas de ferro e decapitada pelo imperador pagão. Sua tortura inspirou mais tarde os fogos de artifício chamados "roda de Catarina" e o símbolo heráldico. Diz-se que seus restos foram levados até o monte Sinai por anjos.

A Basílica de Santa Catarina, de granito e com acesso por portas originais de cedro, tem 12 magníficos pilares, um para cada mês do ano, decorados com imagens de santos. A iconóstase (tela de altar) é do século 17, e o santuário atrás dela abriga o Mosaico da Transfiguração (550-600 d.C.), uma obra-prima da arte bizantina. A coleção de imagens é única e abrange 1.400 anos, inclusive o período entre 746 e 842, quando os monges deste isolado mosteiro não tinham conhecimento da proibição entre os cristãos de pintar a Sagrada Família ou os santos. A preciosa coleção de manuscritos antigos não fica exposta ao público.

Mosaico bizantino da Transfiguração (século 6º)

FAÇA UMA PAUSA

Beduínos costumam vender chá no alto da montanha, mas não conte com isso – leve comida e algo para beber. A aldeia de Al-Milga tem restaurantes e pequenas lojas onde você pode se abastecer para um piquenique. A estadia na pousada do mosteiro inclui refeições simples.

---

201 E3

Sinai, a 450km do Cairo, 140km a oeste de Dahab **02-2402 8513 (Cairo)** **Seg-qua, sex e dom 9h-12h; fecha nos feriados; verifique antes** **Café/restaurante ($)** **Ônibus do Cairo, Sharm el-Sheikh, Dahab e Nuweiba para a vila de Santa Catarina (Al-Milga), a 2km do mosteiro** **Voos da Egypt Air para Sharm el-Sheikh** **Gratuito**

POR DENTRO DO MONTE SINAI E DO MOSTEIRO DE STA. CATARINA

Dicas A **escalada do monte Sinai** é espetacular ao nascer ou ao pôr do sol – você pode apreciar os dois momentos trazendo um saco de dormir e dormindo ao ar livre no Platô de Elias, perto do topo. Deixe sua bagagem no depósito do mosteiro.

- **Tome muita água**, pois o calor é forte, mas venha também bem equipado, porque pode nevar no inverno. **A temperatura cai muito à noite**, mesmo no verão.
- **Vista-se de modo discreto** para visitar o mosteiro.

Para Saber Mais É preciso uma **autorização especial** para visitar a Capela da Sarça Ardente.

- O Protetorado de Santa Catarina publica um bom **guia do mosteiro**, além de excelentes guias de caminhadas pelos arredores (tel. 069-347 0032; www.st-katherine.net).
- Quem visita a montanha **deve estar acompanhado por um guia beduíno**, que você pode encontrar entrando em contato com o escritório da Mountain Tours em Al-Milga, Sheikh Mousa (tel. 010-641 3575; www.sheikmousa.com).

3 Parque Nacional Ras Mohammed

O primeiro parque nacional do Egito foi criado em 1988. Apenas 12% dele é aberto ao público, e o local pode ficar muito cheio de turistas que vêm da vizinha Sharm el-Sheikh. De qualquer modo, o projeto foi muito bem-sucedido em proteger o extraordinário ecossistema da área.

O espetacular cenário de Ras Mohammed abriga grande variedade de vida selvagem

A área subaquática tem alguns dos melhores recifes de coral do mar Vermelho, como a espetacular Anemone City. Em terra, há muita vida selvagem, como raposas, gazelas e íbices, e os mangues são cheios de aves migratórias. As crianças adoram as águas rasas e quentes do Mangrove Channel e as Crevice Pools. O centro de visitantes tem telescópios gratuitos, vídeos sobre vida selvagem e detalhes sobre as trilhas pelo parque.

201 E2 · 30km a noroeste de Sharm el-Sheikh · Diariam 8h-17h · Restaurante no centro de visitantes ($-$$). Sáb-qui 10h-17h · Moderado; para acampar, obtenha autorização no centro de visitantes (tel. 069-366 0668)

POR DENTRO DO PARQUE NACIONAL RAS MOHAMMED

Dicas Exige-se passaporte com visto do Egito para **entrar no parque**. Quem tem permissão para o Sinai pode ir de barco até Ras Mohammed (confira com a empresa de mergulho), mas por terra só poderá seguir até Sharm el-Sheikh.

- Quem quiser **mergulhar** terá de chegar numa excursão de barco até Ras Mohammed. Quem vem de carro pode mergulhar de snorkel em alguns pontos magníficos, mas terá de trazer seu próprio equipamento.

4 Mosteiros de Santo Antônio e São Paulo

Os mosteiros de Deir Anba Antunius e Deir Anba Bulos (santo Antônio e são Paulo), localizados nas áridas montanhas junto ao mar Vermelho, são os mais antigos mosteiros cristãos do Egito. Os rituais monásticos praticamente nasceram aqui, onde a vida dos monges coptas pouco mudou em 1.600 anos.

Mosteiro de Santo Antônio

Santo Antônio (➤ 24) foi para o deserto em 294, instalando-se primeiro num lugar cheio de palmeiras. Quando o local ficou muito movimentado, mudou-se para uma caverna na montanha, onde viveu 25 anos até sua morte, aos 105 anos. O mosteiro a ele dedicado foi fundado em 361 por seus discípulos, que viveram uma vida ascética numa comunidade. Rodeado por muros de 12m de altura, o complexo fica numa belíssima paisagem junto aos rochedos na Wadi Araba, ao pé da caverna de Santo Antônio, coberta por séculos de dizeres e súplicas deixados pelos peregrinos. As vistas do alto são fantásticas e compensam a íngreme subida de 1.200 degraus.

O Mosteiro de Santo Antônio fica no sopé da montanha onde o santo fez seu retiro

Santo Antônio, aqui numa imagem bordada, retirou-se para uma caverna na montanha quando tinha 80 anos de idade

O mosteiro abriga cerca de 65 monges e parece uma aldeia egípcia, com casas, igrejas e jardins. O edifício mais antigo é a Igreja de Santo Antônio, que contém o túmulo do santo e belos murais do século 13, talvez os mais impressionantes do Egito.

Mosteiro de São Paulo

São Paulo, o Asceta (não confundir com o apóstolo), instalou-se aqui antes de santo Antônio e viveu nesta caverna por 90 anos até sua morte, aos 113 anos. Ele encontrou santo Antônio no final da vida e reconheceu sua superioridade espiritual. O mosteiro dilapidado, erguido em volta da caverna pelos seguidores de são Paulo, é ofuscado pelo seu vizinho maior. A Igreja de São Paulo, cheia de velas e murais, encerra a caverna do santo. A Igreja de São Miguel, do século 17, tem uma imagem da Virgem atribuída a são Lucas (40 d.C.).

FAÇA UMA PAUSA

Os dois mosteiros têm cafés e o de são Paulo tem uma mercearia, mas é bom levar provisões para um piquenique.

200 C4 Sto. Antônio: 50km a oeste de Zafarana; S. Paulo: 40km ao sul de Zafarana S. Paulo: 02-2590 0218; Sto. Antônio: 02-2590 6025 Sto. Antônio: diariam 7h-17h; S. Paulo: diariam 8h-15h. Dez e Quaresma: sex, sáb e dom. Fecha na Semana Santa Táxi ou excursão (► abaixo). Ônibus de Suez até Hurghada, pare 26km ao sul de Zafarana, depois ande 13km até Sto. Antônio. Para S. Paulo, pare no desvio junto à estrada Suez-Hurghada, perto do farol de Zafarana, e depois ande 14km.

POR DENTRO DOS MOSTEIROS DE SANTO ANTÔNIO E SÃO PAULO

Dicas O jeito mais fácil, embora talvez não o mais prazeroso, de visitar os dois mosteiros é numa excursão saindo do Cairo ou de Hurghada.

- Nos dois mosteiros há um monge que fala inglês e pode levá-lo para uma visita guiada (gratuita, mas qualquer donativo é bem-vindo).
- A pousada de São Paulo hospeda somente peregrinos (tel. 02-2590 0218); mesmo que você não seja hóspede, os dois mosteiros têm uma pequena cantina que oferece bebidas e lanches.
- Tome muita água durante a visita aos mosteiros e às montanhas.

Para Saber Mais Trilheiros experientes podem fazer a caminhada pela trilha nas montanhas entre os dois mosteiros em aproximadamente dois dias. No Mosteiro de Santo Antônio é possível conseguir mapas.

Atrações

5 Al-Quseir

Esta pacata cidade pesqueira oferece um dos melhores mergulhos de snorkel do litoral. As lindas praias e a tranquilidade fazem de Al-Quseir uma boa alternativa a Hurghada. Até o século 10º, Al-Quseir era o maior porto do litoral, e teve tráfego regular mesmo no século 19. Os restos de um forte do século 16, construído pelo sultão Selim, lembram a importância da cidade antigamente.

200 E1 · 80km ao sul de Hurghada · Al-Quseir Hotel ($; ➤ 171) · Ônibus diários do Cairo, Qena, Suez, Hurghada e Marsa Alam

6 Hurghada

Em 1980 Al-Ghardaqa (Hurghada) deixou de ser uma vila pesqueira, virou o maior balneário do Egito e ainda cresce pelo litoral. A cidade expandida e o *souk* não despertam muito interesse, mas os recifes junto à praia são um paraíso para mergulhadores, e as praias, com mar quente a maior parte do ano, oferecem vários esportes aquáticos. A Sindbad Submarine (reservas tel. 065-344 4688; www.sinbad-group.com) e o pequeno Aquário do Mar Vermelho (Sharia al-Corniche 6, ad-Dahar; tel. 065-354 8557) dão uma agradável visão da vida nos recifes.

201 E2 · 529km a sudeste do Cairo, 299km a nordeste de Luxor · 065-344 4420 (centro de turismo) · Vários · Ônibus regulares do Cairo, Luxor, Assuã e Suez · Voos diários do Cairo, três por semana de Luxor e semanais de Sharm el-Sheikh e Santa Catarina · Barco de Sharm el-Sheikh várias vezes por semana (tel. 065-344 7571; www.intlfastferries.com)

7 El-Gouna

Balneário mais chique do continente, erguido sobre várias ilhas e lagunas. Os habitantes ricos do Cairo têm casa em El-Gouna e muitos turistas ficam em seus hotéis de luxo. O complexo inclui um campo de golfe de 18 buracos, um aeroporto particular (➤ 37), aquário e um pequeno museu com réplicas de tesouros do Egito Antigo.

201 D2 · 30km ao norte de Hurghada · Táxis de Hurghada · Voos para o Cairo com a SunAir (tel. 02-2267 5379; www.sunair-eg.com)

8 Sharm el-Sheikh

Ao ocuparem o Sinai (1967-82), os israelenses deram forte impulso a Sharm el-Sheikh, como área militar

Praia de Hurghada

Naama Bay, em Sharm el-Sheikh

VIDA BEDUÍNA
Os beduínos do Sinai dividiam-se em tribos, cada qual com seu trecho de território para pastar seus rebanhos. Mas à medida que o litoral do Sinai se desenvolve, a minguante comunidade beduína se assenta em vilas de concreto no interior. Poucos beduínos continuam seminômades – muitos trabalham em turismo, como peões de obra ou taxistas. O maior núcleo beduíno fica em Al-Arish, norte do Sinai, que tem uma interessante feira todas as quintas.

e como resort de férias. Depois que os egípcios voltaram, Sharm virou um dos resorts mais populares e de melhor qualidade do mar Vermelho. A maioria dos hotéis e restaurantes fica em Naama Bay, famosa pelas ótimas instalações para esportes aquáticos, mas agora os hotéis se espalham pelas baías vizinhas. No rochedo ao norte de Naama Bay situa-se a área residencial de Sharm, com *villas* e condomínios em geral ocupados pelo pessoal que trabalha nos hotéis. Aqui fica também o primeiro hotel Ritz da África. A maioria dos tesouros de Sharm está sob a água – com exceção de Ras Kennedy, uma rocha que lembra o rosto do antigo presidente dos EUA, John F. Kennedy.

201 E3 ✉ 470km do Cairo Vários Ônibus do Cairo, Dahab, Nuweiba, Suez e Taba Voos domésticos do Cairo, Luxor e Hurghada Barco de Hurghada várias vezes por semana (tel. 069-260 0190; www.intlfastferries.com)

9 Dahab

Dahab, que significa "ouro" em árabe, tem lindas praias e alguns dos melhores locais de mergulho no Sinai por perto (► 157), embora a cidade em si seja um pouco caótica. Tem três áreas distintas: o núcleo beduíno de Assalah; a área de hotéis de Al-Mashraba; e Al-Masbat, com locais para acampar e hotéis baratos, para velhos hippies e jovens mochileiros. O trecho de bares e restaurantes de frente para o mar serve opções econômicas como espaguete, milk-shakes e panquecas de banana. Jovens egípcios associam Dahab à cultura das drogas, mas, embora a atmosfera pareça tolerante, a polícia egípcia adota uma política dura, com severas penalidades. As verdadeiras atrações daqui, como de outras partes do litoral, estão sob as

Dahab é um assentamento beduíno tradicional que investiu no turismo

águas, como o perigoso Blue Hole, o Canyon e outros recifes próximos. Como opção, beduínos organizam passeios a camelo pelo deserto.
201 F3 100km a noroeste de Sharm el-Sheikh Bares, restaurantes na baía Assalah ($$) Ônibus de Sharm el-Sheikh, Taba, Nuweiba, Cairo e Santa Catarina

10 Ismailia

É muito agradável passear pelo centro antigo restaurado e arborizado de Ismailia, construído na mesma época do canal de Suez. Comece pelo Muhammad Ali Quay, na casa em estilo suíço de Ferdinand de Lesseps, o arquiteto francês do canal. Perto fica a coleção de objetos antigos do Museu Ismailia. Em volta do lago Timsah há várias boas praias e restaurantes. Uma das melhores vistas do canal é desde Nemra Setta, um subúrbio ajardinado com mansões coloniais.
199 F4 120km a leste do Cairo, a 85km de Port Said 064-332 1078 (centro de turismo no Governorate Building, Sharia Sheikh Zayeed) Museu Ismailia diariam 8h-16h, fecha sex 11h30-13h30; para visitar a Lesseps House consulte o centro de turismo George's ($$; ➤ 174) Ônibus do Cairo, Hurghada e Port Said, Sinai

11 Canal de Suez

Antes da abertura dos 167km do canal de Suez em 1869, unindo o mar Mediterrâneo ao mar Vermelho, os navios europeus tinham de contornar a África para alcançar o Oriente. O canal reduziu à metade a distância entre a Europa e a Ásia.

O conceito não era novo. A ideia de um canal que cortava o deserto já havia sido apontada pelo faraó Necho 2º no século 7º a. C., mas um oráculo dissuadiu-o de concluir o projeto. Um século depois, os persas

SEIS OPÇÕES PARA CRIANÇAS

- Veja os corais e peixes do **Sindbad Submarine**, em Hurghada (➤ 166).
- **Aquário do Mar Vermelho**, Hurghada, com peixes locais coloridos e corais (➤ 166).
- **Passeios de camelo** em Naama Bay, em El-Gouna ou na praia de Hurghada.
- **Fun Town Amusement Park**, Naama Bay (tel. 069-360 2556).
- Vários centros PADI cinco-estrelas no Sinai e no mar Vermelho oferecem um curso **PADI "Bubble Maker"** para crianças entre oito e dez anos, para mergulhos de 2m.
- O centro de **kart** de Ghibli, em Sharm, tem pista de 220m e pequenos karts projetados para crianças.

cavaram um pequeno canal que caiu em desuso ao longo dos séculos.

As obras no canal começaram em 1859, sob supervisão do francês Ferdinand de Lesseps. Foram necessários dez anos e 25 mil operários para concluir este que ainda é um dos maiores feitos de engenharia do mundo. Quando o presidente Nasser (➤ 26) nacionalizou o canal em 1956, como reação à recusa do Ocidente de financiar a Assuã Alta, Grã-Bretanha, França e Israel bombardearam a área. As cidades do canal sofreram outros danos nas guerras árabe-israelenses (1948-73), quando o canal foi fechado, e a cidade de Suez foi quase destruída (ainda não se recuperou). Desde que o canal foi reaberto, em 1975, ele é a segunda maior fonte de renda do país depois do turismo.

199 F5 ✉ Entre Bur Said (Port Said) e Ismailia Ônibus do Cairo, Hurghada, Port Said e Ismailia

12 Port Said

Bordéis e antros de haxixe já não são mais a marca do porto livre de Bur Said (Port Said) – antes apelidada de "cidade mais maldita do Oriente" –, mas suas ruas secundárias mantêm um pouco da antiga atmosfera. Esta cidade calma é um destino popular de compras baratas para os egípcios, pois seu bazar vende marcas internacionais. Também é escala dos cruzeiros mediterrâneos, mas tem poucas atrações além do canal de Suez, que é mais bem apreciado na travessia de barco (gratuita) até Port Fuad. No início da noite os moradores passeiam pela Corniche para ver os barcos no canal. Está sendo construído um novo Museu do Canal de Suez em Sharia Safia Zaghloul. O Museu Militar (Sharia 23 July) ilustra a turbulenta história do canal.

199 F5 ✉ a 225km do Cairo, 85km ao norte de Ismailia ☎ 066-323 4657 (centro de turismo) Museu Militar sáb-qui 9h-16h Ônibus do Cairo, Suez, Ismailia e Hurghada

ESTÁTUA DA LIBERDADE

O marco mais famoso de Nova York estava originalmente destinado a ocupar a entrada do canal de Suez, em Port Said. Inspirado pelos colossos de Ramsés 2º (➤ 100), o escultor francês Bartholdi (1834-1904) projetou uma imensa mulher que representava o "Egito carregando a tocha da Ásia". O quediva Ismail (vice-rei do Egito de 1863 a 1879) adorou a ideia, mas depois viu que era muito cara, então a estátua foi levada aos EUA.

Vista da área do cais de Port Said, na entrada do canal de Suez

Onde... Ficar

Preços
As diárias são para quarto de casal.
$** menos de 400LE **$$** 400-900LE **$$$ mais de 900LE

Desde o final da década de 1980 o litoral do Sinai se desenvolveu muito. Foram construídos muitos hotéis, particularmente em Sharm el-Sheikh, a maioria grandes resorts de redes internacionais para turismo de massa. Há também alguns hotéis baratos no litoral, depois de Dahab.

SHARM EL-SHEIKH

Camel Hotel $$
Este adorável hotel foi construído no estilo do local, com quartos confortáveis, e fica perto da praia. O hotel tem convênio com um centro de mergulho bem conhecido.
201 E3 King of Bahrein Street, Naama Bay 069-360 0700; www.cameldive.com

Four Seasons Sharm el-Sheikh $$$
O Four Seasons Sharm el-Sheikh é o mais impressionante hotel cinco--estrelas da cidade, com inigualável padrão de serviço e conforto. A construção é em estilo mourisco, em frente aos estreitos de Tiran, e o hotel oferece grandes quartos tipo suíte com vistas fabulosas. Tem piscina e oferece esportes aquáticos.
201 E3 Ao norte de Naama Bay 069-360 3555; www.fourseasons.com/sharmelsheikh

Sanafir $$
Um dos hotéis mais antigos da cidade, tem quartos com cúpula branca em estilo egípcio tradicional, dispostos em vários níveis em volta de uma piscina. Possui também uma cascata e terraços com sofás beduínos. O serviço é atencioso e o hotel atrai turistas jovens, que gostam de vida noturna e não ligam para barulho. O centro de mergulho tem prestígio.
201 E3 Naama Bay 069-360 0197; www.sanafirhotel.com

Shark's Bay Bedouin Home $
Uma das raras opções econômicas em Sharm, é um acampamento de beduínos na praia com chalés simples e limpos, com ou sem banheiro privado. O restaurante é bom.
201 E3 Shark's Bay, 3km ao sul de Sharm 069-360 0942; www.sharksbay.com

DAHAB

Nesima $$
Hotel estiloso, muito tranquilo, um dos poucos do Sinai voltados para quem viaja por conta própria. Os quartos com abóbada são bem projetados e confortáveis, de frente para uma bela piscina. O hotel é procurado por mergulhadores de todos os níveis e tem um ótimo centro de mergulho, que oferece equipamento e orientação.
201 F3 Al-Mashraba 069-364 0320; www.nesima-resort.com

SANTA CATARINA

Al-Karm Ecolodge $-$$
O Al-Karm é um hotel ecológico pequeno, construído com fundos da União Europeia mas de propriedade dos beduínos, sob supervisão do Protetorado de Santa Catarina. Feito com pedras locais e sem energia elétrica, faz questão de ser simples e sintonizado com os incríveis arredores da região.

201 E3 Sheikh Awaad, a 20km de Santa Catarina 069-347 0032; www.parksegypt.org/en/node/109

Auberge St. Catherine $-$$

O lugar óbvio para ficar em Santa Catarina é esta pousada reformada no mosteiro, com 150 camas em quartos individuais, duplos ou triplos, com café da manhã e refeição noturna incluída. Os quartos ficam de frente para um pomar. Você pode deixar a bagagem aqui ao escalar o monte Sinai.

201 E3 Mosteiro de Santa Catarina 069-347 0353

EL-GOUNA

Dawar el Omda $$

O Dawar el Omda (Casa do Prefeito), situado numa ilha artificial dentro de uma laguna, é uma inventiva combinação de arquitetura moderna e aspectos tradicionais egípcios. O interior tem estilo e simplicidade, com antiguidades e mobília feita na região. A piscina é pequena, mas há bons locais para nadar nas lagunas próximas.

201 D2 Kafr El-Gouna, El-Gouna 065-358 0063; www.dawarelomda-elgouna.com

HURGHADA

Giftun Beach Resort $$

Um dos mais antigos resorts da cidade, o Giftun é popular entre os praticantes de mergulho e windsurfe por suas excelentes instalações, pessoal atencioso e chalés caiados na praia. No animado bar, os mergulhadores contam as histórias do dia.

201 E2 Faixa de resorts, Hurghada 065-346 3040; www.giftunbeachresort.com

MARSA ALAM

Shaqra Ecolodge $

Esta agradável pousada ecológica dirigida pelo ambientalista Hossam Helmi oferece quartos simples mas confortáveis, muita paz e ótimas oportunidades de mergulho com cilindro e snorkel. O mesmo dono tem várias propriedades similares mais ao sul.

201 E3 Marsa Shagra 02-2337 1833; www.redsea-divingsafari.com

NUWEIBA

Basata $

A parte mais ao norte no litoral leste do Sinai é um lugar único no Egito. Basata é muito popular entre os europeus, egípcios e israelenses, que vêm para uma estadia tranquila neste local com cabanas e chalés de praia simples. As instalações são básicas, mas contam com uma unidade de dessalinização. O dono se preocupa com o ambiente, por isso a preservação do recife de coral é um assunto muito discutido nas refeições simples, comunitárias. Não se permitem drogas, bebida alcoólica e música em alto volume.

201 F4 Ras al-Burg, na estrada Taba-Nuweiba, 42km ao sul de Taba 069-350 0480; www.basata.com

AL-QUSEIR

Al-Quseir Hotel $

Hotel elegante numa casa da década de 1920 na orla, o Al-Quseir tem apenas seis quartos. Os da frente têm vista para o mar, mas todos são confortáveis, com excelente relação custo-benefício. Serve jantar a pedidos.

201 E1 Sharia Port Said 065-333 2301

Mövenpick Sirena Beach $$$

Inspirados na arquitetura tradicional de aldeias, os quartos simples e confortáveis ficam num agradável jardim. Este resort é perfeito para umas férias tranquilas, com serviço excelente, boa comida e uma grande piscina. Oferece um dos melhores mergulhos de cilindro ou snorkel do Egito em sua praia particular e abriga um centro de mergulho.

199 E1 Al-Quadim Bay, Al-Quseir 065-333 2100; www.movenpick-quseir.com

Onde... Comer e Beber

Preços
Preços por pessoa para uma refeição, sem bebida e taxas.
$** menos de 100LE **$$** 100-150LE **$$$ mais de 150LE

SANTA CATARINA

São raros os locais para comer na vila de Santa Catarina, e a melhor opção talvez seja o **Auberge St. Catherine**. Na vila vizinha de Al-Milga há locais básicos para comer, como o **Katrien Rest House** e o **Ihlas**. Talvez o melhor seja visitar a padaria e as lojas locais e fazer um piquenique na magnífica paisagem.

SHARM EL-SHEIKH

Em Sharm el-Sheikh, em especial na Naama Bay, há muitos bares e restaurantes, mas a maioria fica em hotéis, por isso a comida é cara. No entanto, em Sharm você pode achar lugares mais baratos frequentados pelos egípcios. Como a maioria dos turistas de Sharm el-Sheikh são italianos, você encontrará facilmente uma boa pizza ou ótimas massas, se bem que hoje é possível encontrar comidas de praticamente qualquer parte do mundo por aqui. Há também Hard Rock Café, McDonald's, KFC e Pizza Hut.

Abu el Sid-$$$

Restaurante irmão do moderno Abu el-Sid do Cairo, este estabelecimento serve as clássicas mezze egípcias e outros pratos num ambiente contemporâneo e com boa música egípcia. O lugar é muito popular, por isso faça reserva.
201 E3 Naama Bay, Sharm el-Sheikh 069-360 3910; http://www.deyafa.net Jantar diariam

Al-Fanar $$$

Restaurante italiano de alto nível localizado à beira-mar. Serve pizzas deliciosas, peixe fresco e frutos do mar, com belas vistas.
201 E3 Ras Um Sid 069-366 2218 Diariam 10h-22h30

The Fish $$-$$$

Um dos restaurantes mais antigos de Sharm e bem próximo da praia, serve uma boa seleção de peixe fresco e frutos do mar de seu tanque de camarões. O restaurante ocupa um terraço coberto, com redes e parafernália marítima pelos pilares e paredes. A comida é excelente, mas o serviço pode ser bem lento.
201 E3 Hilton Fayrouz 069-360 0136 Almoço e jantar diariam

Il Frantoio $$$

Este restaurante italiano excelente e refinado tem uma bonita área para comer ao ar livre, perfeita para uma noite quente. A comida é criativa e emprega os melhores ingredientes – prove o ravióli ou o peixe grelhado recheado.
201 E3 Four Seasons Hotel, ao norte de Naama Bay 069-360 3555 Almoço e jantar diariam

Little Buddha $$$

Filial do famoso Paris Buddha Bar, este é definitivamente um lugar que vale a pena ver em Sharm. O grande bar superiluminado, as paredes em vermelho-escuro, os sons clássicos do Buddha Bar e um buda dourado gigante dão o tom, mas a comida é igualmente impressionante. Sente-se no bar e veja o delicioso sushi sendo preparado, ou coma em alguma das mesas e prove a inventiva cozinha franco-asiática. Mais tarde, à noite, há espaço para dançar ou para ficar à vontade nos futons japoneses.

201 E3 Naama Bay Hotel, Naama Bay 069-360 1030; www.littlebuddha-sharm.com Diariam 18h-3h

On Deck $$

Restaurante romântico situado numa plataforma sobre o mar. O mar fica iluminado à noite e você pode ver peixes nadando sob seus pés. Massas muito boas e frutos do mar frescos são as especialidades.
201 E3 Lido Hotel, Centro de Naama Bay 069-360 2603 Almoço e jantar diariam

Pomodoro $$

Restaurante italiano com área interna e terraço de onde se vê o movimento da praia. O centro de mergulho do hotel tem um bar bastante movimentado e um restaurante indiano.
201 E3 Centro de Naama Bay 069-360 0700; www.cameldive.com/camel-restaurants.htm Almoço e jantar diariam

La Rustichella $$-$$$

Os muitos turistas e residentes italianos de Sharm adoram este restaurante italiano elegante, com massas do jeito que *la mamma* cozinha. Além de massas tem peixe fresco e frutos do mar no cardápio.
201 E3 Atrás de Naama Bay 067-360 1154 Almoço e jantar diariam

Safsafa $-$$

O Safsafa original no centro de Sharm é velho e só tem oito mesas, mas o novo restaurante dirigido pela família é bem mais refinado. Os destaques ainda são o peixe fresco e os frutos do mar. Embora tenha estilo, o ambiente é discreto.
201 E3 Centro de Naama, Naama Bay 069-360 0150 Almoço e jantar diariam

Sala Thai $$$

Se você procura algo especial para fugir um pouco da comida egípcia e italiana, esta é uma boa opção. A culinária tailandesa/asiática neste restaurante do Hyatt é refinada e o interior tem decoração asiática discreta, com muita madeira e um agradável terraço em frente ao mar.
201 E3 Hyatt Regency Hotel 069-360 1234 Almoço e jantar diariam

TamTam $$

Neste popular café e restaurante que serve pratos egípcios tradicionais, como mezze, saladas, meloukhiya (sopa feita de verdura similar ao espinafre, servida com frango ou coelho), kushari (macarrão, arroz, cebola, ervilhas e lentilhas, com molho de tomate por cima) e carnes grelhadas, a atmosfera é relaxada e alegre. Faça a digestão à moda egípcia, tomando um chá de menta e fumando um narguilé.
201 E3 Ghazala Hotel, Naama Bay 069-360 0150 Almoço e jantar diariam

DAHAB

Carm Inn $

Um dos melhores lugares à beira-mar com comida ocidental, egípcia e pratos indianos, muito popular entre os estrangeiros residentes.
201 F3 Masbat 069-364 1300 9h-22h

Lakhbatita $$

O Lakhbatita (Restaurante dos Três Peixes) fica entre a Penguin Village e o Inmo Hotel, de frente para o golfo de Aqaba. Dirigido por um chef egípcio e sua mulher italiana, o restaurante oferece cardápio refinado com pratos de ambos os países, além de ótimos frutos do mar. Não serve bebida alcoólica.
201 F3 Mashraba 069-364 1306; www.lakhbatita.com Diariam 11h-24h

Nirvana Restaurant $-$$

Talvez o melhor de Dahab, este restaurante à beira-mar tem mesas literalmente na praia. Serve ótima comida indiana e ampla seleção de pratos vegetarianos.
201 E3 No farol do calçadão, Masbat 069-364 1261; www.nirvanadivers.com Almoço e jantar diariam

ISMAILIA

George's $$
Muita gente do Cairo atravessa o deserto para vir comer neste restaurante de peixes dirigido por gregos. O ambiente é agradável e intimista e o peixe fresco é famoso. O bar tem um bom estoque.
199 F4 ✉ Sharia Sultan Hussein ☎ 064-391 7327 ⌚ Almoço e jantar diariam

EL-GOUNA

Sayadeen Fish Restaurant $$
Os frutos do mar frescos são a especialidade deste restaurante de praia, situado num pavilhão construído sobre o mar, com vistas fantásticas. O cardápio se baseia cada mês numa cozinha nacional diferente, para você comer peixe grelhado ou cozido como o que é feito em algum lugar do mundo. Serve também pratos orientais.
201 D2 ✉ Mövenpick Hotel, praia ☎ 065-354 4501 ⌚ Almoço e jantar diariam

Le Tabasco $$
Importado da capital, o mais badalado bar/bistrô do centro de Kafr El-Gouna é moderno e agitado como sua matriz. Tem três terraços, o mesmo ambiente calmo, interior de bom gosto, música e comida excelentes. O bar fica no segundo andar.
201 D2 ✉ Entre o prédio do museu e o hotel El-Khan, Kafr El-Gouna ☎ 012-345 9263 ext. 5515 ⌚ Diariam, 18h-2h

HURGHADA

Abu Khadigah $
Lugar absolutamente egípcio, o Abu Khadigah é popular entre os trabalhadores locais e fica neste resort de praia internacional. O cardápio oferece pratos típicos egípcios, como folhas de repolho recheadas, cafta, cozidos substanciosos e outros pratos caseiros típicos do Vale do Nilo.
201 E2 ✉ Sharia Sheraton ⌚ Diariam 11h-23h

Felfela $-$$
Este restaurante faz parte da popular rede do Cairo (➤ 75) e tem uma atmosfera especial, no alto de um rochedo com vista do mar Vermelho e do porto. Serve pratos egípcios, desde uma ampla variedade de mezze ao delicioso pombo assado recheado com fireek.
201 E2 ✉ Sharia Sheraton ☎ 065-344 2410 ⌚ Diariam 8h30-24h

Liquid Lounge $-$$
Este bar de praia, popular e muito tranquilo, serve petiscos, bons pratos ocidentais e um cardápio de jantar um pouco mais elaborado.
201 E2 ✉ Sharia Sheraton ☎ 010-512 9051 ⌚ 9h-3h

Da Nanni $$
O casal de chefs é italiano e sabe fazer uma pizza deliciosa – segundo alguns, a melhor da cidade. O cardápio também tem uma seleção de massas caseiras.
201 E2 ✉ Sharia al-Hadaba, Sigala ☎ 065-344 7018 ⌚ Almoço e jantar diariam

Papa's Bar $
Este agitado bar é bem conhecido entre instrutores de mergulho e outros residentes temporários de Hurghada. Em certas noites, o volume da música aumenta e rola uma festa animada.
201 E2 ✉ Vizinho ao Pizza Rossi, Sigala ☎ 010-512 9051; www.papasbar.com ⌚ Diariam todos os dias, até tarde

Portofino $$
Peixe fresco à italiana e frutos do mar são a especialidade. A massa caseira é a melhor da cidade e o fondue é famoso. Ambiente agradável, bom serviço e o dono gosta de um papo com os clientes.
201 E2 ✉ Sharia Sayed al-Qorayem, al-Dahar ☎ 065-354 6250 ⌚ Almoço e jantar diariam

Rossi Restaurant $$
Restaurante italiano popular, com boas pizzas de massa fina e outras especialidades da Itália.
201 E2 ✉ Sharia Sheraton ⌚ Diariam 10h-24h

★ Destaques

1 Assuã ➤ 112
2 Filae ➤ 116
3 Abu Simbel ➤ 118

Atrações

4 Templo de Khnum ➤ 121
5 Templo de Hórus ➤ 121
6 Templo de Sobek e Haroeris ➤ 122
7 Mercado de Camelos (Souk al-Gamal) ➤ 122
8 Sehel ➤ 122
9 Lago Nasser ➤ 123

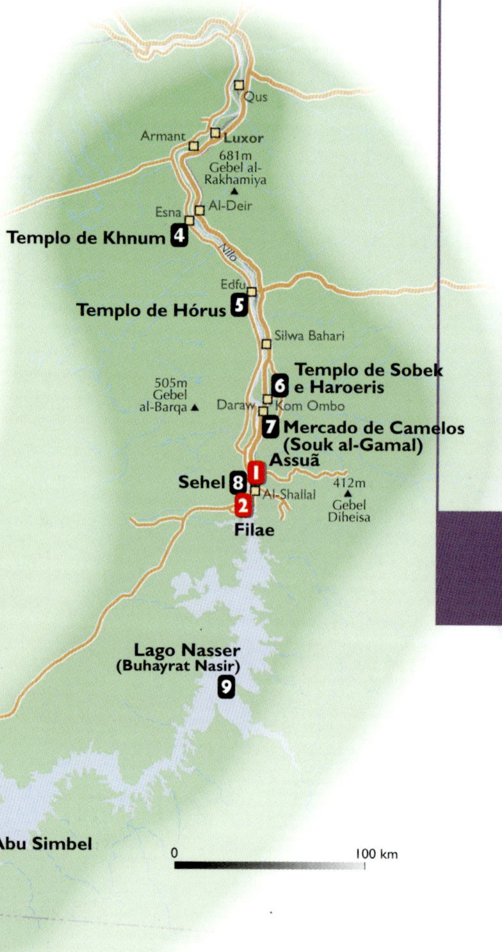

Ainda há nômades no deserto ao sul de Assuã, mas a maioria foi forçada a ir ainda mais para o sul

Em Três Dias

Se você não sabe por onde iniciar sua viagem, este roteiro propõe uma maneira prática e agradável de passar três dias no Alto Egito e na Núbia, visitando algumas das principais atrações. Use o mapa da pág. 109 para se localizar. Veja detalhes nas seções específicas.

Primeiro Dia

Manhã

Logo cedo, peça um táxi para meio-dia. Saia de 1 **Assuã** (➤ 112-115) pela estrada que passa pelo **Cemitério Fatímida** (➤ 112) e pelo **Obelisco Inacabado**, na periferia da cidade. Siga pela Velha Represa de Assuã até o cais em Shallal; compre o ingresso para o local e pegue um barco até a 2 **ilha Filae** (➤ 116-117). Passe por volta de 90 minutos aqui e depois continue dirigindo para ver a represa **Assuã Alta** (➤ 115), voltando para Assuã pela Represa Velha. Almoce no restaurante Panorama (➤ 125).

Tarde

Do terminal em frente ao escritório da Egypt Air, pegue um barco até a ilha Elefantina, no Nilo, para visitar o **Museu de Antiguidades de Assuã** e seu jardim por uma hora (➤ 114). Passeie pelo norte da ilha, por bosques de palmeiras e aldeias núbias. De volta ao terminal de barcos, pegue um felucca (acima) para ver as ilhas. Mande o felucca esperar enquanto você passeia pelo jardim botânico da **ilha Kitchener** (➤ 115) e depois veleje pelas ilhas, passando pelo **Mausoléu de Aga Khan**, na Margem Oeste (➤ 114).

Noite

Termine o dia com um jantar no **Nubian Beach Restaurant** (➤ 126).

Onde... Comprar

A maioria dos resorts no Sinai e no mar Vermelho eram vilas pesqueiras ou núcleos beduínos até há bem pouco tempo, por isso aqui não há autênticos *souks* ou bazares. Os shoppings são em estilo americano, sem sabor local. A maioria das lojas vende suvenires baratos para turistas, e algumas oferecem artigos de melhor qualidade, como bordados beduínos, tecidos e cerâmica.

É triste ver corais, conchas, estrelas-do-mar e até tubarões empalhados à venda. Evite compactuar com esses danos aos recifes de coral.

Litoral do Mar Vermelho

A ampla área do bazar de **Al-Dahar**, em Hurghada, tem muitas lojas e vendedores ambulantes com tralhas para turistas. São produtos de má qualidade, mas os preços são razoáveis se você se dispuser a pechinchar. Como Hurghada tornou-se popular entre turistas russos e do Leste Europeu, você também encontrará artigos desses países.

Você pode comprar produtos livres de impostos na **Egypt Free Shop**, em frente ao escritório da Egypt Air, ou no shopping em forma de pirâmide de Sigala.

El-Gouna tem lojas de alto nível. A **Queeny** vende as melhores grifes europeias. Para produtos regionais procure a **Malaika**, que oferece *galabiyyas* (camisões masculinos) bordados de algodão egípcio. A **Al Nol** faz *galabiyyas* em estilo beduíno e xales de cores vivas. A **Egyptian Women's Handicrafts** patrocina projetos de artesanato por todo o país, e vende artigos como papel reciclado Moqattam e cadernos do Cairo, almofadas beduínas bordadas e bolsas do Sinai. Suas lojas ficam em Abu Tig Marina.

Sinai

O bazar de Sharm el-Sheikh vende suvenires para turistas, como joias de prata, papiros, cópias de estátuas antigas e camisetas com imagens de peixes do mar Vermelho. Algumas lojas se destacam. A **Aladin**, no Falcon al-Diar Hotel, em Naama Bay (tel. 069-360 0828), vende vidraria egípcia, tecidos beduínos, trabalhos em madeira e contas. A **Baraka Carpets**, em frente ao Sanafir Hotel (tel. 012-218 1597/227 2363), tem uma ótima seleção de tapetes de lã e de seda, capachos beduínos e colchas de retalhos, entre outros produtos artesanais. A melhor livraria de Sharm é a **al-Ahram Bookshop**, na estrada para Sharm, em Naama Bay, com boa seleção de livros, jornais e revistas em inglês.

Todas as quintas há uma feira beduína na parte antiga de Al-Arish, no litoral norte do Sinai, onde mulheres beduínas de véu vendem trabalhos em contas de vidro, joias de prata e vestidos bordados. A feira é voltada principalmente para o turismo, já que as melhores peças provavelmente vão direto para as lojas do Cairo – mas vale o espetáculo.

Quase todo hotel tem um shopping. As melhores lojas para roupas egípcias de algodão são a **Mobaco**, no Sanafir, **Hilton Fayrouz**, em Naama Bay, e o **Pyramisa Hotel** em Shark Bay, Sharm el-Sheikh; a **Shirt Shop** (Mövenpick Jolie Ville) tem camisas masculinas, além da franquia **New Man** (hotéis Sanafir e Pyramisa).

Canal de Suez

Port Said é uma zona franca e por isso é repleta de egípcios que procuram ofertas; você pode comprar praticamente qualquer coisa aqui. A maioria das lojas que vendem produtos de grife e eletrônicos fica na Sharia al-Gumhuriya e arredores.

Onde... Se Divertir

O roteiro de espetáculos e eventos no Sinai sai nas revistas mensais *Sinai Today* e *Egypt Today* (veja também www.sharm-el-sheikh.com e www.elgouna.com). Para a região do mar Vermelho, há o *Hurghada Bulletin* e o *Red Sea Life*.

Mergulho de Cilindro e Snorkel

Todos os resorts daqui têm ótimos centros de mergulho, com aluguel de equipamento, excursões de barco e cursos de mergulho (➤ 156-159).

Barcos com Fundo de Vidro/ Submarinos

A maioria dos resorts oferece passeios em barcos com fundo de vidro pelos recifes de coral. Contate a **Sindbad Submarines** (tel. 065-344 4688; www.sindbad-group.com), em Hurghada; a **Aquascope** fica no Hoi Palace, em Hurghada (tel. 065-344 3710), e no al-Kheima Resort, em Sharm al-Moya (tel. 065-344 3710).

Vida Noturna

Sharm el-Sheikh é animada à noite na área dos bares e nas casas noturnas de hotéis, como a **Bus Stop** e a **Pacha**, no Sanafir Hotel (➤ 170), e o Little Buddha Bar (➤ 172-173), no Naama Bay Hotel. O **Pirates Bar** (Hilton Fayrouz; tel. 069-360 0136) abre no happy hour. A Naama Bay tem um **Hard Rock Café** (tel. 069-360 2665), com a costumeira decoração de rock. O **Camel Roof Bar** (Camel Hotel; tel. 069-360 0700) reúne mergulhadores e instrutores e tem lindas vistas do mar. O **Al-Fanar** (➤ 172) vira um clube ao ar livre mais tarde, e é o lugar para quem quer ser visto. Na alta estação vários bares de música na praia também são uma boa opção para dançar.

Em Hurghada, os grandes hotéis têm casas noturnas abertas para não hóspedes. Uma boa opção é o **Dome**, no InterContinental. O **Papa's Beach Club** (tel. 065-344 4146) promove festas com DJs do exterior. O **Liquid Lounge** (➤ 174) é o bar de praia mais popular, com festas dançantes às quintas, sextas e sábados. A **Black Out Disco**, no Ali Baba Palace, em Sharia al-Hadaba (tel. 012-221 7734), também é uma opção divertida.

Você pode também testar sua sorte no **Casino Royale** do Mövenpick Jolie Ville, em Naama Bay (tel. 069-360 0100). O **InterContinental**, em Hurghada, também tem um cassino.

Esportes

Todos os resorts do mar Vermelho oferecem esportes aquáticos como vela, banana-boat, windsurfe e parasailing. Os melhores lugares para windsurfe em Hurghada são o **Three Corners**, o **Giftun** e o **Jasmin Village**. No Sinai, o **Moon Beach Hotel** (Ras Sudr; tel. 02-336 5103; www.moonbeachretreat.com) tem ótima estrutura para windsurfe.

Vários resorts oferecem passeios a cavalo no deserto, a camelo pela praia ou roteiros mais longos pelas montanhas, com guias beduínos.

Balões de Ar Quente

Dirigida por alemães, a **Cast Ballooning**, em Hurghada, faz passeios de balão de uma hora pelo deserto. A volta é em jipe 4x4 e inclui café da manhã em acampamento beduíno (tel. 065-344 4929).

Safáris de Jipe pelo Deserto

As montanhas no Sinai e junto ao mar Vermelho têm paisagens espetaculares e acampamentos beduínos. No Sinai, os passeios saem de Dahab, Nuweiba e do Mosteiro de Santa Catarina e vão até pitorescos *wadis*, como o Coloured Canyon e Ras Abu Gallum.

Um cruzeiro a partir do Cairo PELO RIO NILO

Um cruzeiro pelo Nilo é o sonho romântico de muita gente. Às margens do rio ficam alguns dos mais antigos e intrigantes monumentos do mundo, além de desertos e campos de um verde intenso, banhados por uma bela luz.

Os faraós desciam o Nilo nos tempos antigos por razões espirituais. Com a velocidade da vida atual, entretanto, viajar sem pressa pelo rio tornou-se uma grande atração.

Maneiras Antigas de Navegar

Os primeiros barcos do Egito Antigo provavelmente eram feitos de feixes de papiro e usados para navegar distâncias curtas, ou para caçar e pescar. Depois surgiram barcos de madeira mais elaborados, com vários remos e uma bandeira estreita, usados em viagens mais longas – como o exibido no Museu da Barca Solar (➤ 66). Os antigos carregavam os mortos de barco pelo rio, da margem leste dos vivos à margem oeste dos mortos. Em pinturas murais presentes nos túmulos dos faraós (➤ 91, Vale dos Reis), o deus-sol Rá é visto viajando de barco pelo céu durante a noite, e o faraó viaja também numa barca pelo mundo subterrâneo.

Mural no túmulo de Senefer, Vale dos Nobres, retrata barqueiros no Nilo

O *Egypt*, um dos vapores operados pela empresa Thomas Cook em cruzeiros no Nilo

Barcos para a Elite

Na Idade Média, um viajante escreveu que havia mais de 35 mil navios no Nilo, a maioria barcos de carga ou latinas. Paxás e governantes tinham barcos luxuosos, as *dahabeyyas,* para viagens de lazer pelo Nilo. Como parte da sua Grande Viagem, turistas do século 19 alugaram uma *dahabeyya,* ou barco dourado, no Cairo, equiparam-na e navegaram dois meses pelos monumentos até Abu Simbel. Esta era a única forma de viajar até a década de 1850, quando surgiram os primeiros vapores.

A Arte de Navegar Vagarosamente

Em 1869, Thomas Cook equipou um desses vapores e levou o primeiro grupo de turistas ao Egito, marcando o início do turismo de massa e o fim das viagens de *dahabeyya*. Hoje os cruzeiros em navio costumam fazer parte dos pacotes turísticos para o Egito, e há centenas de passeios pelo Nilo. Veem-se barcos de todos os tamanhos e para todos os bolsos, mas a experiência que oferecem não é tão romântica como costumava ser, pois em geral têm de ancorar perto um do outro; com isso, a vista da sua janela talvez seja outro barco, e não o Nilo. Quem quer gastar menos pode viajar de Assuã a Esna de felucca, um barco simples à vela no qual o capitão cozinha peixe pescado do rio e você dorme no convés. Nos últimos anos as *dahabeyyas* reapareceram, reformadas ou novas, assim como pequenos barcos de luxo com quatro a dez cabines. Eles navegam de Esna a Assuã e param em locais onde navios grandes não têm permissão. São agora a nova moda nas viagens pelo Egito.

ESTATÍSTICAS

- O Nilo é o rio mais longo do mundo, com 6.680km de extensão.
- A bacia do Nilo cobre 3,35 milhões de km^2, 10% do continente africano, e é compartilhada por dez países.
- O Nilo Branco nasce no lago Vitória, em Uganda, e o Nilo Azul no lago Tana, na Etiópia. Os dois se encontram em Cartum (Sudão), de onde o rio corre por mais 1.000km para o norte até o mar Mediterrâneo, alimentado por apenas um tributário e por pouquíssima chuva.

MORTE
NO NILO

É difícil não pensar em morte no Egito com tantos monumentos associados ao culto dos mortos. Mas os antigos egípcios não eram obcecados pelo tema: faraós e nobres gostavam tanto da vida que queriam que ela durasse para sempre.

Osíris, Deus das Profundezas

Osíris era o típico rei bondoso, que dizem ter trazido a civilização ao seu povo, ensinando-o a cultivar e a honrar os deuses. Embora vivesse como homem, Osíris nasceu deus – filho de Geb, deus da terra, e de Nut, deusa do céu. Seguindo a tradição do Egito Antigo, ele casou-se com a irmã Ísis, enquanto seu irmão Seth desposou a outra irmã, Néftis. Mas Seth ficou com ciúmes do sucesso de Osíris e, depois de convidá-lo para um banquete, presenteou o irmão com uma bela caixa. Inesperadamente, Osíris foi enfaixado dentro dela, atirado ao Nilo e afogado.

Roteiros Imperdíveis

1 CAIRO MEDIEVAL

Caminhada

Uma boa caminhada é a melhor maneira de descobrir a Cairo medieval, suas ruas e becos, belas mesquitas, palácios incríveis e intrigantes *wikalas* (casas de mercadores). Alguns monumentos antigos ruíram, mas muitos continuam intactos. O cenário é medieval, mas a modernidade está sempre bem próxima.

DISTÂNCIA 4km **TEMPO** 3 horas para ver os edifícios, mais um dia inteiro para visitar as principais atrações **PONTO INICIAL** Mesquita Ibn Tulun, Sharia Saliba (micro-ônibus 54 de Midan Tahrir a Sayyida Zeinab, mas ir de táxi é mais fácil) 197 D3 **PONTO FINAL** Sharia al-Azhar 197 E4

Vá no início da manhã ou no final da tarde. Aos domingos o bazar fecha e tudo fica mais tranquilo – este é um bom momento para apreciar melhor a arquitetura.

1-2

Vire à esquerda saindo da Mesquita **Ibn Tulun** (➤ 68) em direção à rua principal, Sharia Saliba, e depois vire à direita. A Sharia Saliba segue a principal rua medieval, conhecida como Qasaba, cheia de palácios e mesquitas, a maioria restaurados após os terremotos da década de 1990. À esquerda fica a mesquita--madraçal mameluca do século 15 **Amir Tagri Bardi**, seguida pela ornamentada *sabil* (fonte pública) de **Umm Abbas**, do século 19. Adiante, à direita, ficam os altos muros de um *khanqah* (convento sufi) e diante deles uma mesquita, ambos erguidos por **Amir Shaykhu** no século 14. Note a incomum cornija faraônica sobre o portão de entrada e o belo teto do santuário *iwan*. Ao sair, vire à direita e ande cerca de 150m até o impressionante *sabil-kuttab* (fonte-escola corânica) mameluco

Muitas mesquitas têm o interior ricamente decorado

É fácil não perceber a despretensiosa vitrine de Khan Misr Touloun (➤ 77; tel. 02-365 2227, seg-sex), diante da Mesquita Ibn Tulun. Mas dentro há uma loja espaçosa, que vende algumas das melhores peças artesanais do Egito, com preços fixos e bom atendimento.

do **Sultão Qaytbay**, com um portal vermelho, branco e preto muito bonito. Na bifurcação, pegue a rua à esquerda passando por uma das mais conhecidas prisões do Cairo, antes de chegar a Midan Salah ad-Din, uma grande praça com a **Cidadela** (➤ 68) e as mesquitas **Sultão Hassan** (➤ 69) e **Al-Rifai**.

2-3
Atravesse a praça em direção à mesquita listrada do século 16, **Mahmud Pasha**, nome de um

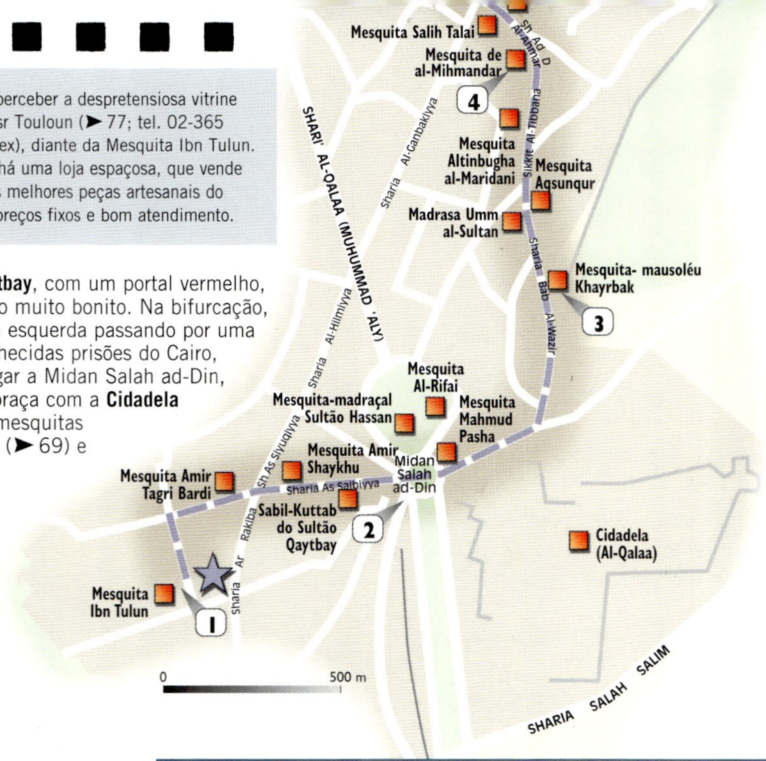

Fonte de abluções da Mesquita Sultão Hassan

governador do Cairo assassinado por causa dos seus métodos cruéis. Logo depois da mesquita ande pela esquerda junto aos muros da Cidadela e vire na arborizada Bab al-Wazir, a terceira rua à esquerda. Mais 250m à direita fica a mesquita **Aytmish al-Bagasi**, do século 14, e logo ao norte dela ficam as ruínas do mausoléu e *sabil-kuttab* de **Tarabay al-Sharifi**, do final do período mameluco. Mais adiante na Sharia Bab al-Wazir, à direita, fica a entrada para as ruínas do antes impressionante **Palácio de Alin Aq** e a mesquita-mausoléu do início do século 14 construída para **Khayrbak**, um *amir* mameluco que se tornou o primeiro vice-rei otomano do Egito.

3-4

Adiante à direita fica a mesquita de **Aqsunqur**, também conhecida como **Mesquita Azul** pelas belas cerâmicas turquesa de Iznik (a antiga Niceia, no noroeste da Turquia) que enfeitam seu interior. A rua aqui é conhecida como Sharia Tabbana. Uns 70m para frente, à esquerda, fica a majestosa entrada da madraçal **Umm al-Sultan**, do século 14, e ao lado o imenso palácio de **Katkhuda al-Razzaz**, do século 15. Seguindo pela rua, à esquerda, fica um dos mais incríveis monumentos da área, a mesquita de **Altinbugha al-Maridani**, do século 14 – com uma ricamente esculpida *qibla* (indicador da direção de Meca) atrás de uma linda tela de *mashrabiya* (treliça de madeira). Também à esquerda fica a Mesquita de **al-Mihmandar**, do século 14, decorada com belos versos caligráficos do Alcorão, ao lado de uma *sabil-kuttab* otomana de Katkhuda Mustahfizan, bem posterior.

4-5

Quando a rua faz uma curva, muda de nome para Darb al-Ahmar. No cruzamento, a Mesquita de **Qajmas al-Ishaqi** tem bela decoração de mármore. À esquerda, antes da Bab Zuwayla, fica a mesquita fatímida de **Salih Talai**, e depois dela o **Tentmakers' Bazaar** (Al-Khiyamiya ➤ 77), um bazar coberto.

5-6

Ande pelo bem restaurado portal da **Bab Zuwayla,** junto à Mesquita Sultan al-Muayyad e pela rua do mercado, **Sharia al-Muizz li-Din Allah** (➤ 56-58), até chegar à Sharia al-Azhar. No final ficam a mesquita e o mausoléu de al-Ghuri, belissimamente restaurados. Vire à direita na Sharia al-Azhar até a **Mesquita Al-Azhar** (➤ 70). Use a passagem subterrânea para a Midan al-Husayn e na mesquita de mesmo nome pegue a ruela à esquerda até o **Khan al-Khalili** (➤ 71). A primeira rua à esquerda leva você ao **Al Fishawi Café** (➤ 75).

6-7

Depois de uma volta pelo bazar volte à Mesquita de **al-Husayn** (fechada para não muçulmanos)

Desenhos elaborados decoram uma janela do *Sabil-Kuttab* do Sultão Qaytbay

Movimentada rua de compras perto da mesquita e mausoléu de Ghuri

e vire à esquerda seguindo o muro numa rua cheia de ambulantes que vendem contas de oração e incenso. À esquerda fica o ***Sabil-Kuttab* de Ahmad Pasha**, do século 19, hoje em parte ocupado por uma banca de doces. Vire à esquerda, onde a rua faz curva, e logo depois à direita, e continue pela Sharia Habs al-Rahaba. À esquerda fica a Mesquita-madraçal de **Gamal ad Din al-Ustadar**, do século 15, construída pelo poderoso príncipe que deu nome a esta área, **al-Gamaliya**. Na esquina em frente fica o belo *Sabil-kuttab* de **Oda Bashi**, do século 17, com painéis azulejados, e ao lado sua *wikala* (pousada de mercadores), que foi um dos principais centros comerciais do Cairo para café e especiarias no século 18. Mais à direita fica a madraçal de **Amir Qarasunqur**, professor de polo do sultão Qalawun – dois tacos de polo podem ser vistos acima da janela do mausoléu. Na esquina seguinte fica a mais antiga ***khanqah*** do Cairo, construída em 1306 pelo sultão Baybars 2º. Há belos painéis de mármore no mausoléu e um típico minarete mameluco antigo. Diversas outras *wikalas*, em vários estágios de conservação, podem ser vistas ao longo da rua. Muitas são centros comerciais de café e especiarias, mas algumas ainda abrigam hóspedes.

7-8

Pouco antes de você chegar ao portal da Bab an Nasr, à sua esquerda fica a grande *wikala* **de Qaytbey**, de 1481, com a típica planta de um grande pátio central rodeado de lojas e armazéns no térreo e quartos para os mercadores no andar superior. O **Bab an Nasr** (Portal da Vitória), com as duas torres quadradas, faz parte das fortificações fatímidas. Saia do portal pegando à esquerda até **Bab al-Futuh** (➤ 56) e volte pelo portão pela Sharia al-Muizz li-Din Allah até a Sharia al-Azhar, onde você pode pegar um táxi.

FAÇA UMA PAUSA

Pare em Khan al-Khalili (➤ 71) e fume um narguilé ou tome um drinque no café Al-Fishawi (➤ 75) ou no Naguib Mahfouz Café (➤ 76), na rua principal do bazar. A ala do restaurante do Naguib Mahfouz também serve boas mezze e alguns pratos orientais. Também há vários cafés na Sharia Bab al-Wazir.

2 PASSEIO PELA NECRÓPOLE DE TEBAS

Passeio de Bicicleta

DISTÂNCIA 16km **TEMPO** 1 dia (comece cedo, em especial no verão, quando faz calor demais para passear ao sol do meio-dia) **PONTO INICIAL/FINAL** Terminal de barcos na Margem Oeste, Luxor (dê a volta e cruze a ponte ao sul de Luxor ou leve a bicicleta no barco local em frente ao Templo de Luxor) 202 B4

A bicicleta é o melhor meio de explorar os incríveis túmulos e templos mortuários da necrópole de Tebas e dar-lhe uma noção melhor da área rural egípcia. Este passeio percorre belas aldeias de costumes ainda tradicionais, com muitas casas pintadas com motivos que marcam peregrinações a Meca. Você verá gente trabalhando no campo ou crianças indo à escola, que podem acenar para você ou dar-lhe um largo sorriso. Passeie devagar, em sintonia com o ritmo da região.

Há várias lojas que alugam bicicletas na Sharia al-Mahatta (Rua da Estação) na Margem Leste, mas você pode conseguir equipamentos melhores, mais caros, em hotéis como o Sheraton, Mercure Inn e Windsor. Lembre-se de checar a bicicleta antes de alugá-la e insista em carregar uma bomba de ar, pois as condições das estradas e trilhas nem sempre são boas. No verão, pode fazer calor demais para este passeio, mas mesmo no inverno leve chapéu e filtro solar. Tome muita água para evitar a desidratação.

Colossos de Memnon, chamados também de "Timthileen"

1-2
Ao chegar à Margem Oeste, pedale por 10-15 minutos até a bilheteria no cruzamento antes da Deir al-Medina. No caminho, depois do canal al-Fadliya, à direita, note a bela aldeia de **Nova Gurna**, erguida pelo arquiteto egípcio Hasan Fathy. Ela foi uma tentativa fracassada de relocar os habitantes da Velha Gurna, cujas casas ficavam sobre os túmulos antigos. Mais à direita estão os **Colossos de Memnon**, voltados para os campos de cana. Estas imensas estátuas de Amenófis 3º, do século 14 a.C., são tudo o que restou de seu templo mortuário. Na bilheteria, à esquerda no cruzamento, compre ingressos para os locais que não vendem bilhetes na entrada.

2-3
Volte em direção aos colossos, pegue a primeira à direita junto ao canal, e depois vire à direita de novo até a entrada do **Templo de Madinet Habu** (➤ 98).

3-4
Vire à esquerda ao sair do templo e após 100m continue na estrada de terra no sentido da bilheteria e do cruzamento principal. Siga a placa para **Deir al-Medina** (➤ 99-100).

4-5
Pedale de volta até o cruzamento e vire à esquerda para visitar os **Túmulos dos Nobres** (➤ 96-97). Deixe a bicicleta no estacionamento de automóveis, em frente ao Ramesseum. Ande de volta até o **Ramesseum** (➤ 100-101), onde poderá relaxar e fazer um piquenique sob as árvores, ou almoçar comida egípcia simples no Marsam Hotel, logo depois do templo.

Pinturas coloridas com o tema da peregrinação decoram uma parede na Velha Gurna

5-6
Vire à direita (norte) na estrada e depois pegue a primeira estrada à esquerda em direção a **Deir al-Bahri** (➤ 94-95).

6-7
De volta à estrada principal, vire à esquerda, vá até o cruzamento e depois vire à direita. A casa com cúpula no alto do morro foi de Howard Carter, descobridor dos tesouros de Tutancâmon. Se você gosta de templos, pare no templo mortuário de Seti 1º, que tem belos entalhes nas paredes, ou visite o cemitério do outro lado da rua. Siga pela mesma estrada até o canal e vire à direita. No cruzamento de Nova Gurna vire à esquerda de volta ao barco.

FAÇA UMA PAUSA
Pare para tomar algo no café Maratonga, em frente ao Templo de Madinet Habu, ou no café perto dos Túmulos dos Nobres.

3 PASSEIO PELO DESERTO DO SINAI

Passeio de Carro

DISTÂNCIA Cerca de 492km **TEMPO** De preferência dois dias, para poder pernoitar no Mosteiro de Santa Catarina e ver o nascer do sol no monte Sinai **PONTO INICIAL/FINAL** Sharm el-Sheikh, mas você pode também começar o passeio em Dahab ou em Nuweiba 201 E3

A estrada que cruza as montanhas da península do Sinai é uma das mais bonitas do Egito, talvez até da África. Há muitos passeios partindo de Sharm el-Sheikh, mas eles tendem a ser corridos e não permitem a você parar onde quiser para apreciar a vista ou andar pelo deserto. Este é um passeio longo, melhor aproveitado se for feito em dois dias, e obrigatório em qualquer viagem ao Egito.

Embora este passeio percorra um trajeto muito popular, lembre-se de que está atravessando um deserto; por isso, garanta combustível e água suficientes. Cuidado ao sair da estrada principal, pois ainda há muitas minas enterradas no Sinai, herança das guerras árabe-israelenses – e não invada nenhuma área cercada. Atenção aos camelos, que às vezes cruzam a estrada na frente dos veículos.

Alugar um carro pode ser uma loteria, por isso inspecione bem o veículo antes de aceitá-lo e certifique-se de ter um número para ligar caso haja algum problema.

Beduínos e camelos se reúnem em um acampamento ao entardecer

1-2

Saia de Sharm el-Sheikh pela estrada, indo para o norte, para o aeroporto e Dahab. Depois de cerca de 8km a estrada se bifurca; pegue o trecho da esquerda para Dahab. Daqui, a estrada segue adiante pelas montanhas, que são coloridas em muitos pontos por veios de minerais. O deserto é principalmente de pedras e cascalho, definido por montanhas sem vegetação e vales e planícies entre elas. Exceto por algum carro ou ônibus, o lugar será todo seu, embora conforme a época do ano possa haver também algum acampamento de beduínos. A estrada desce de novo para o litoral ao chegar a um posto policial (87km). Daqui você pode seguir para Dahab (8km) para nadar um pouco e tomar algo, ou continuar no sentido norte pelo deserto em direção a Nuweiba. No cruzamento principal, cerca de 130km de Sharm el-Sheikh, pegue a entrada à esquerda em direção ao Mosteiro de Santa Catarina.

Paisagem do deserto do Sinai

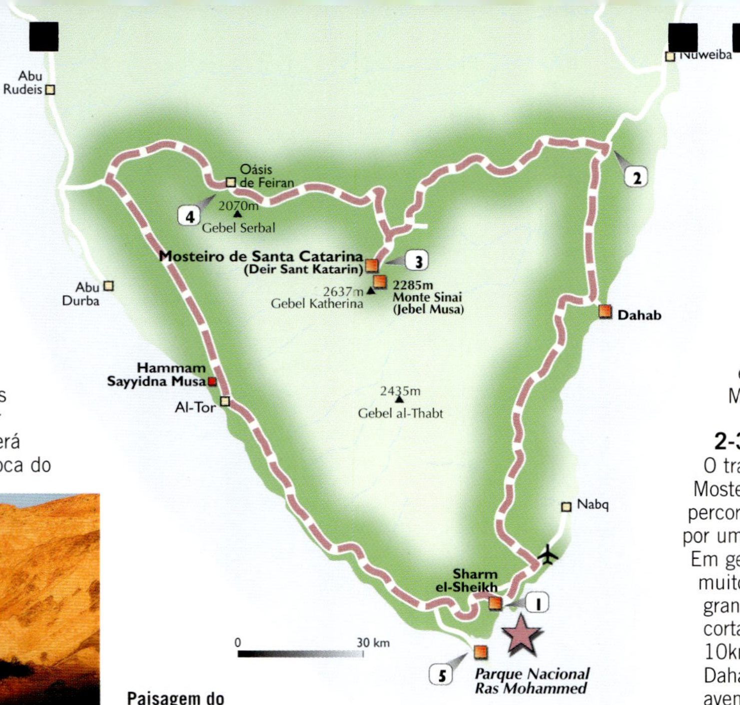

2-3

O trajeto pelo deserto do Sinai até o Mosteiro de Santa Catarina (122km) percorre uma estrada boa, passando por uma paisagem bonita e inóspita. Em geral, é fácil dirigir aqui e há muitos lugares para parar e admirar os grandes *wadis* (leitos secos de rio) que cortam a península. O Wadi Ghazala, 10km depois do posto policial de Dahab, é acessível. Se você quiser aventura pode seguir um trecho por ele, embora talvez seu carro não goste

FAÇA UMA PAUSA
Sharm el-Sheikh, Dahab e a área de Santa Catarina têm locais onde comer e beber, e você pode também fazer lanches em Wadi Feiran.

muito da ideia. Também nesta estrada fica o posto da MFO, força multinacional que controla a paz entre Egito e Israel.

Há vários lugares para visitar perto da vila de Santa Catarina, a começar pelo mosteiro (➤ 160-162). A subida do monte Sinai, onde dizem que Moisés recebeu os Dez Mandamentos, é fatigante, mas vale a pena por sua atmosfera e pelas vistas das montanhas. A área em volta de Santa Catarina é um protetorado onde foram abertas várias trilhas para caminhadas. Obtenha detalhes no escritório oficial (ao lado do estacionamento do mosteiro).

3-4

A estrada depois de Santa Catarina percorre amplos *wadis* por 45km, quando as montanhas se fecham de novo. Aqui começa o Wadi Feiran, ladeado de palmeiras. Os antigos cristãos identificavam-no com o êxodo de Moisés e o lugar se tornou importante – a ponto de merecer um bispo. As ruínas da catedral e do antigo assentamento estão sendo escavadas no oásis de Feiran. Pode-se visitar o convento perto daqui (pergunte se está aberto no Mosteiro de Santa Catarina ou toque a campainha). Nas montanhas há vários abrigos de eremitas.

4-5

Após vencer o deserto, 45km depois de Feiran, chega-se à estrada litorânea ocidental do Sinai. Vire à esquerda aqui, seguindo as placas para Tor, pela estrada que volta a Sharm el-Sheikh, distante 160km. Para o sul, a estrada corta uma planície ampla e deserta, com montanhas de 2 mil metros à sua esquerda. Uns 57km depois do cruzamento uma estrada segue à direita, por um pequeno oásis, até o **Hammam Sayyidna Musa** ("Banho de Nosso Senhor Moisés"), fonte termal há muito usada por suas propriedades medicinais. A fazenda daqui produz alimentos para o Mosteiro de Santa Catarina. Adiante fica Tor, que já foi o principal porto do golfo para peregrinos que voltavam de Meca. O **Parque Nacional Ras Mohammed** (➤ 163) fica a 87km daqui, e Sharm el-Sheikh, a 27km.

Família de beduínos pastoreando carneiros e cabras no deserto do Sinai

Para detalhes sobre itinerários no Sinai, leia *The Red Sea Coasts of Egypt*, de Jenny Jobbins (AUC Press, à venda no Egito).

Informações Úteis

ANTES DE VIAJAR

DO QUE VOCÊ PRECISA

● Exigido
○ Sugerido
▲ Opcional
△ Não se aplica

As exigências para entrar no país dependem da nacionalidade e podem mudar sem aviso. Verifique antes de partir e acompanhe notícias que possam afetar sua situação.

	Brasil	Alemanha	EUA	Canadá	Austrália	Irlanda	Holanda	Espanha
Passaporte (válido por seis meses)/Carteira de identidade	●	●	●	●	●	●	●	●
Visto (pode ser obtido na chegada em alguns aeroportos; verificar)	●	●	●	●	●	●	●	●
Passagem de volta ou de prosseguimento da viagem	▲	▲	▲	▲	▲	▲	▲	▲
Vacina contra febre amarela (tétano e pólio: sugerido)	●	○	○	○	○	○	○	○
Documentação de saúde	▲	▲	▲	▲	▲	▲	▲	▲
Seguro de viagem	○	○	○	○	○	○	○	○
Carteira de habilitação (nacional ou internacional)	●	●	●	●	●	●	●	●
Seguro do carro (se for de sua propriedade)	●	●	●	●	●	●	●	●
Documentos do carro (se for de sua propriedade)	●	●	●	●	●	●	●	●

QUANDO IR

Cairo

Alta temporada — Baixa temporada

JAN	FEV	MAR	ABR	MAI	JUN	JUL	AGO	SET	OUT	NOV	DEZ
Alta temporada	Alta temporada	Baixa temporada	Baixa temporada	Baixa temporada	Baixa temporada	Baixa temporada	Baixa temporada	Baixa temporada	Baixa temporada	Alta temporada	Alta temporada
18°C	21°C	23°C	27°C	32°C	34°C	35°C	35°C	32°C	30°C	23°C	18°C
Ensolarado com pancadas de chuva	Ensolarado	Ensolarado	Ensolarado	Ensolarado	Ensolarado	Ensolarado	Ensolarado	Ensolarado	Ensolarado	Ensolarado	Ensolarado com pancadas de chuva

Ensolarado — Ensolarado com pancadas de chuva

As temperaturas correspondem à **média diária máxima** para cada mês, mas diferem bastante entre a noite e o dia e ao longo do país. O litoral mediterrâneo é sempre mais fresco, e Cairo é muito quente de junho a setembro. O ar fica mais seco em direção ao sul, mas embora o Alto Egito seja sempre quente, as noites podem ser frias. Março e abril são os meses do *khamseen*, um vento quente e forte que traz areia do Saara. Os meses de inverno podem ser bem frios e muitas vezes chove na época do Natal. A temporada turística vai de novembro a fevereiro, mas Cairo e Luxor são frias nesta época e os hotéis ficam lotados. A melhor época para uma visita é maio, ou então outubro/novembro, depois que o verão quente e longo terminou.

INFORMAÇÕES PRÉVIAS

Sites

■ www.touregypt.net
Site oficial do Ministério do Turismo do Egito.

■ www.sis.gov.eg
Site com informações gerais sobre o Egito, com dados sobre turismo e cultura.

■ www.yallabina.com
Informações sobre diversão, restaurantes e vida noturna no Cairo.

No Reino Unido e Irlanda

Egyptian House
3rd Floor, 170 Piccadilly
Londres W1
☎ 020 7493 5283

COMO CHEGAR

De avião Não há voos diretos do Brasil para o Egito, mas é possível fazer conexão em alguma cidade europeia que tenha voos para lá. A KLM oferece um voo de São Paulo para o Cairo, com escala em Amsterdã ou Paris. A Lufthansa tem voos regulares saindo do Brasil com escala em Frankfurt. Os aviões da Alitália fazem escala em Roma; os da Iberia, em Madri. Já a TAM oferece voos para o Cairo com conexão em Frankfurt, Londres ou Paris.
Por mar Há barcos duas vezes por semana, de maio a novembro, de Port Said a Limassol, no Chipre. Bilhetes e informações na Canal Tours, em Port Said (tel. 066-332 1874/ 012-798 6338; canaltours@bec.com.eg). Também em Port Said, a Mena Tours (tel. 066-322 5742/323 3376) vende passagens para barcos não regulares entre Port Said e Beirute ou Antália (Turquia). Há ótimos e rápidos barcos entre Nuweiba, no Sinai, e Ácaba, na Jordânia, e as passagens são vendidas no porto de Nuweiba no dia da partida. Várias empresas marítimas operam barcos de Hurghada a diversos portos da Arábia Saudita.
De ônibus Há ônibus de Tel Aviv, Jerusalém e Eilat, em Israel, para o Sinai e o Cairo, que cruzam a fronteira em Rafah ou Taba. A fronteira em Rafah está temporariamente fechada. Ônibus frequentes ligam o Cairo a Trípoli e Benghazi, na Líbia. Não é possível obter visto na fronteira do Egito ao entrar por terra, e é provável que você enfrente longas esperas nos cruzamentos de fronteira.
De carro Devido à complicada burocracia, entrar de carro no Egito é uma das opções menos populares. É permitido trazer um carro para o Egito por três meses quando se dispõe de um *international triptyque* ou de um *carnet de passage de douane*, expedidos pelo automóvel clube do país onde o carro está registrado.

FUSO HORÁRIO

O Egito está 2 horas à frente do Tempo Médio de Greenwich, ou 3 horas à frente, do início de maio ao início de outubro. Mas lembre-se de que o tempo é um conceito bastante maleável no Egito.

MOEDA E CÂMBIO

Moeda A unidade básica de moeda no país é a libra egípcia (LE, *guineh* em árabe). Ela se divide em 100 piastras (PT, *irsh* em árabe). As **notas** têm valores de 5, 10, 20, 25 e 50 piastras e 1, 5, 10, 20, 50, 100 e 200 libras, e há também **moedas** de 10, 20 e 25 piastras. Os valores pequenos são úteis para as *baksheesh*. Em geral, a economia egípcia funciona à base de dinheiro vivo, por isso sempre carregue dinheiro suficiente para as suas necessidades.
Travellers' cheques, de preferência em dólares americanos, podem ser trocados em todas as agências bancárias e casas de câmbio, mas isso pode ser complicado e costuma-se cobrar uma taxa pela operação.
Cartões de crédito são amplamente aceitos em bancos, hotéis e em alguns restaurantes, mas é sempre bom confirmar antes. Estabelecimentos menores e lojas preferem dinheiro vivo.
Caixas automáticos Nos hotéis cinco-estrelas e agências de banco dos resorts turísticos o número de caixas automáticos é cada vez maior. A maioria das cidades tem vários deles, que aceitam quase todos os cartões ocidentais.

Em Nova York	**Em Los Angeles**	**No Canadá**
630 Fifth Avenue Suite 1706, Nova York NY 10111 ☎ 212/332-2570	8383 Wiltshire Blvd Suite 215 Beverly Hills CA 90211 ☎ 323/653-8815	1253 McGill College Av, Suite 250, Montreal Quebec H3B 2Y5 ☎ 514/861-4420

QUANDO ESTIVER LÁ

TAMANHO DAS ROUPAS

Brasil	Egito	
46	46	Ternos
-	48	Ternos
48	50	Ternos
-	52	Ternos
50	54	Ternos
52	56	Ternos
41	41	Calçados
42	42	Calçados
43	43	Calçados
44	44	Calçados
45	45	Calçados
46	46	Calçados
36	37	Camisas
37	38	Camisas
39	39/40	Camisas
40	41	Camisas
41	42	Camisas
42	43	Camisas
38	38	Vestidos
40	40	Vestidos
42	43	Vestidos
44	44	Vestidos
46	46	Vestidos
46	48	Vestidos
36	36	Calçados
-	37	Calçados
37	38	Calçados
-	39	Calçados
38	40	Calçados
-	41	Calçados

FERIADOS

1º jan	Ano-Novo
7 jan	Natal copta
Mar/abr	Sham an-Nessim
25 abr	Dia da Libertação do Sinai
1º mai	Dia do Trabalho
18 jun	Dia da Evacuação
23 jul	Dia da Revolução
6 out	Dia das Forças Armadas
24 out	Dia da Vitória de Suez

O Egito também segue feriados muçulmanos e o Ramadã, o mês do jejum. As datas seguem o calendário lunar, e retrocedem 11 dias por ano.

HORÁRIOS DE FUNCIONAMENTO

Lojas · Escritórios · Bancos · Agências de correio · Museus/Monumentos · Farmácias

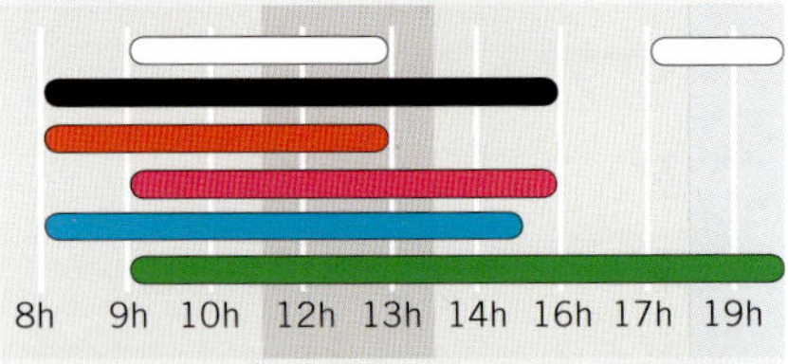

Manhã · Meio-dia · Noite

Estes horários podem variar. Nas áreas turísticas, as lojas costumam ficar abertas o dia todo até bem tarde, especialmente na alta temporada.

Os bancos nas áreas turísticas geralmente ficam abertos o dia todo até bem tarde. Os bancos do aeroporto do Cairo e nos hotéis Marriott e Nile Hilton do Cairo são 24 horas. Museus e monumentos fecham entre 11h e 13h às sextas para orações. Os correios abrem de sábado a quinta. As farmácias fecham às 21h.

Durante o Ramadã, tudo tende a abrir uma hora mais tarde e a fechar uma ou duas horas antes, mas lojas e alguns escritórios normalmente reabrem das 20h às 22h.

DIFERENÇAS DE FUSO HORÁRIO

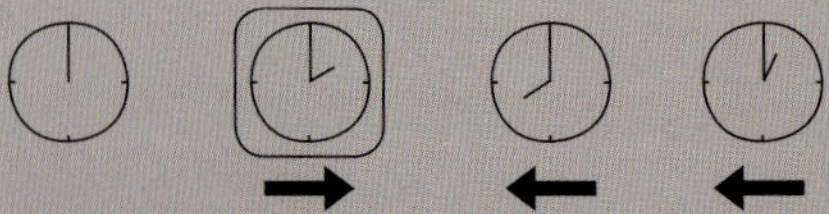

GMT 12h · Egito 14h · Brasil 8h · Europa 13h

SEGURANÇA PESSOAL

Pequenos crimes são raros, mas como em qualquer lugar fique atento às suas coisas em áreas movimentadas de turismo e em ônibus lotados.

- Deixe objetos de valor no cofre do hotel. Carregue apenas o indispensável.
- Há severa vigilância contra drogas, com multas por posse e pena de prisão perpétua ou forca por tráfico ou contrabando.
- Estrangeiros que viajam entre cidades no Médio e Alto Egito em geral têm de se deslocar em comboios com escolta policial.

Polícia de Turismo:
☎ 126

TELEFONES

Até recentemente, as chamadas internacionais só podiam ser feitas em postos específicos de telefones e telégrafos, mas hoje o Egito tem uma ampla rede de telefones operada pela Menatel e pela Nile Communications. Elas fazem ligações locais, nacionais e internacionais. Cartões telefônicos de LE 10, 20 e 30 podem ser adquiridos em postos telefônicos e em lojas e quiosques que tenham um adesivo com o logo da Menatel. Também é possível fazer ligações locais em cabines operadas por moedas, lojas, hotéis e quiosques, mas são mais caras que as efetuadas em aparelhos da Menatel.

CORREIOS

Compre selos em agências de correio, lojas de suvenires e bancas em hotéis. Cartas aéreas levam uma semana: poste-as no hotel ou no correio; evite caixas de coleta de rua. O correio central do Cairo (24 horas) fica na Midan al-Ataba.

ELETRICIDADE

A corrente elétrica é de 220V e as tomadas são para plugues de dois pinos redondos. É bom trazer adaptador. Conforme o aparelho que você trouxer, providencie também um transformador de voltagem.

GORJETAS

Gorjetas são esperadas e podem ser a principal ou única fonte de renda de alguns atendentes. A regra é:

Restaurantes	✓	8-10% (se não estiver incluso)
Cafés/Bares	✓	10%
Guias turísticos	✓	LE 20-50
Estacionamento	✓	LE 5-10
Táxi	✓	Combine antes, 5-10%
Equipe do hotel	✓	LE 20
Banheiros	✓	PT 50-LE 2

POLÍCIA 122

POLÍCIA DE TURISMO 126/02-395 9116 (CAIRO)

BOMBEIROS 180

AMBULÂNCIA 123

SAÚDE

Seguro O Egito tem médicos bem qualificados e bons hospitais, em especial no Cairo e em Alexandria. Faça seguro de viagem com cobertura de saúde. Guarde todas as receitas e boletins médicos para reembolso posterior.

Serviços odontológicos Numa emergência contate sua embaixada para obter uma lista de dentistas que falem inglês. Verifique se seu seguro cobre esses casos. Dentista que fala inglês no Cairo: Dr. Sabri Karnouk, Sharia Talaat Harb, em frente ao Cinema Metro, tel. 02-575 8392.

Tempo Aplique filtro solar de alto fator de proteção, vista roupas leves de algodão e use óculos de sol e chapéu. Café e álcool desidratam; em vez disso, tome pelo menos 3 litros de água por dia.

Remédios Os farmacêuticos *(saydaliya,* em árabe) geralmente falam inglês e podem recomendar tratamento para pequenos problemas. São muitos os remédios vendidos sem receita (e baratos). Cheque o prazo de validade e a bula para ver se é o que você precisa. Geralmente as cidades principais e resorts têm farmácia 24 horas.

Água Pode-se beber água da torneira nas cidades, mas prefira água mineral em outros locais. Evite cubos de gelo na bebida.

DESCONTOS

Estudantes e jovens
Museus e atrações oferecem 50% de desconto nos ingressos e há também descontos em passagens de trem e avião para estudantes que tenham o cartão oficial de estudante. Pode-se obter um ISIC Student Card no Egyptian Student Travel Services, Sharia al-Manyal, 23, Ilha de Roda, Cairo (tel. 02-531 0330; www.estsegypt.com). Você precisa de uma foto para passaporte e prova de que é estudante.

Idosos
Não há descontos para idosos.

NECESSIDADES ESPECIAIS

Não há acessos especiais para portadores de deficiência. Assim, visitar as principais atrações pode ser um desafio, embora os egípcios se disponham sempre a ajudar. A **Egypt for All** (tel. 02-311 3988; www.egyptforall.com) é especializada em visitantes com problemas de mobilidade.

CRIANÇAS

As crianças são bem-vindas em toda parte e costumam atrair atenção e carinho. Os melhores hotéis têm cadeirões, berços e babás, mas não espere muito em termos de dependências para cuidados infantis.

BANHEIROS PÚBLICOS

Os banheiros públicos são do tipo sentado, agachado e em pé, mas costumam ter pouco asseio. Em vez de papel, oferece-se um balde de água ou chuveirinho. Para algo mais confortável, use os banheiros de hotéis e restaurantes de qualidade.

ALFÂNDEGA

Levar suvenires feitos de espécies animais raras ou em risco de extinção pode ser ilegal ou exigir uma autorização especial. Cheque as normas da alfândega do seu país de origem.

EMBAIXADAS E CONSULADOS

Embaixada do Egito no Brasil
Av. das Nações Lote 12
70435-900, Brasília, DF
☎ (61) 3323-8800;
www.opengate.com.br/embegito

Escritório Comercial em São Paulo
Av. Paulista, 726, 8º andar
conj. 802, 01310-100
☎ (11) 3284-8184;
e-mail: emb.egito@sti.com.br

Consulado-Geral no Rio de Janeiro
R. Muniz Barreto, 741
Botafogo, 22251-090
☎ (21) 2554-6664

A língua oficial do Egito é o árabe, mas o inglês é ensinado nas escolas. As pessoas gostam de praticar uma língua estrangeira, mas se você conseguir dizer umas poucas palavras em árabe isso será muito bem recebido. A seguir você encontra uma transcrição fonética da escrita árabe. As palavras ou letras entre parênteses indicam a forma exigida quando nos dirigimos a uma mulher ou quando é ela que fala.

SAUDAÇÕES E PALAVRAS COMUNS

Sim **Aywa, na'am**
Não **Laa**
Por favor **Min fadlak (fadlik)**
Obrigado **Shukran**
De nada **Afwan**
Olá *para muçulmanos* **As salaamu alaykum**
Resposta **Wa alaykum as salaam**
Olá *para coptas* **Saeeda**
Bem-vindo **Ahlan wa sahlan**
Resposta **Ahlan bik(i)**
Adeus **Ma'a salaama**
Bom dia **Sabaah al-kheer**
Resposta **Sabaah en nur**
Boa noite **Masaa al-kheer**
Resposta **Masaa en nur**
Como vai? **Izzayak (Izzayik)**
Bem, obrigado(a) **Kwayyis(a) il hamdulillaah**
Se Deus quiser **Inshallah**
Está bem **Ma feesh mushkila**
Sinto muito **Ana aasif (asfa)**
Por favor **An iznak (iznik)**
Meu nome é... **Ismee...**
Você fala inglês? **Bititkallim(i) ingileezi**
Eu não entendo **Ana mish faahem (fahma)**
Eu entendo **Faahem (Fahma)**
Não falo árabe **Ana mish aarif (arfa) arabi**

SE PRECISAR DE AJUDA

Socorro! **el ha'nee!**
Ladrão! **Haraami!**
Polícia **Shurta; bulees**
Fogo **Hareea**
Hospital **Mustashfa**
Vá embora **Imshee**
Me deixe em paz! **Bass kifaaya!**
Onde é o banheiro? **Feyn it twalet?**
Estou doente **Ana ayyaan(a)**
Precisamos de um médico **Ayzeen duktoor**

COMPRAS

Loja **dukkan**
Gostaria de... **Ayyiz (Ayza)**
Estou só olhando **Batfarrag bass**
Quanto...? **Bi kaam?**
Esta é minha última oferta **Aakhir kalaam**
É caro demais **Da ghali awi**
Vou levar este **Aakhud da**
Bom/ruim **Kwayyis/mish kwayyis**
Barato **Rakhees**
Grande/pequeno **Kabeer(a)/sughayyar**
Aberto/fechado **Maftooh/makfool**

ORIENTAÇÕES

Estou perdido **Mush aarif ana feen**
Onde fica...? **Feyn...?**
Aeroporto **Mataar**

NÚMEROS

0	**sifr**	14	**arbahtaashar**
1	**wahid**	15	**khamastaashar**
2	**itnayn**	16	**sittaashar**
3	**talaata**	17	**sabahtaashar**
4	**arbah**	18	**tamantaashar**
5	**khamsa**	19	**tisahtaashar**
6	**sitta**	20	**ashreen**
7	**sabaa**	21	**wahid wa-ashreen**
8	**tamanya**	30	**talaateen**
9	**tesah**	40	**arbaeen**
10	**ashara**	50	**khamseen**
11	**hidaashar**	100	**miyya**
12	**itnaashar**	1000	**alf**
13	**talataashar**		

DIAS

Hoje	**innaharda**
Amanhã	**bukra**
Ontem	**imbaarih**
Hoje à noite	**innaharda bileel**
Manhã	**issubh**
Noite	**massa**
Mais tarde	**bahdeen**
Segunda	**youm al-itnayn**
Terça	**youm at talaat**
Quarta	**youm al-arbah**
Quinta	**youm al-khamees**
Sexta	**youm al-gumah**
Sábado	**youm is sabt**
Domingo	**youm al-hadd**

Barco **Markab**
Terminal de ônibus **Mahattat al-autubees**
Igreja **Kineesa**
Embaixada **Sifaara**
Mercado **Souk**
Mesquita **Gaama; masgid**
Museu **Mathaf**
Praça **Midaan**
Rua **Shaari**
Ponto de táxi **Mahattat at taxiyat**
Estação **Mahattat al-atr**
É perto/longe? **Da urayyib/baeed?**
Quantos quilômetros? **Kaam keelu?**
Aqui/ali **Hinna/hinnaak**
Esquerda/direita **Shimaal/yimeen**
Em frente **Ala toul**
Quando sai o ônibus/chega? **Al autubees yisaafir/ yiwsal emta?**
Quero um táxi **Ayyiz / ayza taks**
Pare aqui **Hina kwayyis**
Bilhete de volta **Tazkara raayih gayy**
Passaporte **Basbuur**
Ônibus **Autubees**
Carro **Arabiya**
Trem **Atr**

RESTAURANTES: Al-matam

Gostaria de comer... **Ana ayyiz aakal...**
O que é isto? **Eeh da (di)?**
Álcool/cerveja **Khamra/beera**
Pão **Aysh**
Café/chá **Qahwa/shay**
Carne **Lahma**
Água mineral **Mayya madaniya**
Leite **Halib**
Sal e pimenta **Malh wa filfil**
Vinho tinto/branco **Nabit ahmar/abyad**
Café da manhã **Fitaar**
Almoço **Ghada**
Jantar **Asha**
Mesa **Tarabeeza**
Garçom **Raees**
Cardápio **Cart/menu**
Conta **Al-hisab**
Bom apetite **Bi l hana wa shiffa**

DINHEIRO: Filoos

Onde fica o banco? **Feen al-bank?**
Libra egípcia **Guineh masri**
Meia libra **Nuss guineh**
Piastra **Irsh**
Troco **Fakka**
Agência de correio **Bosta**
Correio **Barid**
Travellers' cheque **Travellers' cheque**
Cartão de crédito **cart**

GLOSSÁRIO

Ahwa café, cafeteria
Amir líder militar dos mamelucos
Baksheesh esmola, gorjeta ou propina
Barque barco de três mastros
Beejou lotação do Estado
Cartouche grupo de hieroglifos representando o nome de um líder, em geral esculpido numa parede ou tabuleta
Calèche charrete puxada a cavalo
Califa líder durante a dinastia islâmica fatímida (séculos 10-12)
Caravançarai alojamentos para viajantes e animais, em volta de um pátio
Corniche estrada costeira
Faiança cerâmica vitrificada, às vezes revestindo um minarete
Felucca barco à vela egípcio
Fuul cozido de fava muito comum
Hipostilo parte do templo sustentada por pilares
Iwan espaço abobadado em volta do pátio de uma mesquita ou madraçal
Khanqah mosteiro sufi
Khedive o quediva, vice-rei do Egito sob o domínio turco no século 19
Kushari mistura picante de feijão, massa e arroz
Kuttab escola corânica para meninos
Madraçal escola corânica
Mamelucos soldados-escravos que fundaram uma dinastia muçulmana a partir dos séculos 13-16
Maristan hospital (islâmico)
Mastaba túmulo
Mezze pratinhos de comida, petiscos
Midan praça
Mina terminal de barcos
Moulid festa religiosa, em geral no aniversário de nascimento de um santo
Pilone portão de templo formado por duas torres piramidais truncadas
Ptolomeus governantes do Egito entre 323-30 a.C.
Sabil fonte pública
Sahn pátio
Sharia rua
Shawarma carne assada no espeto
Sheesha narguilé, para fumar tabaco (aromatizado) fazendo passar a fumaça por um recipiente de água para resfriá-la
Souk mercado
Taamiya feijão-fava frito e temperado
Tarboush chapéu fez, um quepe tradicional, vermelho, cônico, com uma franja preta, usado por alguns homens islâmicos
Vizir governador

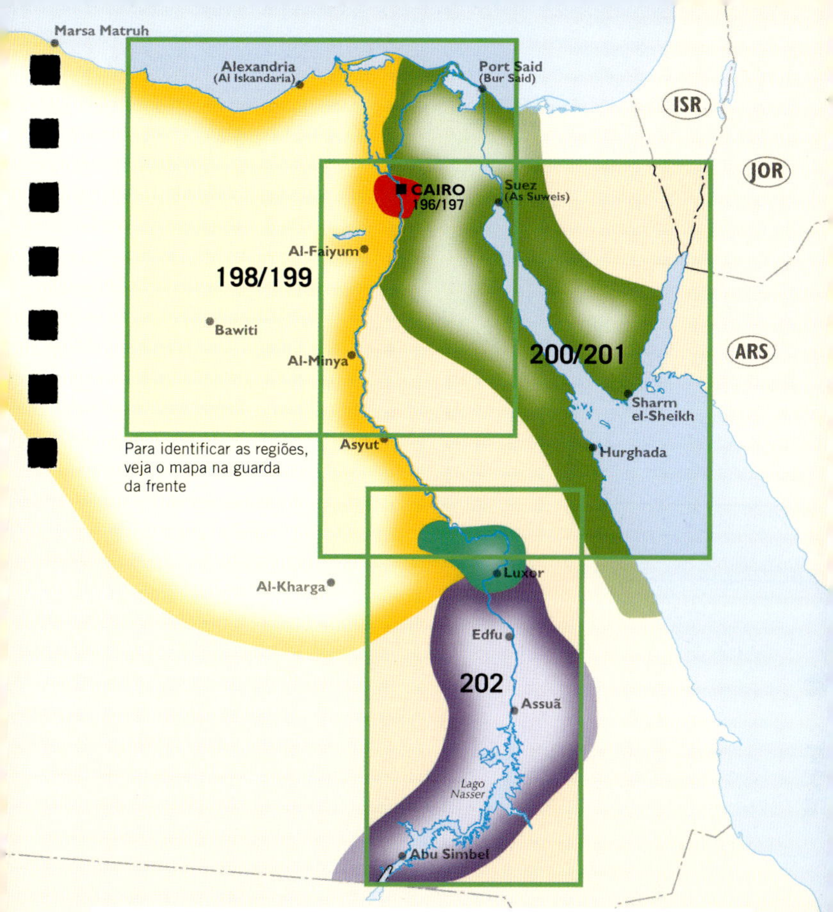

Para identificar as regiões, veja o mapa na guarda da frente

Mapas das Cidades

- Rodovia
- Estrada principal
- Outra estrada
- Ferrovia
- Muralha
- Construção importante

196/197 — 0 — 500 m

- Parque/Jardim/Cemitério
- Local de interesse
- Estação de metrô

Mapas Regionais

- Rodovia de mão dupla
- Estrada principal
- Estrada secundária
- Ferrovia
- Depressão
- Área urbana

- Cidade/Vilarejo
- Aeroporto
- Local de interesse
- Altura em metros

198–202 — 0 — 40 km

Mapas

Cairo/Al Qahira

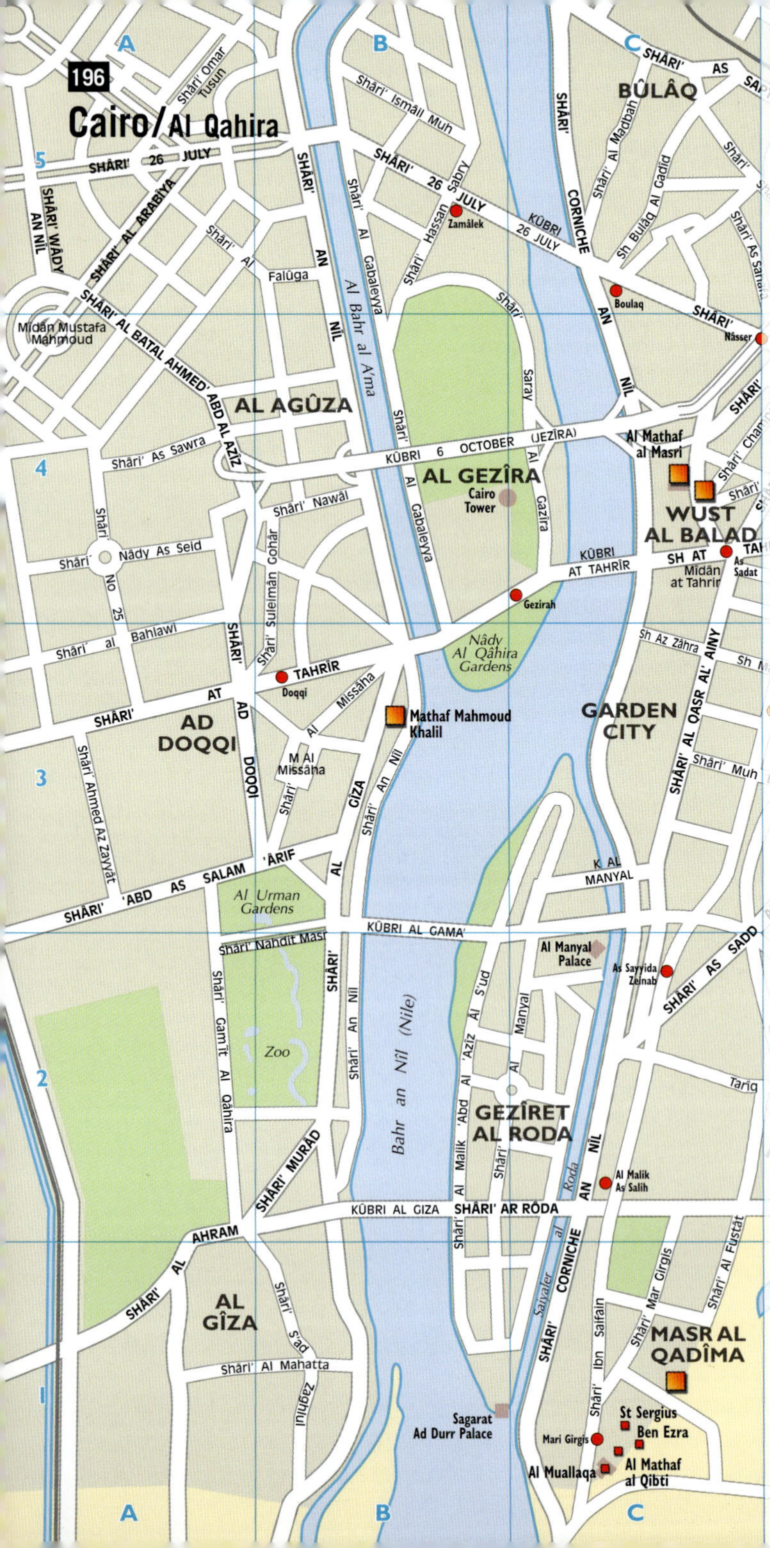

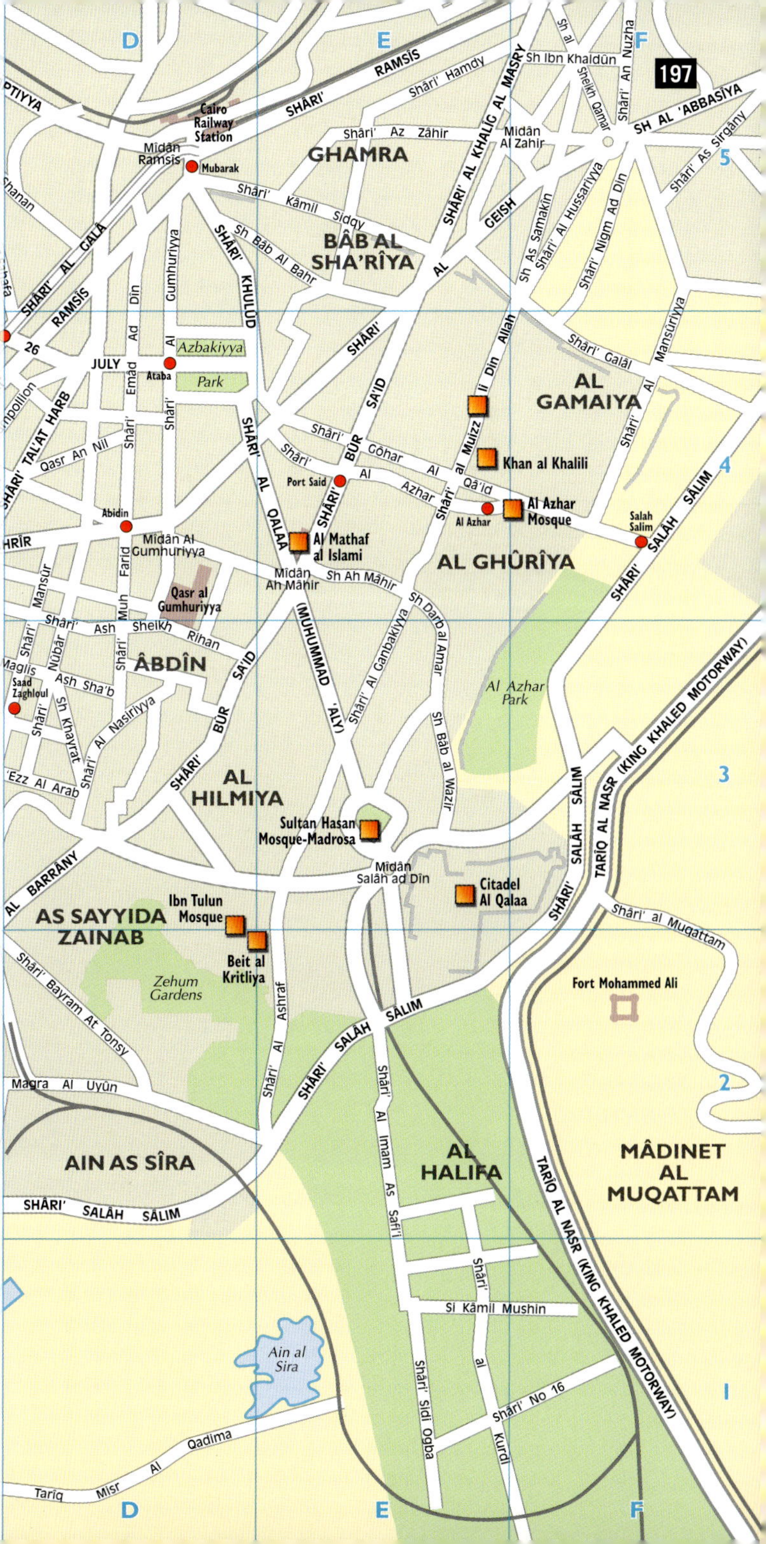
D
E
F
5
4
3
2
1
Cairo Railway Station
Mîdân Ramsîs
Mubarak
Shâri' Ramsîs
Shâri' Hamdy
Sh Ibn Khaldûn
Shâri' An Nuzha
Sheikh Qamar
Sh al
Sh al 'Abbasîya
Shâri' As Sirgâny
Mîdân Al Zahir
Shâri' Az Zâhir
GHAMRA
Shâri' Al Khalîg Al Masry
Geish
Shâri' Kâmil Sidqy
Sh Bâb Al Bahr
BÂB AL SHA'RÎYA
Shâri' Khulûd
Shâri' Al Galâ
Shâri' Ramsîs
Ad Dîn
Gumhuriyya
Al
Azbakiyya
Park
Ataba
26 July
Emad
Shâri'
Sh As Samakîn
Shâri' Al Hussariyya
Shâri' Nigm Ad Dîn
Mansuriyya
Shâri' Galâl
Shâri' Bûr Sa'îd
Al Muizz li Dîn Allah
AL GAMAIYA
Khan al Khalili
Shâri' Gôhar Al Qâ'id
Shâri' Al Azhar
Al Azhar
Al Azhar Mosque
Port Said
Shâri' Al Qalaa
Al Mathaf al Islami
Salah Salim
Shâri' Salâh Salim
Shâri' Tal'at Harb
Champollion
Qasr An Nil
Abidin
Mîdân Al Gumhuriyya
Mansûr
Farîd
Muh
Qasr al Gumhuriyya
Mîdân Ah Mâhir
Sh Ah Mâhir
AL GHÛRÎYA
Shâri' Ash Sheikh Rihan
Nûbâr
Sh Maglis
Saad Zaghloul
ÂBDÎN
Ash Sha'b
Sh Khayrat
Shâri' Al Nasiriyya
(Muhummad 'Aly)
Shâri' Al Ganbakiyya
Sh Darb al Amar
Sh Bâb al Wazir
Al Azhar Park
'Ezz Al Arab
AL HILMIYA
Shâri' Bûr Sa'îd
Tariq Al Nasr (King Khaled Motorway)
Shâri' Salâh Sâlim
Sultan Hasan Mosque-Madrosa
Mîdân Salâh ad Dîn
Citadel Al Qalaa
Al Barrany
AS SAYYIDA ZAINAB
Ibn Tulun Mosque
Beit al Kritliya
Shâri' al Muqattam
Fort Mohammed Ali
Zehum Gardens
Shâri' Bayram At Tonsy
Shâri' Al Ashraf
Shâri' Salâh Sâlim
Magra Al Uyûn
AIN AS SÎRA
Shâri' Al Imam As Safi'i
AL HALIFA
MÂDINET AL MUQATTAM
Shâri' Salâh Sâlim
Shâri'
Si Kâmil Mushin
Ain al Sira
Shâri' Sidi Ogba
al Kurdi
Shâri' No 16
Tariq Al Nasr (King Khaled Motorway)
Tariq Misr Al Qadima

198
Ras al Kanayis
Fuka
Marsa Matruh,
Siwa Oasis
Al Dab'a
Al
Alamein
Alexandria
Al Iskandaria
Zawyet
Sidi Ghazi
Burg
al Arab
Al Hammam
Abu al
Matamir
149m
Alam Nafaza
Qattara Depression
163m
Minqar
al Magabra
Ghurud Abu
Gharadiq
Ghard al Gharadiq
Ghard al Hallif
Ghard al Rammak
Ghard Badr al Din
Sahra al Gharbiya
283m
Madwar
al Bighal
234m
Williams
Hill
Ghard Ghorabi
269m
Qaret 'Abd
al Hafiz
Al Ghard al Kebir
Bahariya
Oasis
316m
Gebel Ghorabi
Iron Mine
City
163m
'Ilw al Talh
Bawiti
Al Qasr
361m
Gebel Miteili
Radwan
Farafra
Oasis

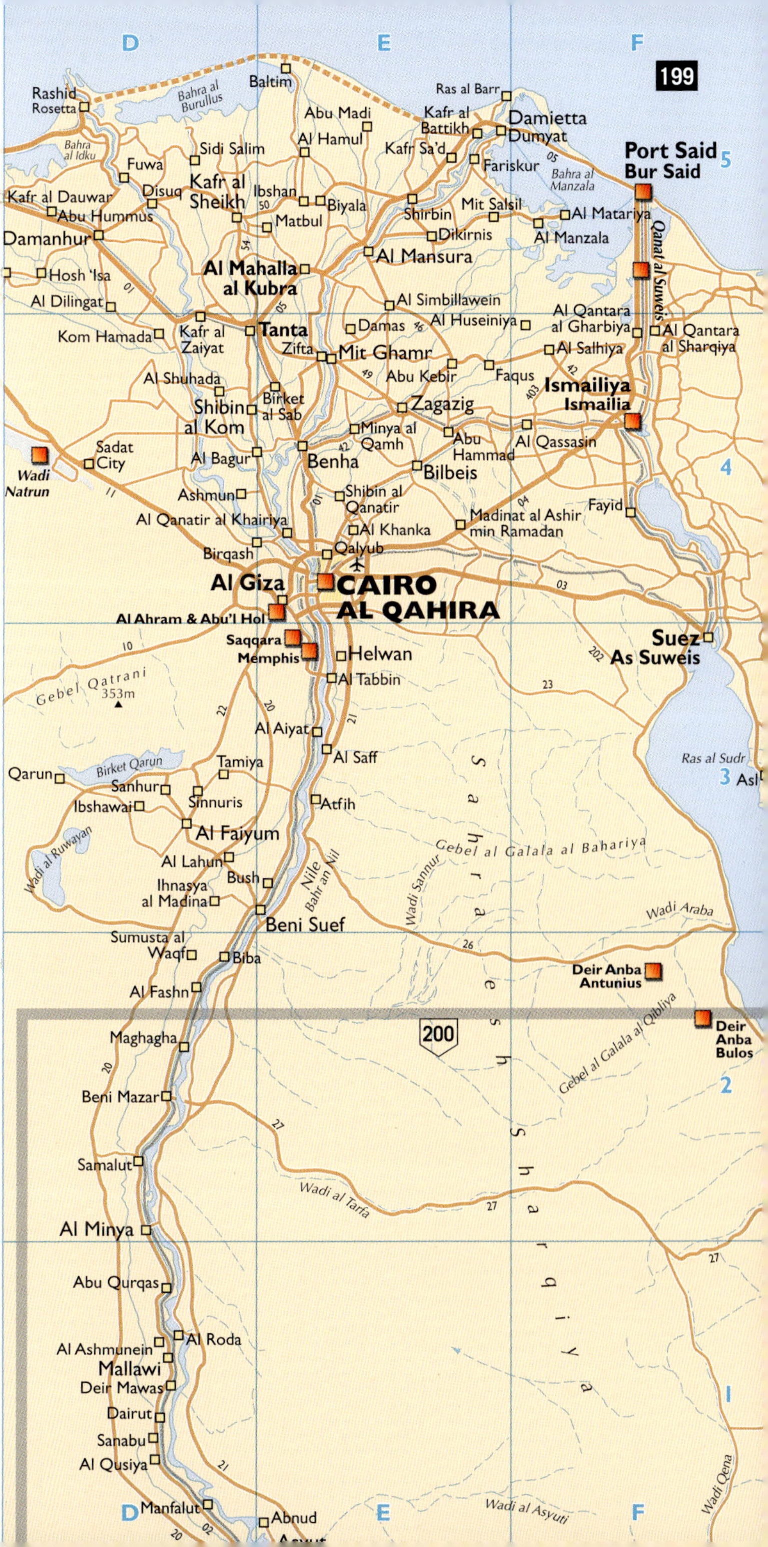

D
E
F
Rashid
Rosetta
Bahra al Burullus
Baltim
Ras al Barr
Abu Madi
Kafr al Battikh
Damietta
Dumyat
Al Hamul
Bahra al Idku
Sidi Salim
Kafr Sa'd
Fariskur
Port Said
Bur Said
Fuwa
Kafr al Sheikh
Bahra al Manzala
Disuq
Ibshan
Kafr al Dauwar
Biyala
Shirbin
Mit Salsil
Al Matariya
Abu Hummus
Matbul
Damanhur
Dikirnis
Al Manzala
Al Mansura
Qanat al Suweis
Hosh 'Isa
Al Mahalla al Kubra
Al Dilingat
Al Simbillawein
Al Huseiniya
Al Qantara al Gharbiya
Al Qantara al Sharqiya
Kom Hamada
Kafr al Zaiyat
Tanta
Damas
Zifta
Mit Ghamr
Al Salhiya
Al Shuhada
Abu Kebir
Faqus
Ismailiya
Ismailia
Shibin al Kom
Birket al Sab
Zagazig
Minya al Qamh
Abu Hammad
Al Qassasin
Sadat City
Al Bagur
Benha
Bilbeis
Wadi Natrun
Ashmun
Shibin al Qanatir
Fayid
Al Qanatir al Khairiya
Madinat al Ashir min Ramadan
Al Khanka
Birqash
Qalyub
Al Giza
CAIRO
AL QAHIRA
Al Ahram & Abu'l Hol
Saqqara
Memphis
Helwan
Suez
As Suweis
Al Tabbin
Gebel Qatrani
353m
Al Aiyat
Al Saff
Ras al Sudr
Tamiya
Qarun
Birket Qarun
Sanhur
Sinnuris
Ibshawai
Atfih
Al Faiyum
Wadi al Ruwayan
Gebel al Galala al Bahariya
Al Lahun
Bush
Ihnasya al Madina
Nile
Bahr an Nil
Wadi Sannur
Wadi Araba
Beni Suef
Sumusta al Waqf
Biba
Deir Anba Antunius
Al Fashn
200
Deir Anba Bulos
Maghagha
Gebel al Galala al Qibliya
Beni Mazar
Samalut
Wadi al Tarfa
Al Minya
Abu Qurqas
Al Ashmunein
Al Roda
Mallawi
Deir Mawas
Dairut
Sanabu
Al Qusiya
Manfalut
Abnud
Wadi al Asyuti
Wadi Qena
Sahra esh Sharqiya

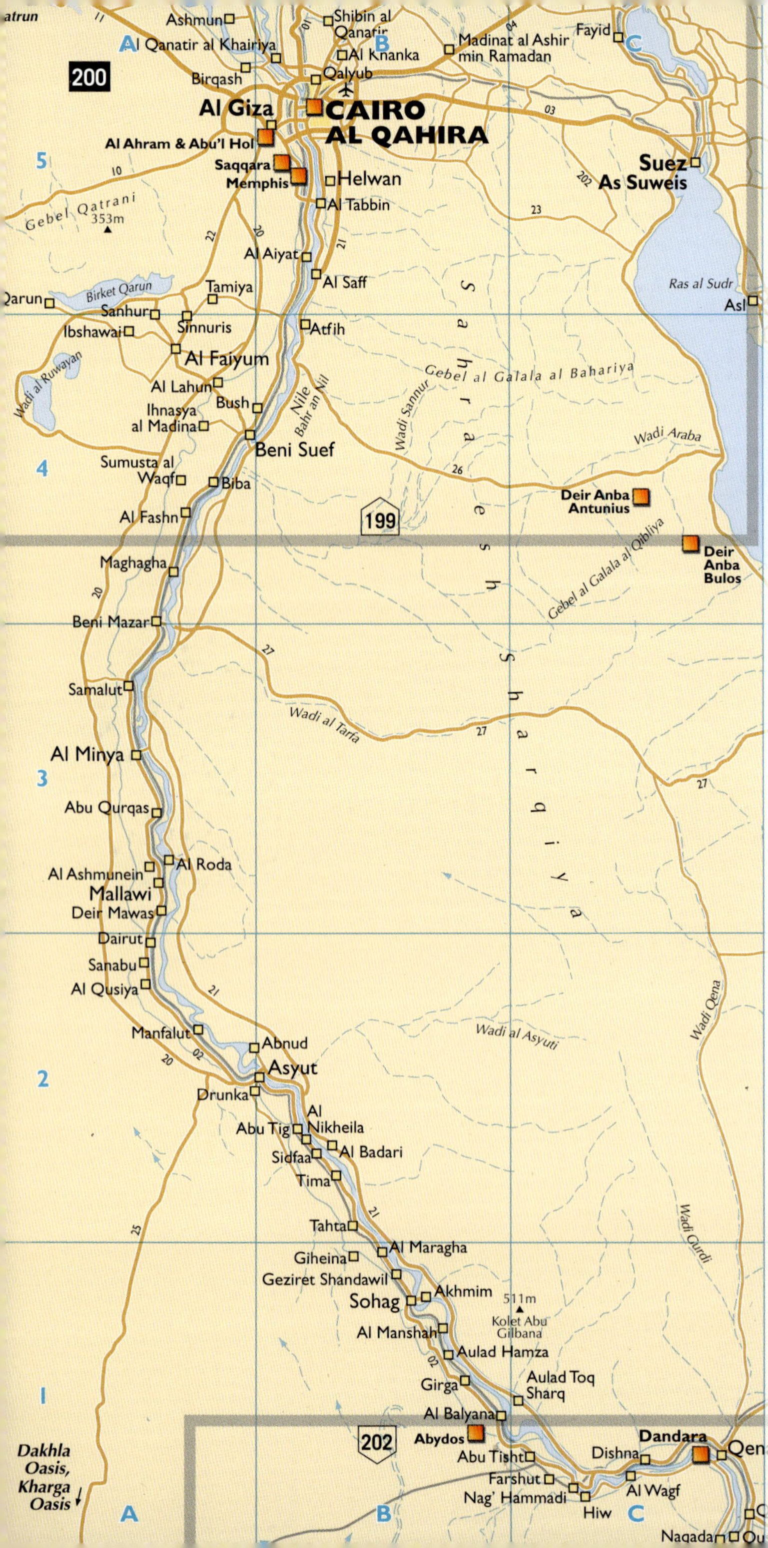
200
199
202
CAIRO
AL QAHIRA
Al Giza
Al Ahram & Abu'l Hol
Saqqara
Memphis
Helwan
Al Tabbin
Suez
As Suweis
Ashmun
Al Qanatir al Khairiya
Shibin al Qanatir
Al Khanka
Qalyub
Birqash
Madinat al Ashir min Ramadan
Fayid
Gebel Qatrani
353m
Al Aiyat
Al Saff
Atfih
Tamiya
Birket Qarun
Qarun
Sanhur
Sinnuris
Ibshawai
Al Faiyum
Wadi al Ruwayan
Al Lahun
Ihnasya al Madina
Bush
Beni Suef
Nile
Bahr an Nil
Sumusta al Waqf
Biba
Al Fashn
Maghagha
Beni Mazar
Samalut
Al Minya
Abu Qurqas
Al Ashmunein
Al Roda
Mallawi
Deir Mawas
Dairut
Sanabu
Al Qusiya
Manfalut
Abnud
Asyut
Drunka
Abu Tig
Al Nikheila
Sidfaa
Al Badari
Tima
Tahta
Al Maragha
Giheina
Geziret Shandawil
Sohag
Akhmim
Al Manshah
Aulad Hamza
Girga
Aulad Toq Sharq
Al Balyana
Abydos
Abu Tisht
Farshut
Nag' Hammadi
Hiw
Dishna
Dandara
Qena
Al Wagf
Qift
Naqada
Qus
Dakhla Oasis, Kharga Oasis
Sahra esh Sharqiya
Gebel al Galala al Bahariya
Gebel al Galala al Qibliya
Wadi Sannur
Wadi Araba
Ras al Sudr
Asl
Deir Anba Antunius
Deir Anba Bulos
Wadi al Tarfa
Wadi al Asyuti
Wadi Qena
Wadi Qurdi
511m
Kolet Abu Gilbana
1751m
Gebel Gharib
1235m
Gebel al Urf
A
B
C
1
2
3
4
5

D
E
F
Bir Hassana
Gebel Yi'Allaq
Bir al Thamada
Wadi al 'Aqaba
Nakhl
IL
5
Yotvata
Al Thamad
Elat
Taba Heights
Al 'Aqaba
HKJ
Gebel al Tih
1041m
Gebel Ghazlani
Sinai
Gebel al 'Egma
4
Abu Zenima
Abu Rudeis
Nuweiba
Deir Anba Bulos
Feiran Oasis
2070m
Gebel Serbal
SA
Deir Sant Katarin
2285m
Gebel Musa
2637m
Gebel Katherina
Abu Durba
Dahab
Ras Gharib
Al Tor
2435m
Gabel al Thabt
3
1751m
Gebel Gharib
Nabq
Ash Shaykh-Humayd
1235m
Gebel al Urf
Al Zeitiya
Sharm al Sheikh
Ras Muhammad
Ras Gemsa
Al Gouna
Gez Shakir
1705m
Gebel Abu Harba
2
Hurghada
Al Ghardaqa
2185m
Gebel Shayib al Banat
Ras Abu Soma
Bur Safaga
Umm Huweitat
1
Qena
Al Hamrawein
Qift
Qus
Quseir
Al Quseyr

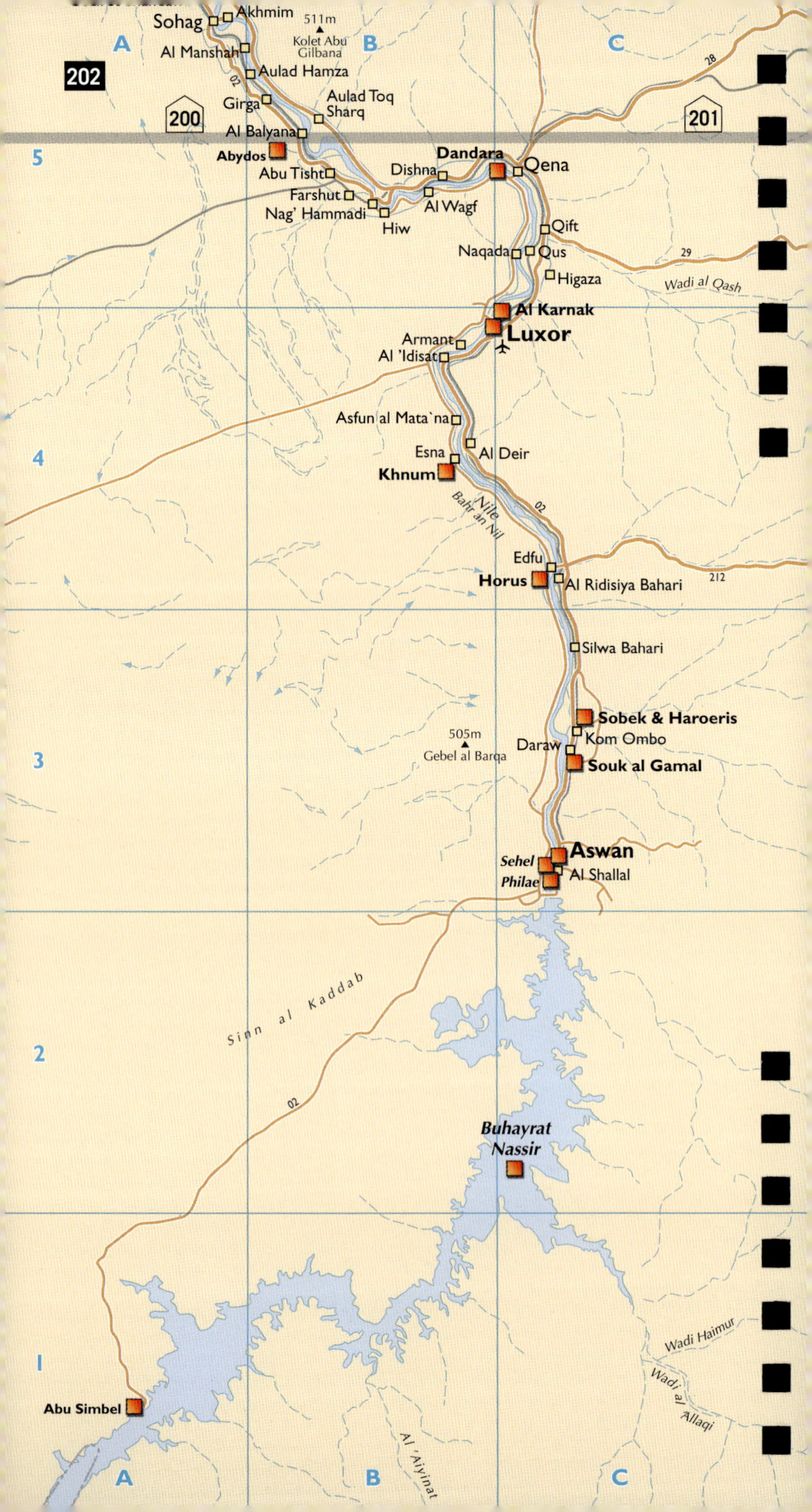
202
200
201
A
B
C
5
4
3
2
1
Sohag
Akhmim
511m
Kolet Abu Gilbana
Al Manshah
Aulad Hamza
Girga
Aulad Toq Sharq
Al Balyana
Abydos
Abu Tisht
Farshut
Nag' Hammadi
Hiw
Dishna
Al Wagf
Dandara
Qena
Qift
Naqada
Qus
Higaza
Wadi al Qash
28
29
02
Al Karnak
Luxor
Armant
Al 'Idisat
Asfun al Mata`na
Al Deir
Esna
Khnum
Nile
Bahr an Nil
Edfu
Horus
Al Ridisiya Bahari
212
Silwa Bahari
Sobek & Haroeris
Kom Ombo
Daraw
Souk al Gamal
505m
Gebel al Barqa
Aswan
Sehel
Philae
Al Shallal
Sinn al Kaddab
Buhayrat Nassir
Wadi Haimur
Wadi al Allaqi
Al 'Aiyinat
Abu Simbel

Crédito das Fotos

(a) alto; (b) baixo; (e) esquerda; (d) direita; (c) centro.
A Automobile Association gostaria de agradecer aos seguintes fotógrafos, bibliotecas e museus por sua contribuição na preparação deste livro.
2(i) The Bridgeman Art Library/Getty Images; **2(ii)** AA/C Coe; **2(iii)** AA/C Sawyer; **2(iv)** AA/R Strange; **3(i)** AA/C Coe; **3(ii)** AA/R Strange; **3(iii)** AA/R Strange; **3(iv)** AA/C Coe; **5e** The Bridgeman Art Library/Getty Images; **5c** Photolibrary Group; **5d** © Images of Africa Photobank/Alamy; **6/7** Photolibrary Group; **9** Photolibrary Group; **10** The Bridgeman Art Library/ Getty Images; **11** Mary Evans Picture Library; **12** The Art Archive; **13** Patrick Landmann/Getty Images; **14** AA/C Coe; **15** Marc Deville/Getty Images; **16** AA/C Coe; **17** AA/C Coe; **18** AA/C Coe; **19** AA/R Strange; **20** AA/C Coe; **21a** Sophie Bassouls/Sygma/Corbis; **21b** Richard Gardner/Rex Features; **22** Mary Evans Picture Library; **23a** The Art Archive/ Staatliche Glypothek Munich/Alfredo Dagli Orti; **23b** Mary Evans Picture Library; **24** Mary Evans Picture Library; **25** © Christie's Images/The Bridgeman Art Library; **26/27** The Art Archive/Musée du Château de Versailles/Alfredo Dagli Orti ; **27a** Pascal Sebah/Getty Images; **27b** Times Newspapers/Rex Features; **28** AA/R Strange; **29** AA/C Sawyer; **30** © Travelshots.com/Alamy; **31** Marwan Naamani/AFP/Getty Images; **32** AA/C Coe; **33e** AA/C Coe; **33c** AA/C Sawyer; **33d** AA/C Sawyer; **45e** AA/C Sawyer; **45c** AA/C Sawyer; **45d** AA/C Sawyer; **46c** AA/C Sawyer; **46b** AA/R Strange; **48a** AA/C Sawyer; **48b** AA/C Sawyer; **49** AA/C Sawyer; **50** AA/C Sawyer; **51** AA/C Coe; **52** AA/C Coe; **53** AA/C Coe; **54** AA/C Sawyer; **55** AA/R Strange; **56/57** AA/C Sawyer; **58** AA/C Sawyer; **59** AA/C Sawyer; **60** AA/C Sawyer; **61** AA/C Sawyer; **62/63** AA/R Strange; **63** AA/R Strange; **64/65** AA/C Sawyer; **66** AA/C Sawyer; **67** AA/C Sawyer; **68a** AA/H Alexander; **68b** AA/R Strange; **69** AA/C Sawyer; **70** AA/C Sawyer; **71** © Eddie Gerald/Alamy; **79e** AA/R Strange; **79c** AA/R Strange; **79d** AA/H Alexander; **80** AA/C Coe; **81** AA/C Coe; **82** AA/C Coe; **83** © Ariadne Van Zandbergen/Alamy; **84** AA/R Strange; **85** AA/C Coe; **86** © Jon Arnold Images Ltd/Alamy; **88** AA/H Alexander; **89** © Art Kowalsky/Alamy; **91** AA/R Strange; **92/93** Pictures Colour Library; **93** © Aladin Abdel Naby/Reuters/Corbis; **94/95** AA/R Strange; **96** © Jim Henderson/Alamy; **97** © Richard Ashworth/Robert Harding; **98** AA/R Strange; **99a** AA/C Coe; **99b** AA/R Strange; **100** AA/C Coe; **101** AA/R Strange; **102a** Upperhall Ltd/ Robert Harding; **102b** © Elvele Images Ltd/Alamy; **107l** AA/C Coe; **107c** © carolyn clarke/Alamy; **107d** AA/R Strange; **108** AA/R Strange; **109a** AA/R Strange; **109b** AA/R Strange; **110** AA/C Coe; **111a** Photolibrary Group; **111b** AA/C Coe; **112** © Geoffrey Morgan/Alamy; **113** AA/C Coe; **114** AA/R Strange; **115** © Travelshots.com/Alamy; **116** © Harry Papas/ Alamy; **117** AA/C Coe; **118** AA/C Coe; **119** AA/R Strange; **120** AA/R Strange; **121** AA/R Strange; **122** AA/R Strange; **123** Photolibrary Group; **129e** AA/R Strange; **129c** Pictures Colour Library; **129b** AA/R Strange; **130** AA/C Coe; **131** AA/C Coe; **132** AA/C Coe; **133** © Jon Arnold Images Ltd/Alamy; **134** AA/C Coe; **134/135** © Worldwide Picture Library/Alamy; **136/137** AA/C Coe; **138/139** © Ariadne Van Zandbergen/Alamy; **139** © Robert Estall photo agency/Alamy; **140** © Pete M. Wilson/Alamy; **141a** AA/R Strange; **141b** AA/R Strange; **142** AA/C Coe; **143** © Miamnuk Images/Alamy; **144** Tony Waltham/Robert Harding; **151e** AA/R Strange; **151c** AA/R Strange; **151d** AA/R Strange; **152** © Maximilian Weinzierl/ Alamy; **153** © Wolfgang Pölzer/Alamy; **154** AA/R Strange; **155a** AA/R Strange; **155b** AA/R Strange; **156** © Wolfgang Pölzer/Alamy; **157** © Gavin Hellier/Alamy; **158/159** © Maximilian Weinzierl/Alamy; **161** AA/R Strange; **162** AA/C Coe; **163** © Maximilian Weinzierl/Alamy; **164** AA/R Strange; **165** AA/C Coe; **166** © Arco Images GmbH/Alamy; **167** © Jon Arnold Images Ltd/Alamy; **168** © Alan Copson City Pictures/Alamy; **169** AA/C Coe; **177e** AA/C Coe; **177c** AA/R Strange; **177d** AA/C Sawyer; **178** AA/C Sawyer; **179** AA/C Sawyer; **180** AA/C Sawyer; **181** AA/C Sawyer; **182** AA/C Coe; **183** AA/C Coe; **184** AA/C Coe; **185** Jochen Schlenker/Robert Harding; **186** AA/R Strange; **187e** AA/C Sawyer; **187c** AA/C Sawyer; **187d** AA/C Sawyer; **191ce** AA/C Coe; **191ad** AA/C Sawyer; **191cd** AA/C Sawyer

Foram feitos todos os esforços para identificar os detentores do copyright e pedimos desculpas antecipadamente por qualquer erro involuntário. Teremos o maior prazer em incluir eventuais correções nas reedições desta obra.

O EGITO NA LITERATURA OCIDENTAL

O Quarteto de Alexandria, de Lawrence Durrell
Morte no Nilo, de Agatha Christie
O Paciente Inglês, de Michael Ondaatje
City of Gold, de Len Deighton
Moon Tiger, de Penelope Lively
The Levant Trilogy, de Olivia Manning

O autor Alaa al-Aswany

egípcios excluídos em *Mendigos e Altivos. Zayni Barakat,* de Gamal al-Ghitani, é outro romance clássico, ambientado na época da dinastia mameluca.

Escritores Egípcios Atuais

A literatura egípcia vive hoje uma de suas melhores fases. A maioria dos escritores é politicamente engajada, tanto ao abordar questões domésticas como ao tratar das relações entre árabes muçulmanos e o Ocidente. Se decidir ler um romance egípcio em sua visita ao país, escolha o retrato que Alaa al-Aswany faz da vida moderna a partir de um prédio residencial no centro do Cairo, no maior best-seller árabe até hoje, *O Edifício Yacubian.* Seu segundo romance, *Chicago,* fala de expatriados egípcios na cidade americana, onde a saga de corrupção e controle estatal continua além das fronteiras do Egito. A novela *No One Sleeps in Alexandria,* de Ibrahim Abdel Meguid, se passa na Alexandria de Lawrence Durrell, mas vista por dois egípcios pobres. O esplêndido *Taxi,* de Khaled al-Khamissi, retrata o Cairo a partir dos relatos semificcionais de vários taxistas; e a primeira *graphic novel* árabe para adultos, de Magdy al-Shafei, foi um grande sucesso.

Literatura Feminina

O Egito é terra de muitas escritoras influentes, e a principal delas é Ahdaf Soueif, cuja saga familiar *O Mapa do Amor* concorreu ao Booker Prize de 1999. Nawal el Saadawy escreveu sobre as dificuldades das mulheres egípcias numa sociedade dominada pelos homens, mas foi presa por suas crenças radicais. Seu livro *A Queda do Imã* ainda está proibido. O livro de Salwa Bakr, *The Golden Chariot*, se passa num presídio feminino perto do Cairo. Outra novela premiada é *A Certain Woman,* de Hala El Badry.

Ahdaf Soueif, indicada para o Booker Prize

CRÔNICAS **EGÍPCIAS**

O Egito tem mais de 7 mil anos de história e muitos monumentos e documentos para contá-la. Enquanto a maior parte do mundo ainda caçava, coletava e vivia em cavernas, os egípcios já eram uma civilização sofisticada.

O rei Menes pode ter sido, na verdade, uma combinação de diversos reis

c. 5000 a.C.

Comunidades agrícolas do Neolítico já estão bem estabelecidas no vale do Nilo.

c. 3000 a.C.

O rei Menes (ou Narmer) une o Alto e o Baixo Egito (o delta do Nilo), estabelecendo a capital em Mênfis. Menes é considerado o primeiro faraó da 1ª dinastia do Egito.

c. 2600 a.C.

Imhotep, arquiteto do rei Djoser (2667-2648 a.C.), da 3ª dinastia, cria a primeira pirâmide do mundo, em Saqqara (► 59-61). Os antigos ficam impressionados e o deificam. Ele se torna o deus da medicina, filho do deus Ptah e de sua esposa Sekhmet.

1352-1336 a.C.

O faraó governante Amenófis 4º tenta libertar sua administração da influência dos sacerdotes de Tebas e transfere a capital para Amarna, 370km ao norte. Para promover a adoração de um deus único, o deus-sol Aton, ele muda seu próprio nome: de "Amun é atendido" para Akhenaton ("Alma de Aton"). Akhenaton é famoso hoje por ter sido representado artisticamente com sua bela mulher Nefertiti e seus filhos (➤ 51).

1336-1327 a.C.

Após a morte de Amenófis, seu genro de nove anos de idade Tutancaten assume o trono e logo restabelece a velha ordem. Transfere a capital de volta para Tebas, reabilita Amon como deus do país e muda o próprio nome para Tutancâmon. Morre aos 18 anos, sem herdeiros, como o último varão da 18ª dinastia.

1279-1213 a.C.

Ramsés 2º governou por mais de 60 anos – tempo suficiente para erguer grandes monumentos, casar várias vezes e ter mais de cem filhos, preservando seu nome para a posteridade. Ele deixou sua marca em quase todos os monumentos importantes do Egito, ergueu imensas estátuas com sua imagem e decorou templos com cenas de suas maiores vitórias. Deificou a si mesmo no oitavo ano de seu reinado, e os dois templos com seu nome, em Abu Simbel e Tebas, são tão monumentais quanto sua autoestima. Vários de seus filhos estão enterrados na KV5, a principesca galeria tumular que está sendo hoje escavada no Vale dos Reis (➤ 93).

Séculos 8º-7º a.C.

O Egito é governado durante um tempo por reis da Núbia, área que contempla atualmente o sul do Egito e o norte do Sudão.

O general Alexandre, o Grande

332 a.C.

Alexandre, o Grande (356-323 a.C.), conquista o Egito e o passa às mãos de um general, Ptolomeu, iniciando a era ptolemaica.

c. 270 a.C.

Em Alexandria, o arquiteto grego Sostratos constrói uma das sete maravilhas do mundo: o Farol de Alexandria, de mármore, na baía do porto da ilha de Faros.

O Farol de Alexandria, com 300 quartos para acomodar seus mecânicos e construtores

Santo Antônio do Egito viveu até a avançada idade de 105 anos

47-30 a.C.
No início do seu reinado, aos 21 anos de idade, Cleópatra 7ª sai do Egito fugindo de seu irmão e marido, o sanguinário Ptolomeu 13. Porém, é reconduzida ao trono por Júlio César, com quem tem um filho, Cesárion. Cinco anos mais tarde, com César morto, Cleópatra se une ao sucessor dele, Marco Antônio, com quem tem mais três filhos. Em 30 a.C., entretanto, Otaviano (futuro Imperador Augusto) derrota o exército de Marco Antônio e captura Alexandria. Quando este se suicida, Cleópatra provoca a própria morte deixando-se picar por uma víbora, selando uma história de amor. Ela foi a última governante, até a era moderna, de um Egito independente. Em seguida, o país ficou sob domínio romano e bizantino.

251-356
Aos 18 anos de idade, o futuro santo Antônio, um jovem rico da cidade de Beni Suef, tem a inspiração de se tornar eremita depois de ouvir o evangelho de são Mateus. Ele se retira para uma caverna do monte Qalala, onde vive até os 105 anos. Seus seguidores, assentados ao pé da montanha, fundam o primeiro mosteiro do mundo (➤ 164).

639-641
Quando Amr Ibn al-Aas, ainda jovem, visitou Alexandria, ficou impressionado com a riqueza da capital. Em 639, volta com um exército árabe de 4 mil homens e encontra pouca oposição dos governantes bizantinos. Os árabes tomam Heliópolis e depois sitiam Babilônia-do-Egito. Em 641, o Egito vira província árabe. Amr funda a capital em Fustat (depois, Cairo), onde constrói sua mesquita e introduz o islamismo.

973-1171
Durante a dinastia fatímida, al-Hakim, que governou de 996 a 1021, foi o mais louco e extravagante dos califas (literalmente, "sucessor de Maomé"). Ele perseguiu as minorias de judeus e cristãos e destruiu incontáveis igrejas. Proibiu as mulheres de saírem à rua, vetando a fabricação de sapatos para elas. Também odiava a luz do dia e decretou que todo trabalho tinha de ser feito à noite. Chegou a declarar-se divino, como faziam os faraós antes dele. Depois de desaparecer misteriosamente durante uma cavalgada, foi considerado morto, mas segundo os drusos, uma seita política e

religiosa islâmica que o cultuava, ele na realidade fugiu para o Líbano.

1171-1193

Deve-se ao general curdo Salah ad-Din (Saladino) a construção da cidadela do Cairo e o fim do domínio do califado Shi'a. Ele fundou a dinastia aiúbida depois de virar sultão, e conseguiu unir os muçulmanos egípcios em torno de uma causa comum. Durante a maior parte de seu governo esteve distante, lutando a *jihad* (guerra santa) para libertar a Terra Santa do jugo dos Cruzados. Recapturou a Síria e Jerusalém, mas morreu em Damasco, onde está enterrado. Suas lendárias qualidades fizeram dele um herói por toda a Europa e o mundo árabe.

1250-1517

Os mamelucos – soldados que descendiam dos escravos que compunham o exército aiúbida – destronaram os aiúbidas com um exército altamente profissional, liderado pelos emires. A dinastia muçulmana subsequente durou mais de 250 anos, até ser derrotada pelos turcos otomanos.

1517

O Egito fica sob o controle do Império Otomano, fundado no século 13 por Osman 1º, mas os mamelucos continuam a governar. Com o crescente comércio entre o Oriente e a Europa, a importante rota entre Alexandria, Cairo e Suez leva ingleses e franceses a tentarem tomar posse de seu controle.

Cairo sempre foi um importante entreposto comercial

1798-1801
Napoleão leva estudiosos e soldados até o Egito para estudar e remover antiguidades, criando o primeiro registro sistemático dos tesouros do país.

1805-1848
Muhammad Ali, oficial albanês cujo exército chegara ao Egito com os franceses, é o criador do Egito moderno. Após a saída dos franceses, apoia os governantes egípcios contra os mamelucos e torna-se vice-rei. Inspirado nos avanços da Europa, moderniza a infraestrutura do país, constrói estradas e a primeira ferrovia da África, reorganiza o exército, reforma a agricultura, melhorando a irrigação, e inicia a indústria. Sua dinastia governa o Egito sob o título de quediva e depois de rei, até a revolução de 1952.

1869
Após dez anos de uma construção cheia de problemas, o canal de Suez é por fim aberto, ligando o Mediterrâneo, na recém-criada Port Said, ao mar Vermelho em Suez (➤ 168-169). As novas cidades de Port Said e Ismailia crescem com a riqueza da área. Port Said deriva seu nome do governante do Egito (morto antes da conclusão do projeto) e Ismailia é batizada com o nome do quediva Ismail, que inaugura o canal.

1882
Distúrbios passam a ocorrer quando uma facção armada se opõe ao controle britânico e francês das finanças do Egito. Tropas britânicas então bombardeiam Alexandria e ocupam o Egito a pretexto de restaurar a paz. Eles mantém a presença colonial até 1956.

1952
Um golpe militar dos "Oficiais Livres" destrona o rei Faruk e declara uma república. O oficial do exército e político Gamal Abdel Nasser (1918-70) torna-se primeiro-ministro do Egito em 1954 e depois presidente (1956-70). Seu nacionalismo árabe e socialismo tornam-no popular no Egito e no mundo árabe. Quando ele nacionaliza o canal de Suez em 1956, a Grã-Bretanha, a França e Israel invadem o Egito, mas Nasser os enfrenta, o que aumenta seu prestígio.

Década de 1970
Tanto Egito quanto Israel cantam vitória depois de várias guerras árabe-israelenses. Anwar Sadat (1918-81) torna-se presidente em 1970 e se dedica a reestruturar o sistema político (com a fundação do Partido Nacional Democrático)

À esquerda: em 1798, Napoleão derrota os mamelucos na batalha das Pirâmides
Abaixo: soldados escoceses junto à Esfinge em 1882

e diversificar a economia. Depois da hostilidade inicial, seu trabalho em prol da paz no Oriente Médio leva a negociações com o primeiro-ministro israelense Menachem Begin (1913-92). Isso culmina, em 1978, nos acordos de Camp David, pelos quais os dois líderes recebem o Nobel da Paz. Embora o Egito fique um pouco isolado dos demais países árabes, o acordo incentiva o investimento externo e fortalece a economia. No entanto, apenas uma minoria enriquece e a década termina com agitação social e um sentimento geral de insatisfação.

De 1981 até o presente

Em 6 de outubro de 1981, o presidente Sadat foi morto por extremistas islâmicos. Hosni Mubarak (n. 1928), o vice-presidente, sucedeu-o na presidência, com apoio das forças armadas. Mubarak continuou a política de liberalização do comércio de Sadat. Em 2005, mudou a constituição para permitir eleições presidenciais multipartidárias, mas a Irmandade Muçulmana, fundamentalista, continuou proibida. Apesar de ter sido vencedor nas eleições de 2006, enfrenta oposição no Egito, em particular do partido Kifaya ("Chega", em árabe). O frágil Mubarak, hoje com 82 anos, adoraria ver o filho Gamal ocupando seu lugar, mas o futuro ficará incerto quando falecer este que é o presidente há mais tempo em exercício no país.

O atual presidente, Hosni Mubarak

Kul kul... yallah kul

A frase quer dizer "coma, coma... vamos comer" e você irá ouvi-la muitas vezes ao comer com os egípcios, que adoram falar de comida e compartilhar uma refeição. Pratos antigos, como o meloukhia, ainda são favoritos hoje.

As refeições no Egito são compostas por quantos pratos o cliente aguentar, e as saborosas opções são oferecidas em ritmo alucinante. Nos restaurantes egípcios ainda se cultiva o costume de compartilhar comida, e as pessoas fazem pedidos de grandes quantidades de mezze, como entradas quentes ou frias, junto com molhos e saladas.

Os Pratos Básicos Egípcios

O fuul (feijão-fava) é básico na cozinha local. É o alimento de muitos egípcios pobres, mas os ricos também o incluem no café da manhã. As favas secas, fervidas por seis horas, são vendidas de manhã em carrinhos nas ruas. O cozido é comido com taamiya, tortinhas de purê de favas secas. Outro prato básico é o koshari, deliciosa "bomba" de carboidratos à base de arroz, macarrão, lentilha, grão-de-bico, cebola frita e molho de tomate picante, consumido a qualquer hora do dia. A meloukhia é uma sopa grossa de malva, verdura similar ao espinafre, servida com frango ou coelho. Quinta é dia de comer qawaria, caldo ralo de pé de vaca, ou sanduíches de testículos de cordeiro, ambos afrodisíacos.

RESTAURANTES AUTÊNTICOS

Para sentir o sabor da verdadeira comida egípcia, vá a um destes lugares:

- Em Alexandria, Hoot Gondol Seafood (➤ 147), Qadoura (➤ 148)
- No Cairo, Abu al-Sid (➤ 74), Felfela (➤ 75), Sequoia (➤ 76)
- Em Luxor, Restaurant Mohammed (➤ 105), Sofra (➤ 104)
- Em Assuã, Al Masry (➤ 126)

O chá de menta é refrescante

Uma seleção de mezze é uma opção muito popular, como entrada e para compartilhar

Doces Deliciosos

As inúmeras *pâtisseries* egípcias vendem uma grande variedade de doces ocidentais com recheio de creme e doces orientais que escorrem mel. A "rainha" das sobremesas egípcias é o umm ali, sobremesa quente de pão sírio embebido em leite, com coco, creme, nozes, uva-passa e açúcar. Alguns dizem que foi introduzido no Egito por uma irlandesa, Miss O'Malley, amante do quediva Ismail.

Ramadã: Jejum e Compensação

No mês lunar do Ramadã os muçulmanos se abstêm de comer, beber e manter relações sexuais do nascer ao pôr do sol. O Ramadã também impõe obrigações sociais, e as pessoas vão visitar os amigos e parentes para compartilhar o *iftar*, o desjejum da noite. Para celebrar o mês sagrado, elas se deliciam com ingredientes mais exuberantes do que os usuais.

Os Prazeres do Café

Para matar a sede no clima quente do Egito a melhor opção é o chá, e ele nunca falta. É tomado sozinho ou com leite e muito açúcar no *ahwa* local (cafeteria). Outra bebida que está por toda parte é o xaroposo café árabe. Os cafés são locais para relaxar e conversar enquanto se fuma uma *sheesha* (narguilé) com tabaco comum, *ma'assal* (tabaco adoçado com melaço) ou *tuffah* (tabaco adoçado com maçã). Os cafés tradicionais também servem infusões de ervas como *yansoon* (anis), *helba* (alforva), *karkadeh* (hibisco) e *irfa* (canela). Não perca o cremoso sahlab – feito de araruta e canela, coberto com coco e nozes.

Delícias Refrescantes

Para manter-se saudável em sua estadia, evite água de torneira e de rio: só tome água mineral ou então recorra aos coloridos bares de sucos, atrás de pilhas de laranjas ou morangos, e aprecie as frutas da estação.

TRADIÇÃO E RITMO

Da dança dos sete véus de Salomé aos modernos espetáculos às 2 da manhã, a dança do ventre atrai sempre muita gente.

A dança oriental, ou *raqs sharqi*, em árabe, é um fenômeno social no Egito. Suas origens, do Oriente Médio, se perdem no tempo, como podemos ver nas pinturas que retratam mulheres dançando nos túmulos antigos. A dança do ventre vence barreiras sociais: todas as mulheres árabes, de socialites a catadoras de papel, vão tentar dançá-la algum dia.

Dançarinas profissionais dizem que a habilidade está nos genes e que toda egípcia é capaz de dançá-la. Mas não é só uma questão de ventre: a dança requer também controle dos quadris e minuciosa expressão das mãos.

As dançarinas do ventre egípcias mais famosas pararam de se apresentar em público, exceto em casamentos e grandes festas de família. Há um crescente estigma social em relação a elas, ligado ao aumento do conservadorismo religioso. Muitas viraram atrizes populares, e seu lugar vem sendo ocupado por dançarinas europeias. Mas alguns dos grandes nomes, como Dina, Lucy e Soraya, são ainda dançarinas egípcias.

Casais mais jovens agora preferem contratar um DJ em vez de uma dançarina do ventre. No entanto, hoje a tradicional dança não está confinada no Oriente Médio, já que a energia e o esforço que ela requer vêm transformando-a num recurso popular no Ocidente para manter a forma física.

A dança do ventre, um espetáculo de sons e cores

A Estrela do Oriente: UMM KOLTHUM

No Egito e no mundo árabe a voz de Umm Kolthum (1898-1975) se destaca das outras. Chamada de *Sitt al-Kull* (Senhora de Todos) ou *Kawkab ash Sharq* (Estrela do Oriente), obteve fama mundial e foi a grande diva do Egito.

Pintura da diva Umm Kolthum, por Adel al-Siwi

Umm Kolthum nasceu na aldeia de Tumay al-Zahayra, no delta do Egito. Mostrou seu talento desde criança, quando começou a cantar vestida de pastor, já impressionando com sua voz. Estrelou vários filmes, mas desistiu de ser atriz em 1947 para se concentrar no canto. Os melhores poetas e músicos competiam para trabalhar com ela, que se tornou um fenômeno social. Numa época em que os egípcios não falavam de amor, emoções ou prazer sexual, a cantora disponibilizou um vocabulário para isso, com letras ambíguas para não ferir a moral vigente. Assim, contribuiu com a liberalização de homens e mulheres.

Sua vida foi bastante controvertida. Cantou para o rei Faruk, mas, depois da revolução de 1952, envolveu-se com a máquina de propaganda do presidente Nasser. Seu sucesso despertou ciúme em outras cantoras, que a acusaram de sufocar jovens talentos. Suas canções apaixonadas também provocaram rumores a respeito da sua vida amorosa, e Umm foi vinculada afetivamente a vários homens e mulheres, mas se casou em 1953. Milhões de fãs compareceram ao seu funeral, em 1975.

O Museu Umm Kolthum, na ilha de Rodes, no Cairo (Monastirli Palace, tel. 02-362 1467, diariam 10h-17h), expõe objetos da artista e fotos de arquivo.

GRAVAÇÕES AO VIVO

- *Alf Layla wa Layla* (As Mil e Uma Noites)
- *Enta Omri* (Você é a Minha Vida)
- *Al-Atlal* (As Ruínas) foi eleita uma das cem melhores canções do século 20 pelo jornal francês *Le Monde*.

A VIDA NO EGITO

Diante de qualquer contratempo, os egípcios reagem dizendo *"inshallah, bukra, maalesh"*...

Inshallah

Entre num táxi e diga aonde quer ir, e o taxista quase sempre responderá *"Inshallah"*. Equivale a "sim", mas na verdade ele está dizendo "Se Deus quiser". Supor que isso seja apenas um automatismo de linguagem é subestimar a importância de Alá no dia a dia e a crença fundamental dos egípcios na intervenção divina.

Bukra

Bukra ("amanhã") costuma ser a resposta padrão para qualquer pedido de serviço que você faça, o que mostra que os egípcios têm uma percepção diferente do tempo. Mas os costumes estão mudando e cada vez menos egípcios recorrem a essa expressão.

Maalesh

Maalesh ("não tem importância") tem muitos usos. É dito após qualquer contratempo, pois para os egípcios até as calamidades fazem parte do grande esquema das coisas. Se algum vendedor ambulante instistir para que você compre seus produtos, *maalesh* indica que você não tem interesse.

Troca de Cumprimentos

Não importa onde estejam, nem o assunto urgente que precisem resolver, os egípcios sempre têm tempo para uma longa troca de saudações e de bênçãos, como *sabah al-ishta* ("manhã de nata") e *sabah al-yasmin* ("manhã de jasmim"). Entre os homens também há muitos apertos de mão, beijos e abraços, além do costumeiro convite para ir até o café mais próximo e conversar sobre a família e a saúde.

Fale como um Egípcio

Se falar árabe egípcio em outro país árabe, é provável que riam de você – e não só por causa do seu sotaque. Os egípcios são conhecidos no mundo árabe pelo seu irresistível senso de humor e por gostarem de brincar e fazer drama.

Detalhe de roupa colorida com típicas estampas árabes

Plano de Viagem

A Chegada

Cairo é quase sempre o ponto de entrada para quem visita o Egito, mas há um número cada vez maior de voos internacionais diretos para Luxor e Alexandria, e também voos fretados para Hurghada, Sharm el-Sheikh e al-Alamein.

Aeroporto Internacional do Cairo

- O aeroporto principal fica a **25km do centro**, ou a 45 minutos de carro.
- O aeroporto do Cairo (www.cairo-airport.com) tem **três terminais**. O moderno **Terminal 3** atende os voos domésticos e internacionais da Egypt Air e todos os voos internacionais das companhias da Star Alliance, como a Lufthansa. O **Terminal 2** (em reforma) serve companhias que não pertencem à Star Alliance, como a British Airways, e empresas sauditas e do Golfo. As demais utilizam o **Terminal 1**. Para informações sobre voos, ligue para: 0900 77777.
- Os terminais têm **agências de câmbio 24 horas** e caixas automáticos que aceitam cartões Visa, Cirrus e Mastercard.
- Os **táxis** são mais baratos do que no Brasil, mas passando a alfândega você será abordado por taxistas que geralmente cobram mais do que o normal. Ou, então, se você disser que já fez reserva num hotel, podem mentir e dizer que o hotel fechou para tentar levá-lo a outro do qual recebem comissão.
- Para evitar isso, você pode reservar uma **limusine** no hall de chegada. São mais caras, mas você combina o preço, paga antes e dá gorjeta ao motorista.
- Há um novo e confortável **ônibus** (tel. 02-2265 3937; 70-100 LE por pessoa, sai a cada meia hora) na parte externa dos dois terminais que leva até a cidade, Zamalek, Maadi e à área das Pirâmides. Compre a passagem no guichê do ônibus no hall de chegada, nos terminais 1 e 2. Há **ônibus públicos** (24h) muito baratos: nºs 356, 400 e o micro-ônibus nº 27 dos terminais 1 e 2 para o terminal Abd al-Moneem Riyad, que fica atrás do Museu Egípcio.
- O **centro de turismo** do Terminal 1 é 24 horas (tel. 02-2265 3642), assim como o do Terminal 2 (tel. 02-2265 2269).

Aeroporto Internacional de Luxor

- Este aeroporto fica a 10km de Luxor e **não há transporte público** para a cidade, por isso tente agendar com uma agência de viagens para alguém vir recebê-lo –caso contrário, terá de lidar com os taxistas do aeroporto, famosos por cobrar acima do valor. Combine o preço da corrida antes de entrar no táxi.
- Exceto a corrida do aeroporto, as **tarifas de táxi** em Luxor, como no resto do Egito, costumam ser relativamente baratas.
- O **centro de turismo** do aeroporto abre das 8h às 21h (tel 095-237 2306).

Aeroporto de Hurghada

- **Não há transporte público** do aeroporto para o centro da cidade, por isso quem não viaja em grupos deve recorrer a táxis, que cobram caro.

Sharm el-Sheikh

- O aeroporto Ras Nasrani fica 15km ao norte do centro de turismo da baía de Naama, e também **não há transporte público.** A maioria dos visitantes é servida por agências de viagem; se você vier por conta, terá de pegar táxi.

Centros de Informação Turística

- Em geral, os centros de turismo no Egito são **bem limitados**. Mas são úteis para informar os preços oficiais dos calèches (charretes a cavalo), táxis e feluccas (barcos) ou fornecer mapas da cidade, ainda que incompletos.
- Centros de turismo **não informam sobre hospedagem,** exceto no aeroporto.

Centro de Turismo do Cairo
196 C4 5 Sharia Adly, Centro
02-2391 3454
Diariam 8h30-19h; 9h-16h durante o Ramadã
Fornece alguns livretos, mas os atendentes poderiam ser mais atenciosos.

Autoridade Turística Egípcia, Luxor
202 C4 Bazar para turistas na Corniche, diante do Antigo Palácio de Inverno
095-237 2215
Diariam 8h-20h
Tem uma boa lista de preços oficiais de calèches, táxis, feluccas e guias.

Informação Turística em Hurghada
201 E2 Em frente ao Grand Hotel em Nova Hurghada
065-344 4420
Sáb-qui 9h-20h, sex 14h-22h

Centro de Turismo de Assuã
202 C3 Ao lado da estação de trem
097-231 2811
Sáb-qui 8h-15h, 7h-21h, sex 9h30-15h, 18h-20h
Equipe atenciosa, que pode indicar capitães de felucca confiáveis.

Centro de Turismo de Alexandria
195 C5 Midan Saad Zaghloul, Centro
03-485 1556
Diariam 8h30-18h (também 6h-20h meados jul-meados ago); 9h-16h durante o Ramadã

Problemas Locais

Na década de 1990, a violência contra cristãos e contra o governo coincidiu com o surgimento do grupo islâmico Gamaiyat al-Islamiya, que atacou não só instituições do governo mas também turistas, na tentativa de forçar as autoridades a atender suas reivindicações por um Estado islâmico. Os atentados contra trens, barcos de cruzeiro e ônibus de turistas culminaram em 1997 com a ação de Deir al-Bahri, em Luxor, quando 58 estrangeiros e dez egípcios foram mortos. O governo reagiu prendendo muitos suspeitos e introduzindo a pena de morte para terroristas. Nada desse tipo ocorreu nos anos seguintes, mas os turistas são protegidos pela polícia e por soldados nos principais locais turísticos, e devem viajar para o Alto Egito em comboio, com escolta.

No entanto, atualmente a discussão subsequente sobre o papel da religião no país levou a uma nova onda de conservadorismo religioso. O sinal mais óbvio dessa tendência é o crescente número de mulheres da classe média que usam véu, de pessoas que estendem esteiras de oração na rua para as rezas de sexta-feira e de homens com pequenas feridas na testa de tanto rezar.

Respeite sempre a cultura ao ingressar em áreas mais tradicionais e mesquitas. Procure vestir-se de modo adequado (as mulheres devem cobrir o cabelo, os braços e as pernas) e comportar-se com discrição. Homens e mulheres devem evitar trocar beijos e abraços em público.

Ingressos
O custo do ingresso para museus e outros locais de interesse mencionados no texto é indicado por categorias de preços:

Barato menos de 30 LE **Moderado** 30-60 LE **Caro** acima de 60 LE

Como Circular

Em geral, o sistema de transporte público do Egito funciona bem, com ônibus e trens regulares para a maior parte dos destinos, além de serviços de lotação *(beejous)* que atendem quem se dirige às atrações turísticas.

Transporte Urbano

Cairo

- Cairo tem uma grande frota de **ônibus**, mas em geral eles vivem lotados e as mulheres podem ser assediadas. É melhor usar os **mini** e **micro-ônibus**, um pouco mais caros, mas que transportam apenas passageiros sentados. Os miniônibus são laranja e brancos e trafegam pelo mesmo trajeto dos ônibus. Os micro-ônibus seguem o modelo dos veículos de lotação.
- **Táxis** são baratos e mais confortáveis do que os ônibus.
- O **metrô** é limpo e fácil de usar, especialmente do centro do Cairo para o Cairo copta. Os bilhetes são baratos e há vagões especiais apenas para mulheres (na parte da frente ou de trás do trem). As pessoas costumam achar estranho ver uma mulher sozinha viajando num vagão misto.
- **Barcos a motor** (lanchas) e **feluccas** particulares fazem excursões pelo rio; combine sempre o preço do passeio antes.

Fora do Cairo

- Fora do Cairo a história é outra. Na maioria das cidades, exceto talvez em Alexandria, provavelmente você vai preferir usar táxi em vez do **escasso serviço de transporte público**.

Ônibus

- **Ônibus interurbanos** são baratos, rápidos, em geral mais confiáveis do que os trens e costumam atender áreas não servidas pela rede ferroviária, como o Sinai e os oásis. Quase todos os ônibus interurbanos partem agora de um terminal, **Terminal Turgoman** (Mo'af Turgoman) em Sharia al-Gisr, Bulaq, 600m a sudoeste da estação de trem Ramses. Os ônibus 983 e 984 ou o miniônibus 32 vão até lá saindo do terminal Abd al-Moneim Riyad, no centro do Cairo. Os ônibus, particularmente os de longa distância com ar-condicionado, lotam rápido, por isso é bom reservar no dia anterior.
- As quatro empresas de ônibus relacionadas a seguir têm guichês em Turgoman e linhas com ou sem **ar-condicionado**.
- A **West Delta Bus Company** (tel. 02-2432 0049) tem linhas para Alexandria, Marsa Matruh e delta do Nilo.
- A **East Delta Bus Company** (tel. 02-2574 2814) tem linhas para o Sinai e a zona do Canal. Alguns ônibus também param no velho terminal do Sinai em Sharia Ramses, Abbaseya.
- A **Upper Egypt Bus Company** (tel. 02-2576 0261) atende todas as cidades ao sul do Cairo ao longo do Nilo, Fayoum, os oásis do deserto Ocidental e o litoral do mar Vermelho até Marsa Alam. Não há ônibus direto do Cairo até Siwa; você terá de tomar um ônibus até Mersa Matruh ou Alexandria e fazer a baldeação ali.
- A **Superjet** (tel. 02-2290 9017) tem ônibus com ar-condicionado (com vídeo, lanches e banheiro) do Cairo para Alexandria, Luxor, Assuã e Hurghada. Há cinco ônibus rápidos diários para Sharm el-Sheikh.

Táxis

- Os táxis do Cairo são **branco e pretos**, em geral para quatro pessoas.
- Os **táxis** são mais baratos do que no Brasil e raramente usam taxímetro.

Mesmo quando usam, o valor mostrado provavelmente terá pouco a ver com a tarifa cobrada pelo motorista.

- Quem mora no Cairo em geral **chama o táxi** gritando seu destino quando o carro chega perto. Não se discute a corrida, pois todos sabem mais ou menos quanto é, mas como visitante é melhor você combinar antes e se informar no hotel sobre o valor do serviço. É quase certo que terá de pechinchar.
- **Táxis de lotação** em geral cobram tarifa de limusine ao trabalhar como táxis normais. Vão para toda parte do Egito e podem ser o jeito mais rápido de circular. Como em geral são da marca Peugeot, têm o apelido de ***beejous***. O taxista anuncia seu destino e parte assim que houver seis ou sete passageiros. As tarifas cobradas são similares às de ônibus (de novo, confira se não está sendo cobrada tarifa de turista).
- Devido às **restrições de viagem** para estrangeiros, pode ser difícil conseguir um táxi. Muitas vezes você tem de pagar pelos sete assentos e usar o carro como táxi particular num comboio armado.
- Cuidado: os ***beejous*** têm o apelido de **"caixões voadores"**, pois são guiados de modo rápido e imprudente. Acidentes são comuns, especialmente à noite.

Trens

- A **Egyptian State Railway** opera trens por todo o vale do Nilo até Assuã, Alexandria, Suez, Port Said e Marsa Matruh. Nos próximos anos, a linha de Safaga no litoral do mar Vermelho até Qena, Kharga e Baris deverá ter conexão até a região de Toshka, no deserto Ocidental.
- Os bilhetes para a Egyptian State Railway são baratos e devem ser **comprados com antecedência** na estação ferroviária.
- A particular **Abela Sleeping Trains** opera um trem-dormitório um pouco degradado, mas bom, do Cairo até Luxor e Assuã, e vários trens turbo, rápidos e confortáveis, por dia para Alexandria (duas horas). No verão, há três trens-dormitório por semana para Marsa Matruh.
- Os bilhetes para a Abela Sleeping Trains devem ser reservados na **Ramses Station**, no Cairo (tel. 02-2574 9274; www.sleepingtrains.com).

Voos Domésticos

- A **Egypt Air** domina boa parte dos voos domésticos, mas o preço das tarifas caiu consideravelmente nos últimos tempos. Se você for voar para o Egito pela Egypt Air, reserve junto os bilhetes de voos domésticos para economizar até 50% nas tarifas anunciadas. A Egypt Air tem voos **diários** do Cairo para a maioria das principais cidades do Egito (tel. 02-2392 7680; www.egyptair.com.eg).
- **Reserve com muita antecedência**, em especial na movimentada temporada de inverno, e lembre que o overbooking infelizmente é comum. Para minimizar o risco de ser "excluído", confirme de novo as reservas e chegue mais cedo do que o recomendado para o check-in no aeroporto.
- Todos os voos domésticos saem do **Terminal 1** do aeroporto do Cairo, também conhecido como Velho Aeroporto *(al-matar al-qadim)*.
- Você pode também reservar voos pela **Air Sinai** para Hurghada, Sinai e Tel Aviv, em Israel. Os contatos são os mesmos da Egypt Air.
- A **Orascom Aviation** (tel. 02-2305 2401), empresa aérea privada, opera voos regulares do Cairo e de Luxor para Gouna.

Como Dirigir um Carro

- Dirigir no Cairo pode ser estressante; nas áreas rurais costuma ser perigoso, por isso talvez seja uma boa ideia **alugar um carro com motorista**.
- Desde o ataque terrorista em Luxor em 1997, a **segurança** é reforçada nas estradas egípcias. É quase impossível um estrangeiro passar pelas muitas barreiras ao longo do Nilo sem a proteção de um comboio com escolta.

Ao Dirigir

- Limite de velocidade nas **rodovias**: 100km/h
- Nas demais **estradas**: 90km/h
- Nos **centros urbanos**: 50km/h
- O **cinto de segurança** é obrigatório.
- A mão de direção é pelo lado **direito** da via.
- Evite dirigir no **escuro** nas cidades menores, pois a maioria dos veículos anda de farol baixo e só acende o farol alto no momento anterior à colisão. Na zona rural, lembre-se de que as pessoas levam os animais para casa logo após o entardecer e que muita gente tem o hábito de se sentar à beira da estrada.
- Muitas estradas montam **comandos policiais** que podem pedir para ver seus documentos; por isso, prepare-se para atrasos.
- Ande sempre com **passaporte e carteira de habilitação**. Na falta dos documentos, você corre o risco de pagar uma multa na hora e até mesmo ficar retido na estrada.
- Se causar algum acidente na zona rural, **registre a ocorrência** na delegacia mais próxima. Lembre-se: você poderá ser agredido por moradores enfurecidos.

Aluguel de Carro

- As **locadoras de automóveis** operam na maioria dos principais hotéis.
- **Cartões de crédito** são aceitos.
- Os motoristas devem ter pelo menos **25 anos de idade** e portar a Carteira Internacional de Habilitação.
- Os contratos de locação de veículos devem ser vendidos com **seguro contra terceiros**. Cheque se está incluído o **seguro por acidente e danos**. Se você se envolver num acidente, precisará fornecer à seguradora um boletim escrito da polícia e do médico que prestar primeiros socorros, caso haja lesões.

Manutenção

- As principais cidades têm **postos de combustível** *(benzene)*, mas eles são mais raros na zona rural. Por segurança, encha sempre o tanque e limpe o filtro de óleo, pois impurezas no combustível podem entupir o motor.
- Os postos maiores costumam ficar abertos até mais tarde.
- O combustível é bem **mais barato** do que no Brasil.
- A gasolina mais barata é a **normal** *(tamaneen)*, mas a **súper** *(tisaeen)* é de melhor qualidade. Para encontrar combustível sem chumbo, somente nos postos das áreas mais ricas do Cairo e de Alexandria.
- No Egito, os **mecânicos** de automóveis costumam consertar qualquer problema.
- A maioria das oficinas tem um bom estoque de **peças de reposição**.
- Se tiver problemas com o carro, **as pessoas em geral se dispõem a ajudar** a empurrar seu carro até a oficina mais próxima ou até a beira da estrada.

Clube do Automóvel

Automobile and Touring Club of Egypt
10 Sharia Qasr al-Nil, Centro do Cairo
197 D4 ☎ 02-2574 3355 (sáb-qui 9h-13h30)

Restrições de Viagem

- Incidentes terroristas contra visitantes levaram à adoção de **forte segurança** e restrições de viagem para turistas em certos trajetos, como entre cidades ao longo do Nilo, onde só se viaja em comboio com escolta.
- Oficialmente, o trânsito de turistas também é permitido em dois **trens** armados, com ar-condicionado, entre o Cairo, Luxor e Assuã.
- As **condições mudam com frequência**, por isso verifique com o centro de turismo antes de viajar, ou use transporte fluvial quando possível.

Hospedagem

Os principais centros turísticos do Egito oferecem variadas opções de hospedagem, mas em outras partes há poucas alternativas. Este guia oferece sugestões de lugares para ficar, de hotéis de luxo em palácios a pensões boas e baratas.

Hotéis

- Os hotéis indicados neste guia variam de **luxuosos a econômicos**. Geralmente, aqueles sem classificação são voltados para mochileiros e famílias egípcias.
- Os hotéis **de luxo**, quase sempre de redes internacionais, geralmente têm as instalações de praxe, mas embora o serviço esteja melhorando nem sempre está à altura dos padrões internacionais.
- Na **faixa intermediária** há hotéis antigos mas de classe, como o Cecil, em Alexandria, e outros modernos ao longo do mar Vermelho.
- Poucos hotéis **econômicos** têm ar-condicionado, mas alguns têm ventilador de teto. Há algumas joias raras, edifícios Art Déco com pé-direito alto e mobília antiga – mas hidráulica pouco confiável.

Pensões

As pensões são similares aos hotéis econômicos, mas, como geralmente são gerenciadas por uma família, a atmosfera tende a ser mais amigável e descontraída, e os quartos, mais bem-arrumados.

Albergues

- O Egito tem **15 albergues** nas cidades principais, reconhecidos pela Hostelling International. As diárias são mais baratas se você for membro da HI, mas isso não é estritamente necessário.
- Informe-se na **Egyptian Youth Hostel Association**, 1 Sharia Ibrahimy, Garden City, Cairo (tel. 02-2794 0527).

Acampar

- Acampar **não é algo comum** no Egito e os poucos campings do país ficam ao longo do litoral e nos oásis. Geralmente ficam distantes das atrações e têm equipamento escasso. Os campings ligados a hotéis são melhores.
- Não acampe no litoral, a não ser em campings com boa estrutura, pois algumas praias desertas têm **minas**. Este é um problema menor no deserto.

Reserva de Hospedagem

- Nos hotéis mais caros, os quartos costumam sair mais em conta quando reservados pelo sistema internacional da rede ou comprados como parte de um pacote. Outros locais recomendados aqui devem ser **agendados com muita antecedência**, particularmente na alta estação, quando lotam rápido.
- Consulte o site **www.egyptreservation.com** para hotéis, reservas, agências de viagem e outros serviços relacionados.

Categorias de Preço

Em muitos hotéis é possível negociar o preço da diária anunciado, particularmente fora da estação e se você se hospedar por vários dias. O valor da hospedagem que aparece neste guia é indicado abaixo. Os preços são para uma diária de casal.

$** menos de 400LE **$$** 400-900LE **$$$ mais de 900LE

Alimentação

Você pode se alimentar bem no Egito, mas não espere encontrar ampla variedade gastronômica. A cozinha egípcia é essencialmente uma comida de camponês, bem menos sofisticada, por exemplo, que a dos libaneses (► 28-29).

O Modo Egípcio de Alimentação

- O **almoço** costuma ser servido entre 12h30 e 15h, e o jantar das 20h às 22h30, mas muitos locais em áreas turísticas ficam abertos o dia inteiro.
- Num **restaurante**, os egípcios tendem a começar a refeição com uma boa seleção de mezze (pequenos pratos) frios e/ou quentes e bebidas. Se a quantidade for boa, isso muitas vezes vale por uma refeição.
- O **pão sírio** costuma ser usado para pegar a comida, em vez do garfo.
- Um ponto importante de etiqueta: use apenas a **mão direita** ao comer dessa forma, pois a esquerda é tradicionalmente usada para abluções.

Comer na Rua

Em todo o Egito você encontra ambulantes vendendo todo tipo de comida, desde sanduíches de queijo e deliciosas shawarma até sopa de pata de vaca e sanduíche de testículos de cordeiro. Por mais tentadores que sejam seu aspecto e aroma, a comida da rua só é recomendada para os mais ousados ou para quem tem estômago forte, pois as condições de higiene nessas bancas costumam ser precárias e poucas delas têm água corrente.

Cozinha Internacional

- Hoje você encontra a maioria dos estilos de cozinha no **Cairo** e, ao contrário do que ocorre na Europa, os restaurantes étnicos costumam ser mais caros.
- **Fora do Cairo** há menos opções. A maioria dos restaurantes de cozinha internacional fica em hotéis de luxo. A comida de hotel pode ser sem graça, com cardápios fixos e bufês, mas alguns restaurantes são excelentes.
- Redes internacionais de **fast-food** chegaram há relativamente pouco tempo ao Egito, mas se tornaram muito populares e quase todo resort turístico tem hoje seu McDonald's, PizzaExpress e outros.
- Apesar desse sucesso, os egípcios não abandonaram totalmente suas próprias variedades de fast-food, muito interessantes. Exemplos disso são o kushari (mistura picante de feijão, massas e arroz), o falafel/taamiya (bolinhos de purê de grão-de-bico fritos) e os sanduíches fuul.

Vegetarianos

Embora a maioria dos egípcios não tenha condições de comer carne mais de uma vez por semana, em geral eles não entendem por que um estrangeiro pode querer apenas vegetais. Feita a ressalva, você encontra uma boa variedade de cozidos de legumes e outros pratos vegetarianos nos cardápios dos restaurantes. *Ana nabaati/iya* significa "Eu sou vegetariano" em árabe.

Comer Fora

- Se você tem **estômago sensível**, evite verdura crua, fruta descascada, sorvete, bufês expostos e comida cozida por um longo tempo, como a shawarma.
- Tome muita **água e sucos de frutas frescas** para repor fluidos, mas evite bebidas muito geladas ao sol do meio-dia, principalmente as alcoólicas.
- Os egípcios adoram se **vestir bem** para ir comer num restaurante chique, mas nos demais lugares a norma é usar roupa casual.

Leitura Útil

- O *Egypt Today Restaurant Guide*, disponível nas livrarias locais, tem resenhas de muitos restaurantes e bares.
- A revista mensal *Egypt Today*, que também tem uma seção de restaurantes, comenta lugares recém-inaugurados no Cairo.

O Melhor da Comida Egípcia

Abu al Sid, Cairo (➤ 74)
Adrere Amellal, Siwa (➤ 145)
Restaurant Muhammad, Luxor (➤ 105)
Sequoia, Cairo (➤ 76)
Sofra, Luxor (➤ 104)

Bebidas

- **A água de torneira** é clorada, mas pode causar problemas.
- Você encontra **água mineral de garrafa** *(maaya maadaniya)* em todo lugar.
- A maioria dos egípcios toma muito chá, café, bebidas de ervas e bebidas geladas. Em todo lugar você acha bancas baratas de **sucos** de laranja, romã, morango, cenoura e manga, e de banana com leite. O suco de lima costuma ser servido com muito açúcar. Se quiser sem, mencione ao pedir.

Bebidas Alcoólicas

- O Egito é oficialmente um país muçulmano e, embora o álcool esteja disponível nos centros turísticos, é **proibido** em algumas partes do país, em especial em áreas afastadas das principais cidades. Mesmo onde for permitido, mostre respeito pela cultura local bebendo com moderação.
- Hotéis e alguns restaurantes vendem **cerveja e vinho local**, mas as bebidas alcoólicas importadas em geral só estão disponíveis nos hotéis de luxo e com preços muito altos.
- **Bebidas locais**, de marcas como Johnny Talker e Good Gin, devem ser evitadas; são comuns casos de doenças graves provocadas por bebida engarrafada. O zbib, similar ao ouzo grego, é uma exceção.
- Várias boas **cervejas**, como Stella e Sakkara, são fabricadas no Egito.
- Os tradicionais **Gianaclis Vineyards** na região do delta produzem vinhos tintos, brancos e rosês de qualidade razoável.
- O outro vinho local, tinto, branco, rosê e espumante, o **Obelisk**, é feito em El-Gouna a partir de concentrados de uva de boa qualidade vindas da Sicília.

Melhores Bares

After Eight, Cairo (➤ 78)
Greek Club, Cairo (➤ 76)
Sequoia, Cairo (➤ 76)
Cap d'Or, Alexandria (➤ 147)
Little Buddha, Sharm el-Sheikh (➤ 172-173)

Categorias de Preço
Abaixo estão as categorias de preço dos estabelecimentos mencionados neste guia. Eles têm base no valor de uma refeição de três pratos, sem contar bebida e gorjeta, por pessoa.

$** menos de 100LE **$$** 100-150LE **$$$ mais de 150LE

Alguns hotéis cobram taxa adicional de serviço de 22%.

Compras

Em qualquer região do Egito você encontrará boas oportunidades de compras. Os egípcios são comerciantes natos e também adoram comprar, por isso às vezes o país dá a impressão de ser um imenso bazar. A compra pode ser um processo demorado, que envolve trocar cumprimentos, sentar para tomar chá, escolher os itens e depois negociar até chegar a um acordo no preço.

Horários de Funcionamento

- **Lojas de departamentos**, em geral estatais, abrem de segunda a sábado, das 9h às 13h, e de novo das 17h às 20h. Lojas menores tendem a ficar o dia inteiro abertas, muitas até as 20h ou mais nas áreas de turismo.
- A maiorias dos **bazares** fecha aos domingos; algumas lojas para turistas, no entanto, podem ficar abertas.
- Alguns lojistas muçulmanos fecham durante as **orações vespertinas de sexta**, mas reabrem assim que voltam da mesquita. Nas horas normais de oração você talvez encontre o lojista rezando atrás do balcão. Dê um passeio e volte logo depois, pois isso não costuma levar muito tempo.
- Os principais **cartões de crédito e travellers' cheques** são agora amplamente aceitos nas áreas turísticas, mas muitas lojas menores trabalham apenas com dinheiro vivo ou cobram adicional por pagamento com cartão.

Pechinchar

Ocidentais podem ficar constrangidos ou não ter paciência de pechinchar, mas para os egípcios isso é normal: ao comprar, eles se dispõem a negociar tudo. Talvez você prefira as poucas lojas com preço fixo, mas elas são mais caras e os turistas que não sabem ler numerais em árabe continuam correndo o risco de perder dinheiro. Pechinchar pode ser divertido, desde que você compreenda as regras. Olhe as vitrines das lojas de valor fixo para ter uma ideia dos preços antes de se aventurar nos bazares, onde pechinchar é a norma. Como regra geral, ofereça pagar metade do preço pedido e observe a reação do comerciante. Se ele aceitar logo, você ainda está oferecendo muito. Se ele não mostrar interesse por sua oferta, suba um pouco ou faça menção de ir embora: se o seu preço for justo, ele irá chamar você de volta.

Artesanato

- A **variedade** do artesanato egípcio é infinita e os preços são muito bons, mas a qualidade do trabalho declinou com a mudança de gosto dos egípcios; a maior parte do artesanato é produzida hoje para o comércio turístico. O suvenir típico são as reproduções baratas da arte faraônica. Os papiros, por exemplo, são muitas vezes feitos de folha de bananeira, pintadas com cenas copiadas do papiro original ou de pinturas tumulares. Evite também as reproduções malfeitas de estátuas antigas.
- Organizações assistenciais estão tentando reviver o artesanato tradicional, como o bordado, a cerâmica e a tecelagem, particularmente para promover a independência econômica de mulheres da zona rural que o produzem. Um indício do sucesso é o surgimento de algumas lojas que oferecem produtos de bom nível, como a **Fair Trade Egypt** (➤ 77), que vende itens de qualidade de projetos de todo o Egito a preços acessíveis, a **Khan Misr Touloun** (➤ 77), a **Oum el Dounia** (➤ 77) ou a **Al-Khatoun** (➤ 77).
- O local mais barato para comprar artesanato é o **Khan al-Khalili**, no Cairo (➤ 71), ou os bazares de Luxor e Assuã. Boas compras são papiros pintados, vidro reciclado soprado à mão, incrustações de madrepérola, trabalhos em metal e cobre, toalhas tecidas e peças de alabastro.

Objetos de Época e Antiguidades

Objetos faraônicos, islâmicos e coptas só podem ser exportados com uma licença do Departamento de Antiguidades, que em geral o comerciante se encarrega de obter. Fique atento: a maioria das antiguidades é falsa, e há ainda um forte comércio ilícito de peças antigas roubadas.

Algodão e Outros Tecidos

- **Algodão egípcio** de boa qualidade é difícil de achar no Egito, pois a maior parte é exportada. Ainda assim é possível encontrar roupas casuais de algodão a preços acessíveis praticamente em toda parte.
- Nos mercados das principais cidades você encontra **roupas egípcias** típicas.
- As cidades de **Akhmim** e **Nagada**, no Alto Egito, são famosas pelos ótimos tecidos, também disponíveis nas melhores lojas do Cairo e de Luxor.
- Mulheres beduínas produzem lindos **bordados** em xales e roupas.
- Cairo talvez seja a melhor e mais barata opção para comprar **adereços para dança do ventre**. Você pode comprar a roupa pronta ou personalizá-la com quantas contas, brilhos, sinos e lantejoulas quiser. O melhor lugar para isso é a loja Haberdashery, em Khan al-Khalili (➤ 77).

Joias

- Muitas egípcias ainda preferem gastar seu dinheiro em **joias**, de preferência de ouro; por isso é sempre fácil encontrar esses itens no Egito.
- Beduínas e mulheres da zona rural preferem ouro de 21 quilates, mas a maioria das joias estilo ocidental é de 18 quilates. **Peças de ouro e prata** são vendidas por peso, com uma taxa adicional pela manufatura. A cotação do ouro aparece todo dia na *Egyptian Gazette*.
- Joias são **relativamente baratas** no Egito, pois os salários ainda são baixos.
- Os ***cartouches*** de ouro ou prata com nomes escritos em hieróglifos são provavelmente a joia mais comprada por turistas. Elas geralmente assumem a forma de pingentes ou correntes.

Perfumes e Especiarias

- Cairo é o **maior mercado de perfumes e especiarias** do Oriente Médio. Prefira o mercado de especiarias em Khan al-Khalili (➤ 71), com mais opções.
- Essências são vendidas por **onça** (28g), e devem ser diluídas em álcool para fazer perfumes.
- Cuidado ao comprar fragrâncias. O Egito produz muitas essências puras usadas em perfumes ocidentais, e muitas lojas oferecem cópias de marcas famosas. Algumas lojas têm o produto genuíno, mas cobrar a mais e diluir essências puras é um golpe comum.
- **Especiarias** como pimenta preta *(filfil)*, cominho *(kammum)*, pimenta vermelha *(shatta)* e canela *(irfa)* são suvenires baratos e ajudam a recriar a culinária egípcia na volta para casa.
- **Prefira as especiarias usadas localmente**, pois as mais exóticas – como o açafrão *(zaafaran)* ou a pimenta verde *(filfil akhdar)* – podem ser bem mais baratas do que em seu país, mas como muitas vezes são tingidas artificialmente e não têm o mesmo gosto, são de qualidade inferior.
- Em Assuã procure a flor **hibisco** vermelho *(karkadeh)*, da qual se faz um delicioso chá frio ou quente.

Melhores Mercados de...

...**suvenires**: Khan al-Khalili, Cairo (➤ 71; 77)
...**antiguidades e quinquilharias**: Attarin Market, Alexandria (➤ 149)
...**camelos**: Daraw (➤ 122)
...**especiarias**: *souk*, Luxor (➤ 105), Assuã (➤ 127)
...**cestas núbias, xales de seda**: *souk*, Assuã (➤ 127)

Diversão

Muitos turistas visitam o Egito com uma agenda tão apertada que é raro sobrar tempo para ver esportes ou para a vida noturna. Se você tiver tempo, no entanto, pode encontrar informações a respeito da agenda da cidade no *Egyptian Mail* (sábado), no jornal diário *Egyptian Gazette*, na *Al Ahram Weekly* e nas revistas mensais *Egypt Today* e *Insight*. Se tiver acesso a computador ou a um cibercafé, entre nos sites www.egypttoday.com, www.cairocafe.com e www.cairotimes.com.

Bares e Clubes

- O Cairo tem muitos bares e casas noturnas, mas no resto do país a vida noturna se restringe mais aos hotéis. A **música** oferecida é em parte ocidental, em parte egípcia, e às vezes há canções sudanesas ou gregas.
- Alguns lugares impedem a entrada de pessoas vestidas de maneira **casual** demais ou de jeans, e outros têm uma política de admitir apenas casais, para evitar problemas – embora mulheres estrangeiras desacompanhadas invariavelmente sejam admitidas.
- **Cafés ao ar livre** são um ótimo lugar para apreciar o movimento, mas isso costuma ser feito tomando um chá, café ou bebida gelada e saboreando uma *sheesha* (narguilé), já que álcool raramente é servido.

Dança do Ventre

A dança do ventre perdeu popularidade nos últimos anos, pois muitos jovens egípcios e árabes têm preferido a diversão ocidental. Quando líderes religiosos condenaram a dança como indecente, muitas dançarinas egípcias se aposentaram precocemente e seu lugar foi tomado por dançarinas estrangeiras. Os melhores shows são os das casas noturnas dos hotéis de luxo, que cobram valor fixo pelo show e um jantar. As dançarinas mais conhecidas são Lucy, Dina e a inglesa Yasmina. Casas menos luxuosas são um pouco vulgares, mas fascinantes: nelas a cerveja corre solta e os homens atiram dinheiro às bailarinas (veja Tradição e Ritmo, ➤ 30).

Diversão à Beira do Nilo

Nas noites quentes de verão muitos egípcios descem até o Nilo para sentir a brisa fresca. Algumas cidades têm cassinos ou cafés ao ar livre às margens do rio, onde famílias e casais de namorados vêm tomar bebidas geladas e fazer um lanche. Praticamente em qualquer época do ano é possível alugar um felucca (barco à vela) ou uma lancha para ver o pôr do sol ou passar uma tarde bebendo e saboreando petiscos.

Esportes

Os egípcios adoram futebol, e os turistas mais entusiasmados podem assistir a algum jogo durante a temporada (setembro a maio). O Cairo tem dois times principais. O estádio do Ahli fica em Zamalek e – o que confunde muitos – o Zamalek Club joga em Muhandiseen. O estádio nacional fica em Madinet Nasr. Outro esporte popular são as corridas de cavalos, realizadas no Gezira Club, no Cairo, ou nos hipódromos de Heliópolis, de outubro a maio.

Festivais

Outubro: Rally do Faraó, corrida internacional de veículos 4x4 no deserto.
Novembro: Arab Music Festival na Ópera do Cairo, com música erudita e música árabe tradicional.
Dezembro: Festival Internacional de Cinema do Cairo, realizado em diversas salas de cinema no centro da cidade.

Cairo

Como Se Localizar

Para apreciar melhor o Cairo a recomendação é fazer como os locais: levar tudo com bom humor e muita paciência. A recompensa é imediata e você logo descobrirá uma das cidades mais fascinantes do mundo, onde a história é apenas uma parte da vida cotidiana.

Num dos contos de *As Mil e Uma Noites*, um homem que está falando sobre cidades maravilhosas declara:

"Quem não viu Cairo não viu o Mundo. Sua névoa é ouro; o Nilo é um prodígio; suas mulheres são como as virgens de olhos negros do Paraíso: e como poderia ser de outro modo, se ela é a Mãe do Mundo?".

O Nilo ainda corre como uma miragem pela cidade e as mulheres são de fato encantadoras, mas a névoa hoje é mais concreto que ouro, e a Mãe do Mundo abriga uma população de quase 20 milhões de pessoas.

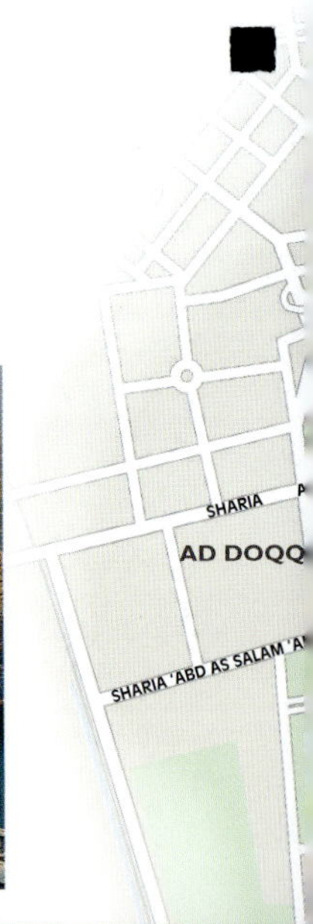

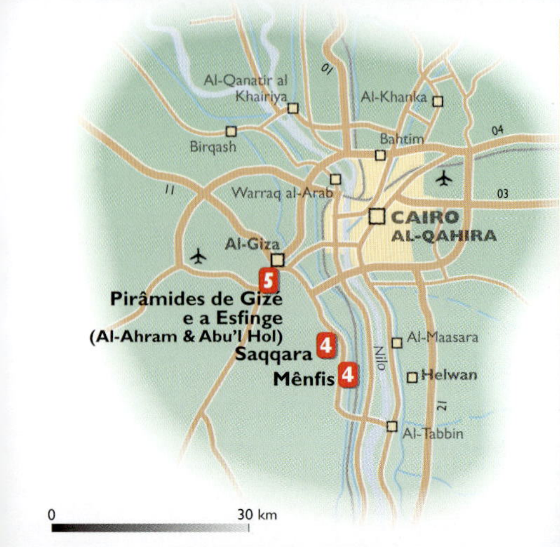

★ Destaques

1. Museu Egípcio ➤ 50
2. Cairo Copta ➤ 54
3. Sharia al-Muizz li-Din Allah ➤ 56
4. Saqqara e Mênfis ➤ 59
5. Pirâmides de Gizé e a Esfinge ➤ 62

Atrações

6. Centro (Wust al-Balad) ➤ 67
7. Museu Mahmoud Khalil ➤ 67
8. Museu Gayer-Anderson (Beit al-Kritliya) ➤ 67
9. Mesquita Ibn Tulun ➤ 68
10. Cidadela (Al-Qalaa) ➤ 68
11. Mesquita-madraçal Sultão Hassan ➤ 69
12. Museu de Arte Islâmica ➤ 69
13. Mesquita Al-Azhar ➤ 70
14. Khan al-Khalili ➤ 71

O Cairo é uma cidade de extremos: pobreza e riqueza, analfabetismo e internet, edifícios de tijolo de barro e arranha-céus convivem neste lugar. Há sempre uma surpresa virando a esquina, mas de algum modo a cidade continua funcionando e crescendo. À primeira vista, pode parecer mais um inferno do que um paraíso, pois o trânsito é pesado, a poluição deixa um halo marrom no horizonte e o barulho produz uma dor de cabeça instantânea. Menos de 200 anos de expansão urbana e industrial ameaçam agora destruir monumentos de 5 mil anos. No meio desse tumulto, porém, a população vai tocando a vida. Talvez você perca a paciência – alguns odeiam a cidade –, mas muitos se sentem estimulados por este caos imprevisível.

Da esquerda para a direita: vista da ilha Gezira a partir da Torre do Cairo; herbanário no Khan al-Khalili

Em Três Dias

Se você não sabe por onde iniciar sua viagem, este roteiro propõe uma maneira prática e agradável de passar três dias no Cairo, visitando algumas das principais atrações. Use os mapas das págs. 46 e 47 para se localizar. Veja detalhes nas seções específicas.

Primeiro Dia

Manhã
Comece com uma longa visita ao **1 Museu Egípcio** (à esquerda, ➤ 50-53), depois dê uma volta pelo **6 Centro do Cairo** (➤ 67) e almoce num dos inúmeros restaurantes da área. Pode ser o elegante Galleria Food Court (➤ 76) ou o mais econômico Felfela (➤ 75).

Tarde
Volte andando até a Midan Tahrir (praça da Libertação), cruze o Nilo pela ponte Qasr al-Nil, passando pela moderna Ópera do Cairo, e siga até o **7 Museu Mahmoud Khalil** (➤ 67). Volte em direção ao Nilo e embarque num felucca para ver o pôr do sol no Cairo.

Segundo Dia

Manhã
Comece cedo e pegue um táxi ou metrô até a **2 Cairo Copta** (➤ 54-55) para visitar o Museu Copta e algumas das igrejas antigas. Pegue um táxi até a **11 Mesquita-madraçal Sultão Hassan** (abaixo, ➤ 69) e depois da visita siga em outro táxi daqui até o **Parque Al-Azhar** (➤ painel 71) para um passeio e um almoço em algum restaurante (➤ 74-76).

Tarde
Depois do almoço, faça uma corrida curta de táxi até 14 **Khan al-Khalili** (➤ 71). Passeie pelos *souks* em direção ao Mausoléu Barquq e, adiante, até a casa do mercador, **Beit as-Suhaymi** (➤ 57). Depois, volte andando pela 3 **Sharia al-Muizz li-Din Allah** (➤ 56-58) até o Tentmakers Bazaar. Volte ao Khan al-Khalili para restaurar as energias com um chá de menta e um narguilé no café Al-Fishawi (➤ 75).

Noite
Termine a noite assistindo a um espetáculo de dança do ventre num dos hotéis sofisticados da cidade (➤ 78).

Terceiro Dia

Manhã
Pegue um táxi para Mênfis e continue daqui até a Pirâmide Escalonada e os túmulos de 4 **Saqqara** (➤ 59-61). Almoce no Andrea (➤ 74) ou no jardim do Mena House Oberoi (➤ 73).

Tarde
Pegue outro táxi ou ande até as 5 **Pirâmides de Gizé e a Esfinge** (acima, ➤ 62-66) e o **Museu da Barca Solar** (➤ 66) para uma visita calma. Siga até os estábulos e alugue um cavalo ou camelo para ver o pôr do sol no deserto.

Noite
Volte para a cidade e junte-se aos frequentadores do bar-restaurante Sequoia (➤ 76), com vistas maravilhosas do rio Nilo.

O Museu Egípcio

O Museu Egípcio, no Cairo, tem a mais requintada e extensa coleção do mundo de artefatos do Egito Antigo: são mais de 3 mil anos, desde o Antigo Reinado até o período romano. Dizem que, se você reservar um minuto para cada peça exposta, levará nove meses para ver tudo o que está aqui. Mas se isso for tempo demais para você, reserve pelo menos uma manhã (ou, melhor ainda, duas) para ver as muitas atrações do museu, mesmo que diversas das peças expostas estejam mal iluminadas ou mal apresentadas. O térreo tem organização cronológica, em sentido horário a partir do saguão de entrada, e as peças do primeiro andar estão reunidas por tema.

Detalhe de trabalho em relevo num sarcófago

A imponente fachada do Museu Egípcio

Destaques do Andar Térreo

Os primórdios da arte egípcia estão destacados na **Narmer Palette**, na Sala 43, que registra a unificação do Egito pelo rei Menes (➤ 22), e nas **estátuas** mais antigas do museu (Sala 48) – a do rei Djoser sentado foi encontrada perto da sua Pirâmide Escalonada, em Saqqara. A estátua negra do construtor da pirâmide, Quéfren, é uma obra-prima, assim como o impressionante homem de madeira conhecido como Sheikh al-Balad ou Chefe da Aldeia (ambas na Sala 42).

O destaque da Sala 32 é a dupla estátua do harmonioso casal Rahotep e Nofret, que tem cores excepcionalmente bem preservadas. Bem mais estranha é a estátua do anão Seneb e sua esposa, com os filhos dispostos de modo a encobrir suas pernas curtas. A capela lindamente colorida de Hator, com uma estátua em tamanho natural da deusa-vaca (Sala 12), foi encontrada no Templo de Hatshepsut, Deir al-Bahri, em Luxor (➤ 94-95).

Uma das coleções mais fascinantes do museu, na Sala 3, mostra a pioneira **arte realista** da época do faraó rebelde Akhenaton (➤ 22-23). Em quatro grandes estátuas daqui, Akhenaton é mostrado com uma face comprida, boca notável e quadris e barriga proeminentes. Ele está acompanhado de sua famosa e bela esposa Nefertiti, e brinca com seus filhos.

Agora siga pela ala leste até a escadaria sudeste, que leva ao primeiro andar.

O GRANDE MUSEU EGÍPCIO

Quando o atual Museu Egípcio foi inaugurado, recebia 500 visitantes por dia, mas o acervo em expansão hoje atrai cerca de 7 mil visitantes diários. Segundo uma piada atual, o porão do museu é a mais recente escavação importante do Egito. O novo Grande Museu Egípcio, com 38 mil metros quadrados, deverá ser inaugurado num local próximo às Pirâmides de Gizé, em 2012. Terá mais de 100 mil objetos expostos e contará com uma loja do museu, uma biblioteca de Egiptologia, um auditório e um centro de mídia. O atual museu será dedicado à arte egípcia e ao histórico arqueológico de cada peça.

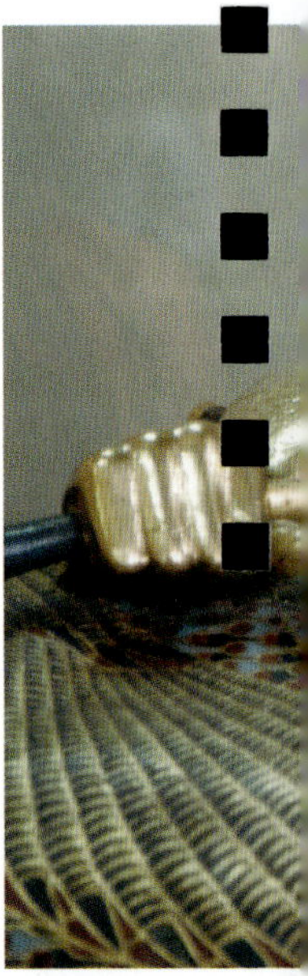

O Primeiro Andar

Entre as muitas atrações do museu, a que atrai mais gente é sem dúvida o **tesouro de Tutancâmon**. Este genro de Akhenaton governou apenas nove anos, mas ficou famoso quando o arqueólogo inglês Howard Carter (1874-1939) descobriu seu túmulo intacto em 1922 no Vale dos Reis, junto com os impressionantes objetos destinados a acompanhá-lo em sua vida pós-morte.

Subindo a escadaria você encontra os itens mais ou menos como foram dispostos no túmulo. A Sala 45 começa com duas estátuas em tamanho natural do faraó, que guardavam sua câmara funerária, e as galerias seguintes mostram a grande quantidade de adereços refinados, em geral folheados a ouro, colocados neste túmulo. As Salas 7 e 8 têm os santuários de madeira dourada que se encaixavam um no outro e encerravam o sarcófago do faraó. Talvez haja fila para entrar na Sala 3, onde fica o maior tesouro de todos: a máscara mortuária de ouro sólido de Tutancâmon, com incrustações de pedras semipreciosas, seu sarcófago dourado e suas joias.

Na Sala 4 ficam mais joias antigas procedentes de todo o país, e a Sala 2 tem a espetacular joalheria dos túmulos de Tanis. As recém-remodeladas Salas 53 e 54 têm uma maravilhosa coleção de múmias de animais.

A Sala da Múmia Real

A Sala 56 abriga as **múmias** de 11 dos mais ilustres faraós egípcios, incluindo Seti 1º, seu filho Ramsés 2º (➤ 23) e Tutmés 2º. O ex-presidente Sadar mandou fechar a sala em 1981, considerando-a desrespeitosa aos mortos. Mas desde que ela reabriu parcialmente em 1995 os visitantes são instruídos a permanecer respeitosamente em silêncio e grupos de excursão não são admitidos.

Acima: a máscara de Tutancâmon, de ouro sólido com enfeites de lápis-lazúli, turquesa, cornalina e pasta de vidro Abaixo: joia de ouro do túmulo, com pedras semipreciosas

FAÇA UMA PAUSA

A cafeteria do museu é sem graça, mas o pátio do **Nile Hilton** fica ao lado. Seu café Abu Ali, no terraço, oferece lanches e *sheeshas* (narguilés), o italiano **Da Mario** tem boas massas e pizzas, ou você pode parar para um café e doces na cafeteria. O hotel **Semiramis**, perto, tem vários restaurantes excelentes.

196 C4 ✉ Midan Tahrir, Centro ☎ 02-2575 4319; www.egyptianmuseum.gov.eg ⌚ Diariam 9h-18h45 🍴 Café do museu ($); restaurante italiano ($$); café Abu Ali, no terraço ($) do Nile Hilton 🚇 Estação Sadat ✋ Moderado; adicional para a Sala das Múmias na entrada do primeiro andar (caro)

POR DENTRO DO MUSEU EGÍPCIO

Dicas A maioria dos ônibus de excursão chega ao museu por volta das 10 horas, por isso, venha cedo ou mais à tarde, para evitar aglomerações.

- A quantidade de coisas para ver é espantosa, por isso divida sua visita em dois dias: um andar numa manhã, o outro na manhã do dia seguinte.

Evite A ala leste do térreo, a maior parte dedicada ao Período Tardio, é mal identificada e menos interessante do que o resto, exceto pela Sala 34, de arte greco-romana.

- Você pode também pular as galerias externas de sarcófagos do lado oeste do primeiro andar e as galerias internas do lado leste (exceto a Sala 14), pelo mesmo motivo.

Joias Ocultas A Sala 14, no primeiro andar, é mal apresentada, mas tem uma preciosa coleção de múmias greco-romanas com máscaras incríveis, conhecida como os Retratos Faium.

- Também no primeiro andar (nas Salas 32 e 27) há maquetes em tamanho natural, com ricos detalhes de barcos de pesca, gado com pastores e uma vila com jardim, que dão uma visão do que era a vida no Médio Império.

Para Saber Mais Um guia digital (moderado) fica à disposição dentro do museu. Para mais detalhes sobre antiguidades, visite a livraria do museu. O *The Illustrated Guide to the Egyptian Museum in Cairo*, de Zahi Hawass, secretário-geral do Conselho Supremo de Antiguidades do Egito, é um guia descritivo com fotos das principais peças expostas e alguns itinerários úteis (AUC Press). *The Treasures of the Egyptian Museum in Cairo* (AUC Press) é um livro magnificamente ilustrado, de Francesco Tiradritti.

2 Cairo Copta

Uma das partes da cidade habitada há mais tempo é Masr al-Qadima (Velha Cairo), o bairro copta que mostra um vínculo fascinante entre as civilizações faraônica e islâmica do Egito. No século 6º a.C., uma guarnição conhecida como Babilônia-no-Egito protegia aqui um cruzamento do rio. Há algumas fortalezas romanas, mas a verdadeira atração da área são suas ruas estreitas, cheias de velhas igrejas, além da mais antiga sinagoga do Egito. A primeira mesquita do Cairo, erguida por Amr Ibn al-Aas em 642, fica próxima daqui.

A primeira coisa que você verá ao chegar aqui são duas torres romanas, parte das fortificações erguidas pelo imperador Trajano em 130, e fragmentos dos muros de Babilônia-no--Egito. Atrás deles fica o fascinante e recém-reformado **Museu Copta**, que dá uma visão geral da arte copta desde o período greco-romano até o início da era islâmica (de cerca de 300 d.C. a 1000). Com a vista, fica nítido que alguns símbolos cristãos podem ter evoluído a partir dos faraônicos, como a cruz e a imagem da Virgem e do Menino. Os coptas eram ótimos tecelões, e o andar superior do museu tem um belo acervo de fragmentos de tecidos antigos.

As elegantes torres da igreja copta de Al-Muallaqa

Uma passagem perto da cafeteria leva à **igreja Al-Muallaqa** (Igreja Suspensa ou Pendurada), erguida sobre um dos bastiões romanos, visível nos fundos da igreja. Entra-se no edifício por uma escada íngreme e um vestíbulo, onde há suvenires coptas à venda. A igreja data possivelmente do século 7º, mas alguns coptas dizem ser mais antiga. O interior escuro é magnífico, com painéis de cedro, teto de madeira em arco, púlpito de mármore sustentado por 12 pilares que representam os apóstolos e painéis do século 13 com incrustações de osso e marfim, que cobrem os *haikals* (altares).

A igreja mais antiga daqui talvez seja **Abu Sarga (são Sérgio)**, do século 5º, com uma cripta ainda mais antiga onde dizem que a Sagrada

A SAGRADA FAMÍLIA NO EGITO

"O anjo do Senhor apareceu em sonhos a José dizendo 'Ergue-te, pega o menino e a mãe e vai para o Egito... pois Herodes vai procurar a criança para destruí-la'... Ele pegou o menino e a mãe à noite e partiu para o Egito." Mateus 2:13-14. Acredita-se que a Sagrada Família – Maria, o menino Jesus e o marido de Maria, José – passou quatro anos em viagem, cruzando o Sinai e depois viajando ao longo do Nilo até Asyut. Igrejas e mosteiros coptas foram construídos em muitos desses lugares, onde se acredita que eles tenham parado para descansar.

Família descansou na fuga para o Egito. Na capela do Convento de São Jorge, visitantes que querem uma bênção são envolvidos em correntes pelas freiras.

A comunidade judaica já foi embora há muito tempo, mas a **Sinagoga Ben Ezra** resiste na outra ponta da rua, restaurada. Originalmente uma igreja copta, o edifício foi transformado no século 11 e a decoração permaneceu muito similar àquela das igrejas vizinhas. Segundo a tradição judaica, foi aqui que o profeta Jeremias rezou no século 6º a.C., enquanto os coptas acreditam que a igreja assinala o local onde Moisés, quando bebê, foi encontrado dentro de um cesto.

Acima: você talvez veja monges coptas rezando em algumas das igrejas

FAÇA UMA PAUSA

A **cafeteria** no jardim do museu é um lugar tranquilo para relaxar depois de explorar o Cairo copta.

Museu Copta

196 C1 Masr al-Qadima (Velha Cairo) 02-2363 9742; www.copticmuseum.gov.eg Diariam 9h-16h Cafeteria no jardim ($) Mar Girgis (de Midan Tahrir) Moderado

Igrejas Coptas

196 C1 Masr al-Qadima (Velha Cairo) Igrejas e sinagoga diariam 9h-16h e durante as missas Mari Girgis (de Midan Tahrir) Grátis; donativos são bem-vindos

POR DENTRO DA CAIRO COPTA

Dica Assista a uma **missa copta** na Igreja Suspensa (sexta 8h-11h e domingo 9h-11h) e ouça o som dos faraós, já que os coptas dizem ser seus descendentes diretos. Os instrumentos, a música e a linguagem que você ouve aqui são similares aos do Egito Antigo. Em 1º de junho, uma festa celebra a estadia da Sagrada Família na área.

Joias Ocultas À direita da entrada da Igreja Suspensa fica um belo **ícone da Virgem e do Menino,** do século 10º, com traços faciais egípcios.

- Ande pelas ruelas atrás da igreja de Santa Bárbara, do século 11, e descubra um cemitério cristão escondido.

3 Sharia al-Muizz li-Din Allah

Esta é a via principal da cidade fatímida original de Al-Qahira (Cairo) e tem algumas das mais bonitas mesquitas e palácios da cidade. Como era costume construir lojas fora das mesquitas, ela também abriga alguns bazares do Cairo menos voltados para turistas.

O **muro fatímida** do século 11 e o **portal chamado Bab al-Futuh** marcam o extremo norte de Sharia al-Muizz. Erguidos antes das Cruzadas por armênios (com pedras de edifícios dos faraós), foram reforçados por Saladino (➤ 25) um século depois. Para apreciar sua genialidade arquitetônica e militar,

Minarete e fonte de abluções da Mesquita de al-Hakim

FICÇÃO EGÍPCIA CONTEMPORÂNEA

Naguib Mahfouz é tido como o pai da literatura árabe contemporânea; depois dele, muitos outros escritores egípcios ganharam destaque, apesar da forte censura. O principal deles é Alaa al-Aswany.

O Início

Muitos escritores egípcios das décadas de 1940 e 1950 adotaram técnicas da ficção ocidental, até encontrarem depois sua própria expressão. Muitas vezes usando o egípcio coloquial em vez do árabe moderno, vários autores mostraram e criticaram a política local e as tendências sociais. O mais influente deles foi Naguib Mahfouz (1911-2006), que se inspirou nas ruas e cafés do centro histórico do Cairo, onde nasceu. Sua obra-prima é a *Trilogia do Cairo,* pela qual recebeu o Nobel de Literatura em 1988. Yusuf Idris é considerado o mestre do conto, uma espécie de Anton Tchekhov árabe, enquanto Albert Cossery, egípcio que viveu em Paris desde 1945, retratou de modo magistral os

A intensa produção dos escritores egípcios encontra novos leitores a cada dia

Igreja Copta da Virgem Sagrada, dentro dos muros do Mosteiro de Santo Antônio

guerra contra Israel, a população judaica que ainda vivia no país sofreu discriminação. Nas décadas seguintes, particularmente desde as guerras do Afeganistão e do Golfo, tem havido ataques a igrejas e a grupos cristãos.

Isso causou tal ressentimento em alguns membros da comunidade cristã, que o patriarca copta Shenouda 3º suspendeu a proibição de que os coptas emigrassem. Recentemente, vários jovens profissionais coptas se retiraram para mosteiros no deserto, revivendo práticas monásticas.

Pontos em Comum

Coptas e muçulmanos compartilham o amor pela celebração, como ocorre nos dias santos anuais, os *moulids*. Essas festas costumam durar vários dias e são realizadas em todo o país. Algumas são pequenas reuniões, mas outras, como os *moulids* de Sayyidna al-Husayn, no Cairo, e Sayyid al-Badawy, em Tanta, atraem multidões. Sua mistura de religião, interação social e comércio é similar à das festas do Egito Antigo. Tanto faz se o santo é cristão ou muçulmano, os *moulids* atraem uma massa mista, que vai buscar bênçãos e a oportunidade de festejar.

A Chegada do Islã

O profeta Maomé nunca visitou o Egito, mas muitos dos seus correligionários e parentes próximos estão enterrados aqui. Hoje, 94% dos egípcios são muçulmanos ou seguidores do islamismo. O livro sagrado do Islã, o Corão, baseia-se nas revelações recebidas por Maomé no período de 610 a 632 d.C. A nova religião foi influenciada por crenças mais antigas, como o zoroastrismo, o judaísmo e o cristianismo, mas afirmava ter superado todas elas.

"Coptas e muçulmanos compartilham o amor pela celebração, como ocorre nos *moulids*"

O Islã foi trazido ao Egito junto com um exército comandado pelo grande general árabe Amr ibn al-As, em 641, quando o país vivia sob o governo nominal dos imperadores cristãos de Constantinopla (Istambul). A nova doutrina aboliu o sacerdócio das religiões anteriores. No Egito, como em outros países onde os sacerdotes com frequência dirigiam a vida dos fiéis, a prática de rezar diretamente a Deus, já que todas as pessoas eram consideradas iguais aos olhos dele, deve ter se tornado especialmente popular.

Muitos jovens coptas se tornaram monges

A Cisão

Após a morte do profeta Maomé em 632, seu amigo Abu Bakr e seu genro Ali passaram a disputar o título de líder dos fiéis, criando uma cisão, que continua até hoje, entre os seguidores de Ali, os Shi'a (xiitas), e o seguidores de Abu Bakr, os sunitas. A maioria dos egípcios são muçulmanos sunitas.

Tensões Religiosas

Sempre houve tensões entre as diferentes religiões no Egito. Nos séculos 2º e 3º, ocorreram em Alexandria lutas entre cristãos, judeus e seitas pagãs, e a Cairo medieval foi campo de batalha para coptas, sunitas e xiitas. Nas décadas de 1950 e 1960, quando o Egito estava em

Porém, muitos judeus emigraram ou foram expulsos em meados do século 20, com a criação do Estado de Israel e as guerras árabe-israelenses, e apenas grupos pequenos, em geral de idosos, ainda vivem em Alexandria e no Cairo. Por isso, os judeus são agora a menor parcela religiosa do Egito.

A Igreja Cristã Primitiva

O Egito tem vínculos com o cristianismo desde a fase inicial desta religião, pois conta-se que Maria e José viajaram ao longo do Nilo com seu filho Jesus – muitas capelas e igrejas marcam locais onde eles pararam para descansar. Segundo a lenda, a Igreja Cristã no Egito foi fundada depois que o evangelista são Marcos viajou de barco até Alexandria no século 1º d.C. Os egípcios tiveram importante papel no estabelecimento dos rituais da antiga Igreja, mas recusaram-se a aceitar a natureza dual de Jesus como deus e homem, já que para eles Jesus era ambos em um, inseparavelmente. Eles foram condenados por heresia em 451 e desde então ficaram isolados, com rituais e liturgia independentes de influências externas. Alguns estudiosos estão agora voltando-se para a Igreja Egípcia para vislumbrar como deve ter sido a igreja cristã antiga.

Detalhe de papiro copta ilustrado, feito com técnicas egípcias tradicionais

A Igreja Copta

Na época da invasão árabe de 639, a maioria dos egípcios fazia parte da Igreja Copta (cristã egípcia). Embora os coptas sejam agora minoria, constituindo entre 6% e 10% da população, ainda exercem uma significativa influência, particularmente na política e no comércio, talvez porque afirmem ser os verdadeiros herdeiros da antiga civilização egípcia.

Muitos aspectos dos rituais coptas parecem ter preservado um pouco do mundo dos faraós. A língua copta, ainda em uso nas igrejas, teria sido entendida pelos últimos antigos, e a liturgia e as orações contêm frases e imagens que parecem provir de textos pagãos. Essa ideia foi sustentada pelo filósofo judeu Philo de Alexandria (*c.* 15 a.C.-50 d.C.), que notou que os cristãos mudavam apenas algumas palavras das orações vetustas. Muitos deuses antigos também encontraram um paralelo na religião copta, como ocorre entre as sagradas mães Maria e Ísis, ou com Hórus, o Velho, que com frequência é retratado caçando um hipopótamo com um arpão, assim como são Jorge lutando contra o dragão.

A Terra dos FIÉIS

O historiador grego Heródoto visitou o Egito em 450 A.C. e achou os egípcios "muito religiosos, mais do que qualquer outro povo do mundo". Muita coisa mudou nos últimos 2 mil anos, mas a religião ainda é essencial no dia a dia do país.

Retábulo na Sinagoga Ben Ezra, no Cairo, a mais antiga do Egito

A maioria dos egípcios se identifica não apenas por sua cidade ou região de nascimento, mas também pela sua religião. Isso se deve ao fato de o Egito ter sido importante para o desenvolvimento das três principais religiões presentes na área: o islamismo, o cristianismo e o judaísmo.

Moisés e os Dez Mandamentos

Moisés recebeu os Dez Mandamentos em Jebel Musa, no Sinai; por isso os primeiros judeus viveram no Egito. No século 3º a.C., a Torá, livro sagrado dos judeus, foi traduzida para o grego em Alexandria e ficou acessível a um público maior. Alexandre, o Grande, trouxe os judeus para a cidade de Alexandria após fundá-la em 331 a.C., e desde então existe uma notável comunidade judaica no Egito.

cuidar do morto. Isso, além de orações e oferendas feitas junto ao túmulo, ofereciam a possibilidade de uma eternidade serena.

Rituais Funerários Islâmicos

O Islã, que mudou os rituais religiosos, também alterou os funerários. O profeta Maomé anunciou que o melhor túmulo era o que pudesse ser limpo com a mão – um lençol para embrulhar o morto e uma cova no deserto eram suficientes. Mas aos poucos as velhas ideias voltaram, em especial o antigo culto dos mortos e a crença no poder dos espíritos de afetar os vivos.

> "Os túmulos de Qaytbay, na Cidade dos Mortos, são um dos esplendores da arquitetura islâmica."

A Cidade dos Mortos

Quando os califas fatímidas (➤ 24) fundaram Al-Qahira (Cairo), trouxeram os ossos dos ancestrais. E quando o sultão Qaytbay construiu seu túmulo, no século 15, acrescentou a ele uma escola, um mosteiro e um caravançará (alojamento). Queria que o túmulo fosse mantido após sua morte, e esperava que houvesse orações por ele depois que partisse. Seu nome certamente sobreviveu – os túmulos de Qaytbay, na Cidade dos Mortos do Cairo, são um dos esplendores da arquitetura islâmica (➤ 179).

Embora tenha sido construída num deserto, fora dos limites urbanos, a cidade do Cairo cresceu tanto desde então que a Cidade dos Mortos fica hoje dentro dela: uma cidade dentro da outra. É também um local onde muitas tradições funerárias egípcias são mantidas, desde as oferendas regulares aos espíritos e da reunião dos parentes dos mortos para uma refeição em volta do túmulo, até pessoas que moram no cemitério ao lado dos mortos.

À esquerda: a Cidade dos Mortos, no Cairo. Acima: sarcófago de um mercador em Gizé

Segundo o escritor grego Plutarco (*c.* 46-120), Ísis encontrou o corpo de Osíris no Líbano. Trouxe-o de volta ao Egito e usou sua mágica para reviver o marido por tempo suficiente para conceber um filho: Hórus, um deus com cabeça de falcão. Então, Seth encontrou de novo o irmão e desta vez cortou-o em 14 partes e atirou-as ao Nilo. A astuta Ísis recolheu os pedaços e enfaixou-os antes de enterrá-los – assim, Osíris tornou-se a primeira múmia. As lágrimas que derramou pelo marido fizeram o Nilo transbordar; por essa razão, a noite de junho em que o Nilo sobe é chamada de Noite da Lágrima.

Múmia com máscara funerária, da era ptolemaica

Vida após a Morte

O mito de Osíris oferecia a promessa de ressurreição, por isso os egípcios começaram a seguir seu estilo de sepultamento e a providenciar a própria mumificação. Ísis guardou em segredo o local do túmulo de Osíris, mas acreditava-se que havia uma parte de seu corpo enterrada em cada província do Egito onde existiam templos dedicados a ele. Sua cabeça estaria em Ábidos, no próprio Nilo, que para os egípcios era o portal para o além (➤ 101). Também era cultuado no Templo de Ísis em Filae (➤ 116-117).

Preparativos para a Ida

Para os antigos egípcios, a felicidade na outra vida dependia dos preparativos corretos na vida atual. Além de bem conservado, o corpo precisava do auxílio de feitiços e orações. O Livro dos Mortos pretendia ser um guia do além-vida. A prova final era o julgamento de Osíris, quando o coração da pessoa morta era pesado junto com a pluma da verdade, uma imagem comum nas paredes dos túmulos. Se o prato pendesse a seu favor, o morto obtinha a felicidade eterna.

Mesmo que a pessoa tivesse a sorte de passar para o Paraíso, seu túmulo ainda assim precisava ser mantido em ordem, já que continha todos os bens, tesouros e estatuetas dos trabalhadores necessários para

Anúbis, com cabeça de chacal, cuida da múmia do rei Sennutem